안전하고 즐거운 보팅을 위한

모터보트 핸드북

한상구 저

 일진사

이 책을 펴내면서

사람들이 보통 알고 있거나 알아야 하는 지식을 상식이라고 한다. 레저보트 선진국에서는 이미 상식인 레저보트 관련 지식들이 우리나라에서는 아직 상식이 아니다. 그러나 상식적인 레저보트 활동에 관련된 지식들을 모르면 즐겁고 안전한 레저보트 활동을 할 수가 없다.

이 책은 레저보트에 관련된 상식적인 이야기들을 다루었다. 저자는 레저보트의 전문 설계자나 연구가가 아니지만, 레저보트 동호인으로 활동하면서 이미 먼저 레저보트에 입문한 선배 동료들이 말하는 상식적인 레저보트 관련지식들을 그들의 도움을 얻어 한권의 책으로 발간하게 되었다. 즉 이 책은 보통 사람들이 모터보트 활동을 위하여 알아야 할 상식들이다.

우리나라는 삼면이 바다로 둘러싸인 천혜의 해양국가로 2,700개의 무인도를 포함하는 3,153개의 섬과 국토면적의 3배가 넘는 대륙붕, 11,542km의 해안선을 가지고 있다. 우리나라가 관할하는 바다의 면적은 남한 육지면적의 4.5배에 달하는 447,000km^{2}이다.

한반도의 동쪽 끝은 독도이며, 남쪽 끝은 마라도보다 더 남쪽에 이어도라는 곳이 있어 최근 해양과학기지를 설치하였다. 서쪽 끝은 북한지역 압록강 하구의 마안도이며 남한지역의 서쪽은 격렬비열도, 남서지역에는 가거도가 있다. 덕적군도, 격렬비열도, 고군산군도, 안마군도, 나주군도, 맹골군도, 흑산군도, 소중간군도,

거자군도, 추자군도, 외모군도, 손죽열도, 금오열도, 연화열도 등 우리나라가 품고 있는 많은 유·무인도는 국립해양공원에 포함된 곳이 많은 아름나운 곳들이다.

서울의 한가운데는 파리의 중심을 흐르는 세느강보다 수량과 강폭, 경관이 비교될 수조차 없는 아름다운 한강이 흐르고 있으며, 우리나라의 대부분의 도시는 강과 호수, 해안에 인접하여 있다. 이러한 해안선과 징검다리식의 많은 섬은, 내륙의 강과 나목적댐이 제공하는 호수와 더불어 레저보트 여행과 활동에 좋은 조건을 제공하고 있다.

해외 주재원의 2008년도 한 보고서에 의하면, 독일 연방 정부가 해양레저 인구수가 증가함에 따라 보트 운전면허 자격 등 수상레저 안전 규제 강화 움직임을 보이고 있으나, 연방의회 다수의 당원들은 안전규제 강화가 오히려 독일의 해양 관광산업의 발전을 약화시킬 수 있음을 주장하여 반대한다고 하였다. 또 독일 해양레저산업이 최대 정치적 현안으로 부각되고 있다는 내용과 더불어 독일 해양레저 관광산업의 연간 매출액은 10억 7,500만 유로에 육박하며, 향후 지속적으로 상승세를 탈 것이라 하였다.

이 보고서는 조선 산업 세계 제1위의 우리나라가 조선강국으로 자리를 유지하기 위해서는 고부가가치 산업인 요트, 마리나 등 해양레저 기술 분야에 대한 투자가 관건이며, 독일의 사례에서 볼 수 있듯이 해양레저 인구로 대변되는 시장성과 요트 등 해양레저 기술력은 양 박자가 같이 가야한다고 끝을 맺고 있다.

이웃 일본의 레저보트 선외기 4대 메이커는 세계 레저보트 선외기 시장을 석권하고 있으며, 대만의 해양 레저산업은 세계의 고급 모터요트 시장의 70%를 점유하는 국가주요산업으로 관리되고 있다. 중국 또한 상해와 청도에서 2011년 각각 열여섯 번째와 아홉 번째의 국제보트·요트 박람회를 열면서 선외기 시장에서는 일본을, 보트 요트와 부품시장에서는 대만을 맹추격한다.

다행히 우리나라도 다소 늦은 감은 있지만 레저보트 산업이 미래 성장산업으로 채택되어 이 분야의 정책적인 투자가 성급하고도 활발하게 진행되고 있다. 지방자치단체들도 지역의 관광산업을 선점하기 위하여 수천억 원의 예산을 투입하여 경쟁적으로 마리나를 건설하기 시작하여, 이미 강릉으로부터 여수와 삼천포, 목포, 보령, 전곡항에 추가적인 마리나가 문을 열었고, 울산, 송정, 고성 등 여러 곳의 지방자치단체가 마리나에 대한 투자계획을 발표하였다. 또한 경기 화성과 경남 고성에서는 국제보트 쇼도 열었고, 수출 상담에서 소기의 성과도 거두었다 한다.

그러나 마리나의 건설과 레저보트 산업의 연구 개발 투자에 천문학적 예산을 투입하고 미래 성장산업으로 심혈을 기울이는 이 정책이 해양레저 인구의 저변확대 없이 성공할 수 있는지는 고민하여야 할 문제가 아닐 수 없다.

혹자는 해양레저 선진국으로 가기 위해서는 해양레저산업과 활동에 대한 까다로운 법적규제와 컨텐츠 부족, 계류장과 서비스시설에 대한 투자가 해결해야 할 우선과제라고 지목하기도 하였다. 이 또한 물론 틀린 말은 아니므로 달걀과 병아리의 논쟁처럼 들리겠으나, 해양레저인구의 저변이 확대된다면 저절로 이루어질 과제이며, 해양레저인구의 증가가 없다면 이 또한 사상누각이 될 것이다.

우리나라는 레저보트 문화의 태동기라 할 수 있는 2005년도에 의원 입법 발의로 수상레저안전법이 제정되어, 이제는 제도권 안에서 수상레저 문화의 발전을 도모할 수밖에 없는 처지가 되었고, 레저보트 후진국으로서 보다 짧은 기간에 레저보트 문화와 관련 산업을 육성하도록 노력하여야 할 과제를 안고 있다.

해상레저 활동에 유리한 지형적 이점을 가지고 있으면서 유감스럽게도 지금까지의 우리나라의 해상레저 활동이란 폐기 직전의 외국 중고레저보트를 수입하여 사용하거나, 고무튜브를 타고 물놀이를 하는 수준을 벗어나지 못한 것은 사실이다. 이는 육체적 활동을 비하하고 '뱃놈'이라는 단어가 상존하며, '7·8월은 물가에 가지마라'는 토정비결에 집착하는 우리의 정서에서 당연한 결과이기도 하다.

그리고 부분적으로는 해상레저 활동에 대하여 생업의 터전을 지키려는 어민의 비우호적이고 배타적인 시각과 해상레저 활동의 문제점 개선을 요구하는 레저 활동 인구를 배짱이족 보듯 하는 관리의 전근대적 시각이 장애물이라 아니할 수 없다.

다만 최근 몇 년 사이 수상레저 활동이 무조건 위험하다는 편견에서 등산이나 골프, 스키 등 야외에서 활동하는 다른 여가활동과 차이가 없는 안전한 야외레저 활동으로 인식이 개선되고, 관광어촌이라는 개념의 도입으로 어민들의 시각 또한 변화하고 있으며, 수상레저안전법이 현실적으로 개정되는 것은 좋은 소식이다.

1925년 독일의 노르베르트 베버 신부가 '고요한 아침의 나라' 라고 표현했던 우리나라는 올림픽과 월드컵을 개최했고, 2018년 동계올림픽을 유치한 나라가 되었다. 2011년 4월까지의 세계 무역순위는 7위의 기록을 유지하여 2010년에 이어 '사상최대, 사상최초' 라는 수식어를 무역기록에 덧붙여 이제 우리나라는 더 이상 '고요한 아침의 나라' 가 아니다. 세계 정상의 그룹에서 다방면으로 각축하는 우리는 이제 바다를 지배하는 민족이 세계를 지배한다는 거부할 수 없는 역사적 사실과 지구표면적의 7할이 바다라는 것을 잊지 말아야 할 때이다.

나는 십 수 년 전 태안의 파도리 해변에서 목격한 신품 소형엔진이 부착된 고무보트 옆에 망연자실하고 흐느끼는 젊은 아버지와 막 인양된 어린 시신이 들것에 실리는 소형고무보트 익사사고의 장면을 잊지 못한다. 해수욕장에 도착하여 아직 승용차에 짐도 내리지 않은 상태에서 초등학생인 아들과 아버지는 새로 구입한 보트에 공기를 넣고 해변에 도착한지 20여 분 만에 보트를 타고 바다로 나갔으며, 300미터쯤 떨어진 갯바위에 접근하려다 때마침 밀어닥친 파도에 보트가 전복되었다 하였다.

구명조끼, 보트후크도 없이 파도의 속성도 모르고 갯바위에 접근하여 순식간에 일어난 이 사고를 레저보트에 관련된 상식에 대입한다면, 단지 운명이었다고 말하기는 곤란하다.

물론 이 때는 나도 이러한 레저보트에 관련된 상식적인 지식을 몰랐다. 이러한 비극적인 사고가 나에게 일어날 수도 있다는 생각에서 레저보트 활동을 하면서 접하는 새로운 상식들을 메모하였고, 이를 바탕으로 '모터보트' 를 집필하였다. 이 책이 레저보트에 관련된 상식적인 안전수칙을 지키지 않아서 어쩌면 몰라서 지키지 못하여 일어나는 원시적인 안전사고를 막는데 기여하여 주기를 기대한다.

불가항력(act of God)이란 폭풍우, 홍수, 지진, 낙뢰 등 자연재해나 천재지변과 같이 인간의 힘이 전혀 가해지지 않고 상당한 주의를 했더라도 방지할 수 없는, 자연현상으로 보아야 할 사고를 주로 말한다. 레저보트 활동에서도 불가항력적인 사고는 발생할 수 있다. 그러나 아직 수상레저라는 어휘보다는 고무튜브를 타는 물놀이라는 단어가 더 익숙한 우리의 레저보트 현실에서, 상식을 무시한 원시적인 인명사고가 레저보트 활동 중 반복되는 것을 불가항력적 사고라고 덮어두기에는 안타까움이 앞선다.

레저보트를 타고 푸른 파도를 헤치며 수평선을 향하여 거침없이 달려 나가는 보팅은 일주일간의 스트레스를 한방에 날려 보내는 마력이 있다. 어디를 둘러보아도 수평선뿐인 바다 한가운데에 떠있으면 지구의 중심에 내가 있다는 것을 깨닫는다. 과거도 미래도 아닌 현재 이 자리에서 세계의 역사를 창조하는 주인공으로 내가 최선을 다하고 충실해야 한다는 것을 터득하게 된다.

조수간만의 차이가 세계적인 서해, 징검다리 같은 다도해의 섬들과 리아스식 해안선의 아름다움을 간직한 남해, 끊임없이 뱃전을 때리며 파도가 함께하는 동해.

"This fascinating country has a diverse coastline with sandy beaches, remote islands and dramatic cliffs.(이 매혹적인 나라는 모래 해변, 외딴섬과 인상적인 절벽과 다양한 해안선 있습니다)."

파란 눈의 영국과 슬로바키아 청년 두 사람이 2011년 2~3월 1,200km에 이르는 서-남-동해안을 카약으로 일주하기 위하여 입국하면서 표현한 한마디이다.

아직 우리나라에서는 실용화되지 않은 레저보트 용어들은 외래어 표기법에 따라 적었으며, 메이커에 따라 다른 부품들의 명칭은 가급적 현장에서 활용되는 대표적 명칭을 사용하거나 병기(併記)하였다. 현장에서 통용되는 외래어는 그대로 적거나 원어를 병기하였으며, 아직 우리말로 표현되지 않은 용어나 우리말이 어색한 용어는 영어발음을 소리 나는 대로 적었고(보팅 Boating, 보터 Boater, 보트맨 Boatmen 등),

페어보팅은 출항부터 귀항끼지 가시거리 내에서 상호 협력하며 활동하는 두 대의 보트를, 보티언은 레저보트 동호회 활동을 하는 보팅 매니아를 표현한 신조어이다.

또한 '모터보트'는 보트맨의 안전을 염려하는 마린업계 종사자가 안내하는 목소리에 귀 기울였으며, 레저보트 동호인들의 활동 현장의 목소리를 수집하여 엮으려 노력하였다.

많은 부족함이 있는 것을 알고 있기 때문에 주저하고 미루었으나, 오늘도 위험한 상황을 인식하지 못하고 보팅에 입문하는 보터의 안전하고 즐거운 보팅에 한 가지라도 도움이 되어주기를 기대하며, 용기를 내어보았다.

아직 독자 시장이 형성되지 않은 이 책의 발간을 허락하여 주신 일진사 이정일 사장님께 감사드리며, 거듭되는 탈고에 수고하여 주신 이선화님, 해외자료를 수집하여 보내준 동생 내외와 용기를 잃지 않도록 격려하여 준 아내에게 고마움을 전한다. 더불어 자작 소형보트로 독도와 한반도 바다 일주를 하면서 찍은 사진을 사용하도록 허락하여 주신 코스모스 이효웅님과 귀중한 자료들을 실을 수 있도록 협조하여 주신 마린업계 관계관님에게도 특별한 감사를 드린다.

아무쪼록 이 책을 통하여 모터보트를 즐기는 동호인 여러분이 시행착오로 인한 노력과 비용이 절감될 것이라는 소박한 기대와 이 책이 우리나라 레저보트 인구의 저변확대에도 기여하여 줄 것이라는 과분한 욕심도 함께 기대하여 보려한다. 끝으로 개발과 생산은 있으되 소비는 없는 우리나라의 레저보트 현실에서 각고하는 해양레저 산업에 종사하는 분들께 존경과 감사와 함께 이 책을 바친다.

저자 한 상 구(韓尙九)

CONTENTS

이 책을 펴내면서 • 3

01 레저보트의 개요 • 10

02 모터보트의 종류 • 19

03 보팅과 바다기상 • 30

04 레저보트의 관련 법규 • 40

05 레저보트 조종면허 시험 • 42

06 레저보트의 구입 • 48

07 보팅의 복장 • 57

08 보팅을 위한 개인 준비물 • 61

09 보팅의 계획 • 68

10 보팅의 준비 • 73

11 보트의 견인(boat trailing) • 80

12 보트 진수와 양륙 • 87

13 항행(boating) • 92

14 통항규칙 • 100

15 항해술(navigation) • 106

16 레저보트의 수리와 보관 • 120

17 선외기(outboard engine)의 관리 • 128

18 수상레저 보험 • 145

19 로프 결선과 매듭 • 149

20 조난과 구조 • 155

21 보트 낚시(boat fishing) • 161

22 레저보트와 함께하는 레포츠 • 172

23 레저보트의 안전사고 • 177

24 장거리 레저보팅 추천코스 • 195

25 레저보트 항행기 • 204

부록 • 222

플레저 보트(pleasure boat)란 여객선, 유선, 도선 및 어선 등이 아닌 스포츠 또는 레크레이션용으로 사용하는 선박으로서 선체길이 24m 미만의 선박을 말한다.

소형 플레저 보트란 선박길이 12m 미만의 플레저 보트를 말한다.

이 책은 플레저 보트 중에서 엔진을 추진력으로 하는 20톤 미만(수상레저안전법의 적용대상)의 보트에 대하여 모트보트로 다루었다. 따라서 이 책에서 언급되는 레저보트란 플레저 보트를 의미하며, 모터보트 또한 20톤 미만의 플레저 보트를 의미한다.

레저보트조종과 자동차의 운전

레저보팅은 보트로 즐기는 여가활동이다. 모터보트(모터요트 포함)와 무동력선인 카누, 요트(범주요트)와 수상 오토바이, 공기부양정, 위그선 등을 포함하며, 20톤 미만의 레저보트는 수상레저안전법의 적용을 받아 등록하고 운항한다.

레저보트 활동은 단순히 보트로 수상을 이동하거나 스피드를 즐기는 수상 이동 활동뿐만 아니라 수상스키와 바나나보트 등을 견인하며 이루어지는 수상레포츠 활동, 보트에서의 낚시, 스쿠버 다이빙, 그리고 보트 여행 등을 포함하는 복합적인 레저 활동으로 이루어진다.

모터보트는 엔진을 동력원으로 하여 물 위에서 움직이는 배다. 자동차 운전과 비슷하게 핸들을 조작하여 방향을 설정하고, 변속레버를 조작하여 전진과 후진을 하고 속도를 증감하여 운행한다. 수상에서 활동하므로 먼저 보트와 강, 호수, 바다가 가지고 있는 특성을 알아야 한다. 모터보트는 풍랑주의보가 발효되면 안전한 보팅이 어려우나, 반면에 요트(범주요트)는 이때부터 본격적인 요팅이 시작된다.

레저보트의 선체는 자칫 승용차처럼 탑승의 목적만으로 설계된 듯이 보이나, 그 활동의 장르에 따라 다양하게 설계되어 있다. 강이나 호수에서 속도를 즐기거나 수상스키 등을 견인하는 경우, 또는 바다에서 낚시를 즐기거나 스쿠버다이빙, 장거리 바다여행을 할 것인지에 따라서 다른 설계사양의 선체가 요구된다. 그러므로 레저보트는 승용차가 가지는 탑승수단의 개념과는 다른 면을 가지고 있다는 점을 염두에 두고 출발해야 한다.

독도를 선회하는 레저 보트

안전한 레저보트 활동

우리나라의 서해는 세계에서 가장 큰 조수간만의 차이가 있고, 동해와 남해는 서해와 비교하면 또 다른 바다의 모습을 보여주고 있다. 여름철에는 농도 짙은 해무(海霧)가 끼고 태풍이 분다. 그리고 육체적 활동을 비하하고 천시하는 우리의 정서는 국토의 3면을 바다에 접하면서도 오랫동안 해양레저 활동이 발전하지 못하였다. 그러나 최근에는 레저보트산업이 미래의 전략성장사업으로 인식되어, 정부와 지방자치단체의 전폭적인 지지를 받으면서 하루가 다르게 발전하고 있다.

이에 편승하여 레저보트 인구가 늘어나면서 안타까운 사고들도 늘어나고 있다.

보트가 이동하는 물 위의 상황은 마치 도로면의 상태가 눈, 비 등에 의하여 달라지는 것처럼 변화한다. 특히 물 위에서는 주간과 야간, 바람, 안개, 파도, 해류, 조류와 조수간만의 차이라는 기상여건이 추가되어 더욱 예민하고 민첩하게 환경이 변화한다. 즉 항상 움직이는 바다의 표면은 조종자와 탑승자의 안전에 밀접하게 연관된다.

자동차는 주행 중 불안전한 요인이 발생했을 경우 즉시 갓길이나 휴게소 등에 정차한다면 불안전한 상태로부터 완전히 벗어날 수 있을 것이나, 레저보트는 이러한 상태에서 정선한다면 때로는 그 위험이 가중될 수도 있다. 또한 정선하였더라도 보트를 이탈하거나, 수리요원의 도움을 받을 수 있지도 않으며, 구조요원이 도착할 때까지는 수 시간이 걸릴 수도 있다.

이러한 개념을 파악하고 실제적이고 체험적인 보팅 정보를 습득한다면, 등산이나 골프 등 다른 야외활동과 마찬가지로 매력적이며 안전하고 즐거운 레저보트 활동을 할 수 있다.

아직 우리나라에는 레저보트 면허를 취득하기 위한 연습장을 제외하고는 모터보트를 강습하는 곳은 없다. 조종면허를 취득한 초보자는 모터보트 동호회에 가입하여 활동하면 보다 빠른 시일에 상호협력하면서 모터보트를 배울 수 있다.

모터보트의 구조

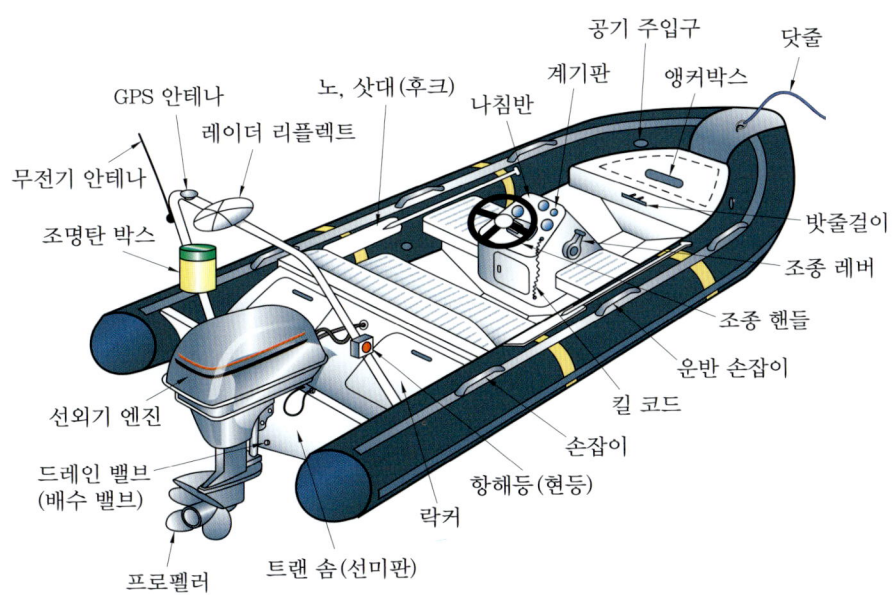

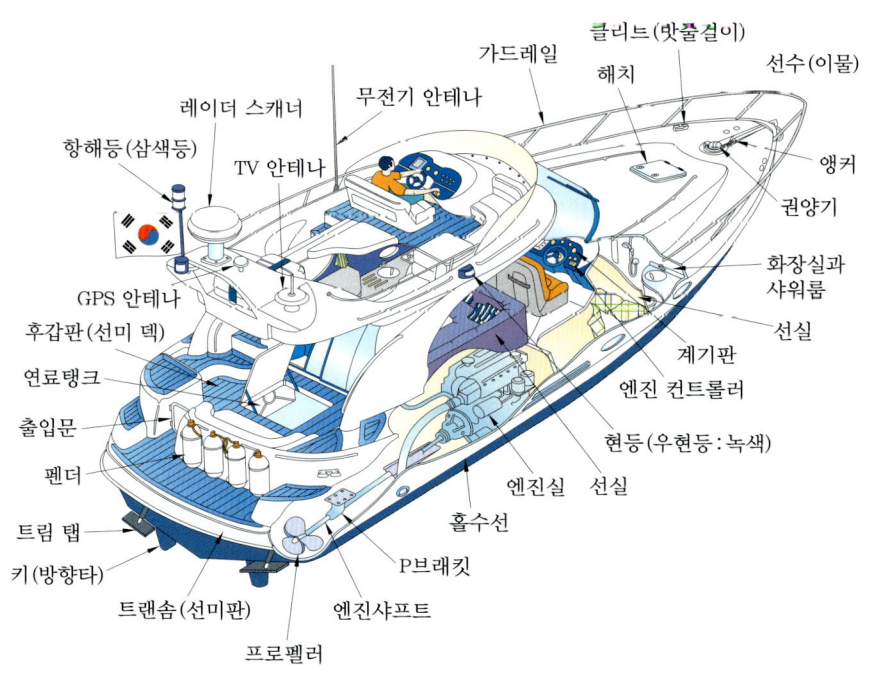

클리트(맛줄설이)
가드레일
해치
선수(이물)
레이더 스캐너
무전기 안테나
항해등(삼색등)
TV 안테나
앵커
권양기
GPS 안테나
화장실과 샤워룸
후갑판(선미 덱)
선실
연료탱크
계기판
엔진 컨트롤러
출입문
현등(우현등 : 녹색)
펜더
엔진실 선실
트림 탭
홀수선
키(방향타)
P브래킷
트랜솜(선미판)
엔진샤프트
프로펠러

보트(boat)와 요트(yacht)

　카누, 요트, 모터보트 등 레저를 목적으로 하는 배를 플레저 보트(pleasure boat)라 칭한다. 보트, 모터보트, 요트, 모터요트라는 용어는 구분되어 사용되기도 하지만, 같은 용어로 혼용되기도 한다.

　돛을 주동력으로 추진되는 요트에는 범주요트, sailing yacht, sail boat가 포함되며, 작은 돛배는 세일 딩기(sail dinghy)라 부르고, 이들은 보트라고 불리기도 한다.

　크루저(cruiser)는 순찰, 순항, 유람 등의 의미를 내포하여, 해군의 순양함, 호화여객선, 호화유람선뿐만 아니라, 순찰차, 순환택시, 심지어 순항 미사일을 크루저 미사일이라 부르며, 레저보트 가운데 바다여행을 목적으로 침실과 조리시설을 갖춘 요트나, 중대형 모터보트를 크루저라 부르기도 한다. 때로는 요트는 세일 크루저(sail cruiser), 또는 오션 크루저(ocean cruiser), 침실이 갖추어진 중대형 모터보트를 모터 크루저(motor cruiser)라 구분하여 부르기도 한다.

돛을 주동력으로 항해하는 범주요트, 세일요트, 세일딩기를 보트라 부르기도 한다.

숙식이 가능하며 바다여행을 즐기는 중대형 보트를 모터 크루저라 부르기도 한다.

세일 크루저는 보조엔진을 장착한 30~50피트 크기의 장거리 여행용 요트를 칭하며, 돛으로 추진되나 바람이 약할 때 사용하기 위하여 대형 엔진을 장착하고, 대양을 항해하는 배로 모터 세일러(motor sailer)라 부른다. 대양 횡단 경기용 돛배는 ocean, 또는 offshore racer이라 부르기도 한다.

노를 저어가는 작은 배는 딩기(dingey) 또는 로우 보트(row boat)라 부르고, 엔진으로 추진되는 배는 모터보트(motor boat) 또는 파워 보트(power boat), 아주 작은 배는 텐더(tender), 15~20피트 정도의 모터보트는 스포츠보트(sport boat) 또는 러너바우트(runabout), 수상스키를 견인하는 보트를 스키 보트(ski boat), 경주용 보트는 레이스 보트(race boat), 고속 모터보트는 스피트 보드(speed boat)라 부르기도 한다.

수상스키나 웨이크보드를 견인하는 보트는 스키보트, 웨이크 보트(wake boat)라 부르기도 한다.

우리나라의 모터요트 산업

2011년 초 우리나라에서도 모터요트를 건조하여 진수하는 행사가 있었다. 천정호로 명명된 이 크루저 모터 요트는 길이 15m, 폭 4.4m, 무게 19톤으로 900마력 볼보디젤엔진 2기가 탑재되어 있으며, 17명의 승객을 태우고 최대 42노트의 속력으로 연안을 항해할 수 있다.

건조비용은 13억 원이 투입되었고 '수지형 석고몰드 공법'을 사용하여 제작기간은 보통의 절반 징도인 3개월 성도 소요되는 것으로 알려졌다. 이 모터요트는 제작단가와 제조기간의 단축이라는 면에서 요트의 주 생산 국가인 대만, 호주, 미국 등과도 경쟁력이 있다고 평가되었다.

그 동안의 선박제조기술 축적을 바탕으로 우리나라도 이제 모터요트 산업이 메가요트의 생산으로 이어져 해양레저 시대의 발전에 가속도가 붙을 것으로 예상되고 있다.

천정호는 미팅 룸과 메인 및 세컨드 베드룸, 화장실 등이 완비되어 7일 이상 순항이 가능하며, GPS, 레이더, 어탐기, CCTV 등의 항해장비가 기본으로 탑재되어 있다.

국내에서 개발된 모터요트

요트는 길이로 슈퍼요트와 메가요트를 따로 구분하는데, 일상적인 40피트급 요트에 비하여 75~85피트의 슈퍼요트와 100피트 이상급인 메가요트로 나눈다. 전장이 100피트가 넘는 메가요트는 선박제조기술은 물론, 첨단과학과 최고의 품위를 적용하는 인테리어 기술이 결합하여 만드는 예술적 경지의 선박이다.

선박주는 세계적인 부호들이며, 건조단가가 미터 당 약 19억 원 정도에 이르러 최신예 전함의 건조단가를 훌쩍 뛰어넘는다. 때문에 전함이나 잠수함 등을 건조하는 세계 최고기술의 조선소에서 건조되고 있다.

20년 전에는 전장 46m 정도의 메가요트라면 호화요트 소유자로 세계인의 주목을 받았지만, 최근에 이르러 160m를 초과하는 요트가 등장하였고, 46m급 요트는 세계 100대 요트리스트에서 사라졌다. 호화요트 전쟁은 1977년 의류소매업체 리미티드 브랜즈의 소유자인 억만장자 레슬리 웩스너가 다른 요트들보다 34m가 긴 96m의 '리미틀리스'를 진수하면서 시작되었다고 본다.

마이크로소프트의 공동 창업자인 폴 앨런 소유의 '옥토퍼스'는 전장 126m, 2대의 헬기착륙장과 18m의 보트, 12m짜리 잠수정을 탑재하고 있다. 그러나 소프트웨어 제조업체 오라클의 최고경영자 래리 엘리슨은 마이크로소프트사가 경쟁업체라는 이유로 농구장까지 갖춘 138m의 '라이징 선'을 주문하였다.

두바이의 통치자이자 아랍에미리트(UAE)연합의 총리인 셰이크 모하메드 빈 라시드 알 마크툼은 브루나이 왕가에서 건조중인 전장 162m, 8층 높이의 요트를 인수하여 2005년 4월 메가요트 '두바이'를 세상에 공개하였다.

메가요트 '두바이'는 독일의 요트 전문 조선소인 뤼르센과 블룸 앤 포스 조선소가 공동 건조하였고, 선체 디자인은 유명한 디자이너 앤드류 윈치가, 인테리어는 플래티넘 요트가 디자인했다. 요트의 건조비용은 공개되지 않았으나 당시 가격으로 한화 약 4000억 원을 초과할 것으로 전문가들이 평가

메가요트 두바이

하였다.

두바이는 155명의 선원과 7개의 갑판, 수영장과 자쿠지(물에서 거품이 나는 욕조), 선두와 선미에 9.5톤 중량의 헬기이 착륙장을 갖추고, 선미에 10m급 2대의 보트를 탑재하였다. 배수량은 9150톤이며, 최대속도 36노트, 항속거리 8500마일을 25노트로 운항할 수 있으며, 9,000마력 이상의 MTU디젤엔진 4기가 설치되어 있다.

메가요트 이클립스

2010년 세계 최고의 요트에는 독일 티센크루프 산하의 블룸 앤 포스 함부르크에서 건조된 이클립스(Eclipse)가 선정되었다.

이클립스는 허미다즈 아타베이키 디자인이 선박 설계를, 내·외부 인테리어는 영국의 테렌스 디스데일 디자인이 담당하였다. 건조과정과 성능은 베일에 가려져 있지만 최근 전장 169m, 건물 9층 높이, 배수량 1만 3000톤, 4대의 디젤엔진, 평균시속 22노트, 최대시속 25노트, 보급함 6척, 헬기 3대 동시 계류, 미사일도 막아내는 강력한 방어시스템과 수심 488m로 잠수하여 탈출할 수 있는 심해 잠수함을 갖춘 것으로 알려졌다.

이클립스의 소유주는 러시아의 부호이며 첼시의 구단주로 알려진 로만 아브라모비치로, 그는 이미 호화요트 '펠로러스(115m)', '르 그랑 블뢰(113m)', '엑스터시(86m)'를 보유했었다. 건조비용은 2007~8년 건조된 이지스함, 세종대왕함과 율곡함이 전장 166m에 1조원이 투입된 것으로 추산하면, 1조 4,000억원에 육박하였다는 설이 있다. 하루 운항비는 승무원 75명, 15개의 초호화 객실에 30명의 VIP가 탑승하여, 1억 2000만원에 달하는 것으로 알려지고 있다.

범선형 요트 몰티즈 팰컨

세계에서 가장 근사한 범선형 요트는 실리콘밸리의 억만장자 톰 퍼킨스가 소유한 '몰티즈 팰컨'으로 평가받고 있으며, 전장 66m에 값은 1억 3000만 달러로 알려져 있다.

사진
http://www.huffingtonpost.com, http://www.yachtforums.com
http://www.mastermarine.co.kr

02 모터보트의 종류

추진기관에 의한 분류

레저보트는 주 추진기관에 따라 기선(모터요트를 포함하는 모터보트)과 범선(범주 요트 : 돛을 주 동력원으로 항해하는 배)으로 구분할 수 있다.

모터보트(motorboat)

내연기관 또는 전기기관으로 움직이는 배(기선) 중에서 레저용의 보트, 특히 레저용의 소형 선외기정(船外機艇)을 가리키는 일이 많다. 용도에 따라 실용정과 레저용으로 대별되며, 실용정에는 교통정·순시정·군용정이 있고, 레저용에는 중대형 크루저(주로 모터요트로 칭하며, 요트로 불리기도 한다.), 소형의 쾌속정이 있다.

사용되는 기관으로는 가솔린 기관과 디젤 기관이 있고, 선외기·선내외기·선내기의 3가지 형이 있다. 용도에 따라 파워 보트, 스포츠 보트로 불리기도 한다.

모터보트는 내연기관 또는 전기기관으로 추진되는 기선 중에서 레저용의 소형 선외기정을 일컫는 경우가 많다.

요트 (yacht)

레저보트를 통칭하는 용어로 사용되기도 하며 스포츠·오락을 목적으로 사용되는 주정(舟艇)을 말한다. 범주(帆走) 요트와 모터요트가 있으나, 일반적으로는 범주 요트(레저용으로 사용되는 범선)를 가리킨다.

요트는 레저보트를 통칭하는 용어로 사용되기도 하나 주로 범주요트를 말한다.

선외기 (outboard engines)

엔진과 추진기가 일체형이며 보트의 선미판(트랜솜)에 엔진을 장착한 보트로서, 엔진의 폭발 공정에 따라 2행정기관(2-stroke)의 선외기와 4행정기관(4-stroke)의 선외기가 있다. 선외기 엔진은 300마력 이하가 주로 시판되어 출력의 한계로 인해 26피트(8미터)급 이내의 보트에 활용된다.

경기 국제보트쇼에 선보인 300마력 선외기 3기를 장착한 보트

반면에 선내기에 비하여 엔진의 가격이 저렴하며 관리유지가 쉽고 선내공간을 차지하지 않는다는 장점이 있다.

출력의 제한을 극복하기 위하여 트윈(두 개) 엔진을 장착하기도 한다. 트윈 엔진은 회전 등에 유리하며, 한 개의 엔진이 고장으로 정지하여도 운항이 가능한 장점을 가지고 있다.

4행정 선외기는 연비가 높고 저소음의 장점이 있으나, 중량이 무겁고 초기 구입비용이 거의 두 배에 가깝다. 2행정 선외기는 연료효율은 낮으나, 가벼우며 추진력이 강하고 고장률이 적고 수명이 길다는 장점이 있으므로, 근거리 보팅(boating)을 즐기려는 보터(boater)는 보팅 장르를 염두에 두고 선택하면 될 것이다.

세계 선외기 시장은 야마하, 혼다, 스즈키, 도하츠 등 일본의 메이커가 주도하고 있다. 이외에도 머큐리, 마리너, 존슨, 에빈루드 등의 메에커가 있으나 일본에서 OEM으로 생산된 제품이 많다. 최근 소형 선외기 분야에서는 일본 OEM 방식으로 제작, 납품하던 중국의 제품들이 다양한 상표를 부착하여 출시되고 있다.

Tips 모터보트 중 추진엔진이 외부에 장착되면 선외기(outboard), 내부 선저에 장착되면 선내기(inboard)이다.

선내기 (inboard engines)

규모가 큰 보트는 고마력의 엔진을 선내에 설치하여 설계 공학적 이점이 있고, 엔진이 정숙하고, 고효율의 디젤연료 등을 활용하는 선내기를 선호하고 있다. 선외기에 비하여 가격이 월등히 비싸고, 엔진관리에 대한 전문가적 수준을 요구한다는 점과 관리유지 및 수리 시에 고비용이 들고, 엔진실이 실내공간을

중대형 보트는 정숙성, 연료의 고효율성 등의 장점을 가진 고출력의 엔진을 선내에 설치하는 선내기를 선호한다.

점유한다는 단점이 있다. 20톤 이상의 선내기
는 선박법의 적용을 받으며, 2011년 6월 수상
레저안전법의 개정에 따라 20톤 미만의 선내
기(모터요트 포함)는 수상레저안전법에 의거, 검
사 · 등록 · 관리된다.

선내기는 선실 안에 장착된 엔진이 추진 프
로펠러를 어떻게 구동하는지에 따라 샤프트
드라이브, 세일드라이브, 스턴드라이브로 구
분된다.

선내기 엔진은 자동차 엔진과 유사한 구조로
설계되어 겨울철 냉각수 관리 등은 자동차
엔진 관리방법을 준용할 수 있다.

대양을 항해하는 유럽과 미국 등의 레저보트는 8미터 이상이며, 모터요트라 부
르는 선실이 있는 크루저형으로 주로 스턴드라이브의 선내기를 선호하고 있다.

선내기 엔진의 구조는 자동차의 엔진과 비슷하여 동절기 엔진의 동파에 유의해
야 한다. 엔진오일 교환, 필터교환이 불편하며 고장 시 엔진부품 간에 공간이 협
소하여 수리 시 애로가 많다. 드라이브는 연 1회 엔진진동으로 인한 비틀림을 점
검하는 것이 더 큰 고장을 예방하는 방법이다.

제트보트 (jetboat)

워터제트 방식 등의 추진 장치가
있으나 제트보트는 연료의 효율성이
낮고 임펠러에 이물질이 들어갈 경우
임펠러를 비롯하여 엔진까지도 심각
한 손상이 생긴다. 그리
고 수리부품의 획득
이 쉽지 않아 우

제트보트와 수상 오토바이는 워터제트 방식으로 추진된다.

리나라에서는 선호도가 떨어지는 추진방식이다. 수상 오
토바이의 동력은 워터제트 방식이다.

공기부양선(air cushion vehicle)

흔히 호버크래프트(hovercraft)라 불리는 공기부양선(ACV)은 팬을 사용하여 발생시킨 공기의 쿠션으로 선박을 지지하여 물에 뜨는 선박이다. 비행기 프로펠러와 같은 장치를 선체의 위쪽에 설치하였고, 수륙양용으로 사용할 수 있다.

레저에 사용하기에는 유지비용이 많이 들어 다소 무리가 있으며, 해경과 군의 특수작전 목적으로 많이 활용된다. 그러나 최근 국제보트 쇼에는 2인용 등 소형의 공기부양선이 레저용으로 선을 보이고 있다.

보트의 재질에 의한 용도와 성능

팽창식 보트(IB:inflatable boat)

튜브 속에 공기를 넣어 부력을 유지하는 보트로, 통상 고무보트라 불린다. 튜브 속에 이중으로 여러 개의 공기실이 있어, 날카로운 금속성 돌출부 등만 피한다면 염려보다는 안전성이 높은 편이다. 이 보트는 3~8개의 공기 격실이 나뉘어져 있으므로 1개의 격실이 찢어져도 부력을 유지하도록 설계되어 있다.

고무보트라 불리는 팽창식 보트는 이중의 튜브 속에 3~8개의 독립된 독립격실이 있어 안전하며, 접어서 운반가능하여 휴대가 용이해 구조활동과 군 특수작전에 많이 활용된다.

팽창식 보트는 접어서 운반할 수 있는 등 기동성이 있고, 여러 개의 공기 격실이 주는 안전성으로 군의 특수작전과 구명용, 구조용 보트로 많이 활용된다. 그러나 수면과의 접촉면이 넓어 연비가 낮고, 고속용 보트로는 적합하지 않다.

주로 내수면 호수와 근해의 보팅에 적합하다.

섬유 강화 플라스틱(FRP:Fiber Reinforced Plastic) 보트

섬유 강화 플라스틱(Fiber Reinforced Plastic)은 성형을 위한 수지(플라스틱)에 질긴 섬유를 여러 층으로 적층하여 만든 충격에 강한 복합재료로 선박의 재료로 사용된다. 섬유에는 유리 섬유, 카본 섬유, 케블라 섬유 등이 있으며 선박에는 유리 섬유를 사용하며, FRP로 줄여 부르기도 한다.

FRP 소재는 목재와 철재에 비하여 견고성과 경량성이 높아, 레저보트 뿐 아니라 어선 등에도 널리 사용되었다.

FRP는 물탱크나 정화조, 목욕통에서부터 선박은 물론, 여객기 동체나 부품, 인공위성의 재료로도 활용되고 있다. FRP 보트는 선박용 수지를 사용하고, 수 겹의 유리섬유 층으로 강도를 높이며 유리섬유 중 직조형태가 다른 사각 매트층을 넣어서 탄성을 유지토록 설계되어 있다.

FRP 보트의 성형공정으로는 진공 성형, 핸드 레이업(hand lay-up) 성형, RTM 성형, 프레스 성형 등이 있다. 작업공정이 빠르고 인건비가 절감되며 상대적으로 강도가 높은 진공 성형공법이 레저보트 선진국의 공정추세이나, 핸드 레이업 성형이 유연성과 보수 측면에서 유리하다는 주장도 참고할 점이다.

FRP 보트는 목선이나 철선에 비하여 상대적인 경량성으로 선박의 주재료로 단기간에 널리 보급되었다. 반면에 목선에 비하여 충격에 약하고, 흡수성으로 인해 물 위에서 시간의 흐름에 따라 무게가 증가되며 강도가 떨어지는 결함이 있다. 정상적인 관리 시 그 수명을 10~15년으로 추정하고 있다.

선체의 파손 시 보수는 재료배합 비율만 준수한다면 비전문가도 가능하다. 이때 수지와 경화제의 비율에 따라 경화시간이 달라지므로 작업시간을 고려하여 배합비율을 조정해야 하고, 경화제의 농도에 따라 강도에도 차이가 있다는 주장과 수리 부분의 접착강도가 약하다는 견해도 참고하여야 한다. 중고선의 구입 시 선저의 파손, 선체의 수리여부 확인은 중요한 요소이다.

폐기 시 발생되는 소재의 환경오염이 주는 폐해로 보트 선진국에서는 FRP 선체를 알루미늄 합금 보트로 대체하는 추세이다.

알루미늄 합금 보트

알루비늄은 일반적 견해와는 달리 Cu, Mg, Si 등과 합금되어 항공기의 기어 부품, 차량의 피스톤 재료 등으로 사용될 만큼 강도가 높다. 뿐만 아니라 폐선 시 환경오염이 없다는 장점으로 호주, 뉴질랜드 등 레저보트의 선진국에서는 보트의 주재료가 되었다.

알루미늄 합금은 또한 가볍고 강하며 부식이 적고, 저연비와 엔진의 고성능을 유지하여 준다.

알루미늄 보트의 장점은 그 무게가 FRP 선박의 절반이라는 점이다. 또한 연비는 FRP선박의 60%선, 엔진의 수명을 무려 2배 정도 연장할 수 있다는 장점도 가지고 있다.

초기 구입비용이 상대적으로 비싸다는 단점이 있으나, 국내에서도 보급이 많아지면 생산가는 낮아질 것으로 기대된다. 선체가 파손된 부분의 보수는 특수용접을 해야 하며, FRP나 고무재질과는 달리 초기 제작 시와 동일한 강도를 유지할 수 있다는 장점이 있다.

염기에 약한 알루미늄의 특성 때문에 선체의 부식을 염려할 수 있으나 현재까

알루미늄 합금은 소재가 가벼워 연료효율이 높고, 폐기 시 환경오염이 없어 차세대 보트의 소재가 되고 있다.

지 그리 큰 문제로 부각될 정도는 아니다. 이 문제 또한 서진국에서는 도장기술의 개발로 대부분의 보트에 도색을 하여 해결하고 있으므로 국내에도 그 기술이 조만간 도입될 것이라 본다.

고속단정 (RIB:Rigid Inflatable Boat)

흔히 콤비보트라 불리는 고속단정은 팽창식 보트(IB)의 안전성과 FRP 보트의 강도와 경량성을 결합하여, 안전하고 고속으로 항행할 수 있으면서 저연비의 장점이 향상된 보트이다. RIB로 줄여 부르기도 한다.

네 바퀴만 땅에 접지되어 굴러가는 자동차의 연료 소모량이 자동차 제작사의 개발과제라면, 고속단정은 선체바닥의 전면이 물에 닿을 때의 물과의 마찰, 여기에 파도와 강한 바닷바람, 조류의 영향이란 과제에서 속도와 연비절감을 동시에 충족하면서 안전성을 더하였다. RIB는 높은 기동성과 안전성으로 악천후 속에서 활동하는 군경의 특수작전에 널리 활용되고 있다.

RIB는 상대적으로 FRP 보트에 비하여 기동성과 안전성이 월등하며, 팽창식보트(IB)에 비하여 고속성과 저연비가 장점이다. 그러나 FRP 보트에 비하여 팽창식보트와 같이 내부공간이 협소하고, 함께 선체가 낮아 물 튀김이 심하여, 이에 대한 대책이 필요하다. 근래에는 갑판이 높은 RIB와 내부선실을 장치하는 RIB가 제작되어 시판되는 추세이다.

고속단정은 IB보트의 안전성과 FRP 보트의 견고성, 연료의 고효율이라는 장점을 채택한 보트이다.

기타

이외에도 전통방식으로 만들어진 목선이 있으며, 철선은 레저보트에는 잘 활용되지 않는다.

선체(hull)와 선저의 형태

보트의 선체(hull)는 단동선의 평저형, 환저형, 첨저형과 쌍동선(catamaran), 삼동선(trimaran)이 있다. 캐터머랜(쌍동선)과 트라이머랜(삼동선)은 상대적으로 높은 파도와 파도에 의한 흔들림에 안정적이다.

평저형(–형) 보트

보트의 선저는 능파성과 배의 속도, 회전 시의 안전감, 승선의 안락감 등에 크게 영향을 준다. 만약 저속의 민물 전용으로 설계된 선저의 보트를 파도가 있는 바다에 띄우면, 파도의 충격으로 인한 피로감이 있고 침로의 유지가 어려울 뿐만 아니라 위험성이 배가된다.

평저형 보트는 연비가 낮은 저속형 보트로 강이나 호수, 내만이나 근해에서 활동하는 데 적합하다.

고무보트 등과 같이 선저가 –형을 이루는 평저형 보트는 상대적으로 부력감이 높으나 파도의 충격에는 매우 취약하며, 특히 전면이 물에 밀착되어 연비가 낮은 저속형 보트이다. 근거리나 파도가 잔잔한 내만에서의 활동이라면 탁월한 선택이 될 것이다.

주로 민물낚시에 이용되며, 크기가 작은 보트(360cm 이하)는 강이나 호수에서는 속도감을 즐기기에도 무리가 없다.

환저형(U형) 보트

앞 용골 부분이 둥근 형태를 이루는 환저형 보트 또한 연비가 낮고, 능파성도

낮다. 평저형 보트와 더불어 파도가 없는
내만이나 강, 호수 또는 근해의 활동에
좋다.

보트선진국인 뉴질랜드에서는 40마력
정도의 아웃보드 엔진을 탑재한 15피트
정도의 환저형 보트를 매우 흔하게 목격
할 수 있다. 잔잔한 파도와 함께 육지와
근접한 바닷가에서도 풍부한 어종의 낚

환저형 보트는 용골 부분의 헐 모양이 둥근 U자 형
태를 취한다. 속도와 능파성이 낮다.

시를 즐길 수 있는 바다 조건이 환저형 보트에 알맞기 때문이라 여겨진다.

첨저형(V형) 보트

속도감을 즐기는 모터보트의 주
종을 이루는 선저이다. 능파성이
좋으며 침로를 가로지르는 횡파에
서도 비교적 침로유지가 용이하다.
선체(hull)의 선형에 따라 속도와 능
파성은 천차만별이라 할 정도로 고
속 시 선형 차이는 매우 크게 영향
을 미친다. 그러므로, 전문가도 시
승을 해 보지 않으면 첨저형 보트

용골 부분의 헐 형태가 V자에 가깝다. 능파성이 좋아 고속주
행에 적합하다.

라도 그 속도와 능파성, 회전시의 안정성 등을 완벽히 판단하기는 어렵다.

쌍동선(catamaran), 삼동선(trimaran) 보트

첨저형(V형) 선저를 가진 두세 개의 보트를 나란히 연결한 캐터머랜 · 트라이머
랜형 선저는 평저형의 장점인 높은 부력과 첨저형(V형) 선저의 속도감과 능파성을
결합한 형태라 볼 수 있으며 국내에도 일본 등지에서 수입된 보트가 눈에 띈다.

안전성은 첨저형의 단점을 극복하였으나
회전반경이 크다. 연비와 속도는 첨저형
과 역행 관계에 있다고 봄이 적절하다. RIB
보트 선저에 캐터머랜형 선저를 응용한 보트도
시판되고 있다.

V자 헐 2~3개를 나란히 연결한 쌍동선이나 삼동선은 속도감과 안전성을 향상시킨 구조로 크루저 요트나 고속여객선
에서 흔히 볼 수 있는 구조이다.

스키 & 스포츠 보트

　보통 6m 미만으로 선체가 작아 선실이 없거나 매우 작다. 크기에 비하여 비교적 고마력 엔진을 장
착하여 고속주행이 가능하도록 설계된 FRP보트이다. 강이나 호수, 해수욕장 등에서 고속주행과 수상
스키의 견인 등 물놀이를 즐기는 레포츠용 보트이나, 보트가 정지되었을 때 고마력의 무거운 엔진이
장착된 후미가 후방에서 밀려오는 파도에 의한 침수에 특히 취약하므로 먼 바다 여행, 바다 낚시 등
에는 적합하지 않다. 실제로 수 년 전 입화도와 영종도 앞바다에서 인명사고가 일어난 적이 있으며,
바다에서는 침수사고가 자주 일어난다.

03 보팅과 바다기상

바다에서의 활동은 육지에서보다 기상현상의 의존도가 높다. 강우와 풍속, 기온, 파도와 더불어 조석(물때)이 만들어내는 조류, 해류는 보팅 여건을 더 즐겁게 만들기도 하나 때로는 보팅 안전에 심각한 영향을 미친다. 그러므로 보터는 보팅을 나서기 전 기상상태를 면밀히 살펴보고, 보팅 중에도 기상여건을 염두에 두고 활동해야 한다.

하루 두 번씩 교차되는 조석의 차이는 때때로 물이 빠진 백사장에 보트를 꼼짝 못하게 가두어 둔다. 해저가 암석지대거나 슬로프의 턱이 있는 곳이면 물이 빠지거나 차오를 때 작은 파도로 보트가 손상될 수도 있다.

바다의 날씨

바람

바람의 풍향과 풍속이 보팅에 영향을 미치며, 풍향은 계절풍과 일부 편서풍의 영향을 받는다. 계절풍(monsoon)은 대륙과 해양의 온도 차이에 기인하고, 우리나라의 계절풍은 보통 겨울에는 북서풍, 여름에는 남서풍으로 나타난다. 편서풍(westerlies)은 지구 자전의 영향을 받는 것으로 남서풍으로 불며, 우리나라에서는 계절풍 때문에 현저하지 않아서 풍속은 약 3~4m/s정도이다.

바람을 마주보거나 등지고 보팅을 하느냐에 따라 연비에 많은 차이가 나타나며, 풍속은 풍파를 발생시키므로 레저 보팅의 가능 여부에 밀접한 관계를 가지고 있다.

태풍(typhoon)

바람은 바다에서는 파랑(풍파)을 일으키는 요인이며 태풍은 레저 보팅을 불가능하게 한다. 일반적으로 중심최대풍속이 17m/s 이상인 열대저기압 모두를 태풍이라고 부르며, 지역에 따라 북서태평양에서는 태풍(typhoon), 북아메리카에서는 허리케인(hurricane),

태풍은 기상청 홈페이지의 날씨-기상특보에서 태풍, 풍랑, 해일, 강풍의 주의보와 경보를 함께 확인할 수 있다.

인도양에서는 사이클론(cyclone)이라고 한다. 태풍의 크기는 풍속 15m/s 이상인 영역의 크기에 따라 소형, 중형, 대형, 초대형으로 분류한다.

계절별로는 7~10월 사이에 많이 발생하며, 태풍의 수명은 1주일에서 1개월 정도이다. 태풍은 중요한 수자원의 공급원으로서 물 부족 현상을 해소시키며 또한 저위도 지방에 축적된 대기 중의 에너지를 고위도 지방으로 운반하여 지구상의 남북의 온도 균형을 유지시켜 주고, 해수를 뒤섞어 순환시킴으로써 바다 생태계를 활성화시키는 역할을 한다.

용오름(tornado)

우리나라에서는 흔치않은 현상이다. 적란운의 하층에서 지상까지 좁은 튜브형으로 연장되는 모양으로, 수평의 범위가 작고 강한 풍속을 가진 소용돌이를 말한다. 지름은 수 미터에서 수백 미터에 달하는 것도 있지만, 대략 250m 정도이다. 풍속은 100m/s 정도이나, 때로는 200m/s나 되는 것도 있다. 수명은 15분~1시

간 정도이고, 속도는 15~40노트, 이동거리는 5~10km 정도
이다. 북아메리카 대륙의 중남부지방에 주로 나타난다.

우리나라에서 일어난 가장 최근의 용오름 현상은 1988년
10월 18일 울릉도 근해에서 관측되었다. 해상에서 물기둥을
이루며 30분 정도 계속되었으나 보통의 용오름 강도에 미치
지는 못했고, 육지에 상륙하지 않아 별다른 피해가 없었다.
용오름 현상은 우리나라에서는 잘 발생하지 않는다. 용오름
의 원인과 경도 등은 아직 규명되지 않았으나, 지표 위를 끊
임없이 소용돌이치며 불고 있는 여러 가지 바람 중에서 가장 짧지만 가장 강한 것
이라고 할 수 있다.

바닷물의 흐름

해류

해류는 방향과 속도가 정상적
인 해수의 유동을 말한다. 해류
는 천체의 운동에 의해 주기적으
로 일어나는 조석인 천문조, 폭
풍 또는 지진에 의한 해일, 부진
동, 연안류, 파랑 등 여러 요인의
복합적인 작용으로 일어난다.

우리나라 주변의 해류는 난류
의 영향을 크게 받는다. 아열대
난류인 쿠로시오 해류가 북상을
하면 제주도 남쪽 해역에서 갈라

우리나라 주변의 해류

져서 한 지류는 서해로 유입되어 서해 난류(황해 난류)가 되고 다른 지류는 동해로

유입되어 쓰시마 난류가 된다. 쓰시마 난류가 동해안쪽으로 북상하면 동한 난류가 된다.

그리고 북쪽에서 리만 해류가 남하하면서 갈라진 북한 한류가 있다. 북한 한류와 동한 난류가 만나는 곳은 조경 수역을 이룬다. 조경 수역은 영양염류, 플랑크톤 등이 많아서 좋은 어장이 만들어진다.

이러한 해류는 계절과도 밀접한 관계를 가지고 있으며, 자신의 보팅 활동지역에 대한 계절별 해류의 흐름을 파악하는 것도 연료소모량의 감소와 안전운항에 도움이 된다.

조석과 조류

갯바위에서 낚시를 하다 보면 시간이 지남에 따라 바닷속에 잠겨있던 수중여가 해면 위에 나타나 점점 그 모습이 커진다거나, 또는 그 반대로 수면 위에 보였던 간출여가 바닷속으로 잠겨가는 현상을 경험할 수 있다. 이와 같이 해면은 잠시라도 일정한 수준에 머물러 있지 않고, 시간이 흐름에 따라 끊임없이 움직이고 있다. 이 움직임의 원인은 여러 가지이지만 주된 것은 천체(天體)이다. 즉 달(太陰)과 태양(太陽)에 의하여 유기(誘起)되는 해면의 주기적인 오르내림으로서 물때 또는 조석(潮汐)이라고 부르고 있다.

물때(조석)는 우리나라에서는 하루에 두 번 꼴로 주기적인 상승, 하강 운동을 한다. 이러한 조석현상으로 해수면이 상승하며 바닷물이 육지로 밀려 올라오는 것을 고조(밀물), 해수면이 하강하며 반대로 해수가 밀려나가는 것을 저조(썰물)라 한다. 조석현상을 일으키는 힘을 기조력(起潮力)이라 부르는데 기조력은 지구, 달, 태양 등의 상대위치에 의해 결정된다. 태양은 질량이 크지만 거리가 멀기 때문에 달의 기조력의 46%에 불과하다.

그믐이나 보름에는 달과 태양이 일직선상에 놓이게 되는데 이 때 기조력이 합쳐져서 고조와 저조의 차가 커지면 사리가 된다. 또 상현이나 하현일 때는 지구와 태양, 달이 직각삼각형을 이루고 있어 기조력이 상쇄되어 조금이 된다. 고조에서 다음 고조까지의 시간을 조석주기라고 하는데 이 주기는 12시간 25분 정도이다. 그래서 하루에 두 번 고조가 일어나는 데에는 24시간 50분이 걸려 조석시간은 매일 50분씩 늦어진다.

일반적인 물때의 표현방법은 음력 1일을 기준으로 턱사리부터 가슴사리까지의 15단계로, 보름을 주기로 순환 사용하였다. 이 물때는 아마도 전 세계에서 유일하게 우리 선조들이 사용한 일종의 조석 예보수단이었을 것이다. 물때를 가리키는 용어에는 우리 조상들의 해학이 들어있다. '사리'는 윷놀이에서 모나 윷을 이르는 말로 쓰일 때가 있고, '매'는 작게 갈라놓은 덩이를 가리키는 말이며, '한'은 크다는 뜻과 수량의 한 개라는 뜻이 있다.

우리나라의 서해안은 조석간만의 차이가 크고 그 형태 또한 지역별로 큰 차이를 보이고 있어, 선박의 안전운항과 경제적인 운항을 위해서는 물때를 필히 활용하여야만 한다. 서해안의 경우 높은 조석간만의 차이로 인하여 저조 때 연안의 수심은 상당히 낮아지기 때문에 입항을 위해서는 정확한 물때를 숙지해야 한다. 또한 간만의 차이가 큰 만큼 조류의 세기도 빠르므로 이 조류를 이용한다면 적은 연료를 사용하여 보다 빠른 속도로 먼 거리를 운항할 수 있는 것이다.

물때는 바다낚시를 즐기려는 낚시꾼이라면 누구나 알아야 할 '낚시 시간표'라고 할 수 있다. 물때를 모르고 바다낚시를 떠난다는 것은 이미 50%의 실패 확률을 가지고 떠난다는 것과 마찬가지다. 물때만 볼 줄 알면 언제 낚시를 떠나야 되고, 또 어느 곳을 출조지(出調地)로 잡아야 하는가 등의 계산도 가능해진다.

- 간조(干潮)와 만조(滿潮)　바다에는 하루에 2번씩 간조와 만조가 있다. 간조(저조)는 가장 낮은 물 높이까지 빠져나간 때 즉, 썰물 끝 상태이며 만조(고조)는 이와 반대로 가장 높은 물 높이가 되었을 때, 밀물 끝 상태를 말한다.

  간·만조의 차이가 보트를 계류 시 보트에 어떤 영향을 줄 것인지 특히 유의하여야 한다. 밀물과 썰물이 심한 지역이나 시간에는 보트를 떠나면 안 되는 경우도 있으며, 전에 아무 이상이 없었던 지역이라도 일자와 시간이 다르면 안 되는 경우도 있다는 점을 잊어서는 안 된다.

- 조차(潮差) 간조와 만조 시 해수면(海水面)의 높이차를 말한다. 갯바위에는 패류(貝類)가 군집하는 곳과 그렇지 않는 곳이 구별된다. 즉 만조선이 뚜렷하게 보이는 곳이 많으며 조차를 쉽게 확인할 수 있다. 조차는 한사리 때는 크게, 조금 때는 차이가 적다.

- 사리 · 대조차(大潮差) 달과 태양과 지구의 위치가 일직선상에 있을 때이다. 매달 보름(음력 15일)과 그믐(음력 30일)날이 조차가 가장 큰 날이다. 조수(속칭 조류빨)가 심한 이 때의 서해안 물속은 시야가 흐리고 조수가 거세어, 어류의 활동이 위축된다. 초보자의 스쿠버 다이빙에는 불리하며, 간조 시 패류를 채집하기에는 좋은 날이다.

- 백중사리 백중사리란 사리 중에서도 달과 지구가 근지점에 있을 때를 의미한다. 사리와 근지점의 주기가 서로 다르기 때문에 일 년 중 음력 7월 15일을 사이에 두고 나타나는 것이 대부분이다. 이러한 백중사리 때에는 평소의 사리보다 높은 조위를 보인다.

- 조금 · 소조차(小潮差) 사리의 반대 현상이다. 조차가 적은 날을 말하며 대개 음력 매달 8일과 23일에 있다. 조차가 적은 이 날은 서해안 지역에서는 바다낚시와 스쿠버다이빙에 적합하다.

백중사리는 조석의 차이가 일 년 중 가장 큰 날이며, 가장 넓은 갯벌과 가장 높은 조위가 나타나는 날이다.

- 월령(月齡) 달이 차고 기울고 하는 정도를 말한다. 음력 초하루부터 어느 때까지의 시간을 평균태양일수로 나타낸다.

- 일조부등(日潮不等) 같은 날에 두 번의 만조 또는 간조의 높이가 서로 같지 않은 현상을 말한다.

- 조류 조석의 차이에 따라 일어나는 바닷물의 흐름이다.

- **삭망(朔望)** 삭일은 음력 초하루, 즉 달이 안 보이는 날이고 망일은 보름 때를 말한다.

- **평균수면** 하루, 한 달, 혹은 1년 동안 변화하는 해면의 높이를 평균한 것을 말한다.

- **고조** 조석으로 인하여 해면이 가장 높아진 상태이다. 고조는 주기직인 조석럭(tidal force)에 의해 생기지만, 기상 및 해양 상태도 영향을 미친다. 우리나라 서해안과 남해안의 고조에서 다음 고조까지의 시간 간격은 평균 12시간 25분으로서, 매일 약 50분씩 늦어진다. 만조라고도 한다. 보트 론칭과 랜딩을 할 수 있는 가장 좋은 시간이다.

- **저조** 조석으로 인하여 해면이 가장 낮아진 상태를 말한다. 저조 또한 기상 및 해양상태에 영향을 미친다.

서해안의 조석에 의한 차량침수사고

우리나라의 서해안은 저조 시 슬로프 주변에 수백 미터에서 수 킬로미터에 이르는 길이의 공터가 생긴다. 이곳에 주차를 하면 만조 시 어김없이 차량의 지붕까지 침수하게 된다. 2011년 4~10월, 서해안 안성, 화성 지역에서 밀물에 침수된 차량은 월 평균 1대씩 발생하였다고 한다.

반드시 만조 시의 해수면을 확인하고, 차와 트레일러를 주차해야 한다는 점을 잊지 말자.

물때 주기표

음력일	1일	2일	3일	4일	5일	6일	7일	8일	9일	10일	11일	12일	13일	14일	15일
음력일	16일	17일	18일	19일	20일	21일	22일	23일	24일	25일	26일	27일	28일	29일	30일
물 때	7물	8물	9물	10물	11물	12물	13물	조금	무시	1물	2물	3물	4물	5물	사리

물때와 월력은 일정한 주기를 가지고 변하고 있다. 음력 8일, 23일은 조금, 보름과 그믐은 사리라고 한다. 서해안에는 '무시'가 있으나 남해 동부엔 없다. 월력에 따른 물때의 변화는 위 표와 같다.

물때와 보팅은 낚시의 조과, 다이빙, 물이 빠진 지역에서의 어패류 채취, 연료의 소모 등에 밀접한 관계가 있다.

예를 든다면 사리는 낚시에는 좋은 때라 할 수 없으나, 물 빠진 천퇴 등에서의 어패류 채취는 또 다른 보팅의 묘미를 느낄 수 있다. 간조와 만조의 차이가 커 조류가 심한 지역에서의 스쿠버 다이빙은 특히 초보자에게 큰 위험을 안겨 줄 수 있음을 명심해야 한다.

또한 귀항지와 도착지의 물때에 유의하여 출항과 귀항시간을 정하지 않으면, 물이 들어올 때까지 출항과 귀항을 기다려야 한다. 이 시간은 불가피하게 야간운행을 요구할지도 모른다. 특히 서해안 지역은 간만조 시간에 따라 보팅 시간이 좌우된다.

물때와 조과의 관계는 특정 포인트의 환경에 따라 조금씩 차이를 보이나, 일반적으로 조금, 무시 때는 간만의 차가 별로 없고 조류의 움직임이 없어 낚시하기에 매우 어려운 시기이다. 또한 장소선택이 중요하다.

- 음력 4, 5, 9, 10일 물때는 조과를 안정적으로 얻을 수 있으며, 사리를 지난 후가 좋다.

- 음력 6, 7, 8일 물때는 만월보다(꾼들은 죽은 물때라 표현한다.), 신월의 사리(사는 물때)가 좋다. 조류의 움직임도 신월의 사리가 좋다. 그러나 조류 소통이 좋은 곳에서는 시냇물같이 흘러 낚시가 어려운 곳도 있으므로, 채비의 대응이 필요하다.

- 음력 3, 11일 물때는 포인트에 따라 다르지만 사리, 사리 전후와 비교하면 역시 조과가 좋지 않다.

- 음력 1, 2, 12, 13일 물때는 조금, 무시에 비해서는 나은 상황이지만 역시 낚시하기 어려운 시기이다. 조과는 장소선택에 달려있다. 전라권의 경우에는 이 시기가 찬스라고 할 수 있으므로, 조과는 지역과 포인트의 환경에 더 지배적일 수도 있는 점도 참고하기 바란다.

파고와 파랑

파고란 파(wave)에서 마루(crest)와 골(trough) 사이의 수직거리를 말하며, 파랑(wave)은 유체의 표면 교란으로 인해 나타나는 해수 표면에만 한정된 해수의 운동으로 파도 및 해파와 혼용되어 사용되고 있다. 파랑은 상태 변화를 일으키는 교란력(disturbance)과 이를 원상태로 되돌리려는 복원력(restoring force)에 의해서 이루어진다. 파랑을 교란력에 의해 구분하면 바람에 의한 풍파(wind wave), 달과 태양의 인력에 의한 조석파(tidal wave), 지진, 화산, 지각 변동 등에 의한 지진해파(tsunami) 등이 있고 복원력에 의해 구분하면 표면장력파(capillary wave), 중력파(gravity wave) 등이 있다.

풍파(wind wave)는 물 표면에 부는 바람의 작용에 의해 발달한 파랑(wave)으로서 주기는 10~15s이하, 파고는 보통 2m 이하이다. 풍랑이라고도 한다. 풍파가 바람이 없는 다른 해역으로 진행하는 경우에는 이를 너울(swell)이라 한다. 풍파는 일반적으로 마루가 뾰족하고 둥근 모양의 골을 가지며 파도와 파도 사이의 간격이 비교적 짧지만 너울은 마루와 골이 둥글고 그 간격이 긴 것이 보통이다. 그리고 풍파 및 너울이 얕은 바닷물에서 부서지는 것을 기파(surf)라 한다. 풍파의 크기는 풍속(wind velocity)뿐만

모터보팅에 적합한 파고는 2m 이내이다. 백파가 보이기 전에 서둘러 보팅을 마치는 것이 좋다.

아니라 바람이 분 시간과 바람이 분 해상의 거리 즉, 연취 시간(wind duration)과 취송거리(fetch length)에 따라 결정된다. 주어진 풍속에 의해 충분히 발달한 풍파를 일으키는 데에는 일정한 시간과 취송거리 즉, 최소연취시간(minimum duration)과 최소취송거리(minimum fetch)가 필요하다.

그런데 바람이 일정한 시간 이상 불어도 파랑은 더 높아지지 않는다. 그 이유는 점성에 의해 에너지가 분산되는 양과 바람에 의해 바다로 공급된 에너지가 같아지기 때문이다. 즉, 역학적 균형이 이루어진 것이다.

> **Tips** 해상에서 풍속 14m/s 이상이 3시간 이상 지속되거나 유의파고가 3m을 초과할 것으로 예상될 때 풍랑주의보가 발효되며, 풍랑경보는 해상에서 풍속 21m/s 이상이 3시간 이상 지속되거나 유의파고가 5m을 초과할 것으로 예상될 때 발효된다.
> 레저보팅(모터보팅)에 적절한 파고는 2m 이내이다. 단, 요팅(요트)은 바람을 이용하여 항행하므로 오히려 적절한 풍속이 필요하여 모터보팅과는 다르다.

04 레저보트의 관련 법규

선박법과 수상레저안전법

수상레저 활동에 이용하거나 이용하려는 수상오토바이, 모터보트, 접어서 운반할 수 있는 고무보트를 제외한 고무보트, 총 톤 수 20톤 미만의 선내기와 요트는 수상레저안전법의 적용을 받으며, 상위 법률은 선박법이다.

수상레저안전법은 레저보트 조종면허, 레저보트의 등록, 보험, 안전준수와 관리에 관하여 규정된 레저보트와 관련된 주 법률이다.

수상레저안전법에 의하면 추진기관 5마력 이상의 레저기구를 조종하는 자는 조종면허를 취득해야 한다. 수상 오토바이, 20마력 이상의 선외기 모터보트, 30마력 이상의 팽창식(고무)보트(접어서 운반 가능 시 제외), 20톤 미만의 범주요트와 기선(모터요트 포함)은 동법률에 의하여 검사, 등록하도록 규정되어 있다.

수상레저에 이용할 수상오토바이, 모터보트, 20톤 미만의 요트는 수상레저안전법의 적용을 받는다. 또한 추진기관 5마력 이상, 또는 수상 오토바이, 요트를 조종하는 자는 조종면허를 취득해야 한다.

자동차관리법과 도로교통법

자동차관리법과 도로교통법에 의거 보트 운반용 트레일러를 등록하고, 트레일러 운전면허를 취득하여야 한다. 그리고 견인장치 부착을 위해 자동차 구조변경을 하고, 야간 운행 시 등화, 견인 속도 등을 준수하면 된다.

750kg 이상의 보트운반 트레일러를 견인하는 운전자는 1종 특수면허 트레일러 면허를 소지해야 한다.

도로교통법 2조 1항은 피견인 트레일러는 자동차 등록 후 번호판을 부착할 것을 규정하고 있으며, 동 시행령 19조는 야간 운행 시 피견인 차량은 미등, 차폭등, 번호 등을 등화토록 규정하였다. 동 시행규칙 53조와 관련된 별표 9의 주 3항에 의하면 피견인차의 중량이 750kg 이상 시는 1종 특수면허 트레일러 면허를 소지토록 규정하고 있다. 즉, 피견인차 중량이 750kg 미만 시는 길이에 상관없이 2종 보통면허로 견인 가능하다.

보트를 견인하는 보트 트레일러

기타 관련법

레저보트에 무선교신장치를 설치, 교신하거나, 레이더, AIS(자동위치식별장치)를 운용하기 위해서는 전파관리법 제19조와 84조의 적용을 받는다. 레저보트를 취득 시에 내는 등록세, 매년 부과되는 재산세 등은 관련 지방세법의 적용을 받는다.

05 레저보트 조종면허 시험

개요

　레저보트의 조종면허 시험은 해양경찰청에서 주관하고 있으며, 레저보트 면허제도와 시험에 관련된 최신 정보는 해양경찰청 홈페이지의 수상레저정보에 상세하게 게시되어 있다. 여기에서는 각 지역의 시험 장소와 일정 정보를 확인할 수 있으며, 응시원서의 인터넷접수가 가능하다.

　면허시험은 필기시험과 실기(기능)시험으로 구분해서 진행되며, 합격 후 3시간의 안전교육을 이수하면 면허증이 교부된다.

레저보트 조종 면허의 종류

　일반1급 조종면허, 일반2급 조종면허, 요트 조종면허

응시자격

　만 14세 이상인 자(단, 14세 미만자 중 관련 경기단체 등록선수로서 1년 이상이 경과된 자는 가능하다.)

조종면허의 결격사유

- 14세 미만자(관련 경기단체 등록선수 중 1년 이상 경과한 자 제외)
- 정신질환자 · 정신미약자 또는 알콜중독자
- 마약, 대마 또는 향정신성 의약품 중독자
- 조종면허가 취소된 날부터 1년이 경과되지 아니한 자
- 동력 수상 레저기구를 무면허 조종한 자로서 위반한 날부터 1년이 경과되지 아니한 자. 단, 사람을 사상한 후 구호조치 등 필요한 조치를 하지 아니하고 도주한 자는 그 위반한 날부터 4년이 경과되지 아니한 자)

- 조종면허시험 중 부정행위로 적발된 경우 2년간 응시 불가하다.

응시원서의 접수

전국의 해양경찰서, 면허시험장에서 방문, 또는 인터넷, 우편접수가 가능하다.

시험일시

매년 해양 경찰청 홈페이지에 공지한다.

필기시험

구비서류

- 응시원서 (해양경찰 소정양식) 1통
- 증명사진 2매 (3cm × 4cm)
- 시험면제사유에 해당하는 사람은 해당 증빙서류 (해양경찰서 방문접수만 가능)
- 주민등록증 또는 국가발행 신분증 (여권, 자동차 운전면허증 등)-사진 첨부된 것 (미발 급자의 경우 학생증)

수수료

일반조종면허1급, 2급, 요트 4,000원 (인터넷 접수 시 처리 비용 별도, 원서접수 후에는 수수료가 반환되지 않음)

대리접수

응시원서 응시자 신분증, 대리인 신분증을 지참하고 접수 가능하다.

4지선다형으로 50문제를 출제하며, 구술시험, 외국어, PC 시험도 가능하다. 시험내용은

일반조종면허　수상레저안전(20%), 운항 및 운용(20%), 기관(10%), 법규(50%)

요트조종면허　요트활동 개요(10%), 요트(크루즈급)(20%), 항해 및 범주(20%), 법규(50%)

실기시험

대상

필기시험 합격자와 필기시험 면제사유자(면제사유자는 해양경찰서 방문접수만)

수수료

일반조종면허 1급, 2급, 요트 54,000원(인터넷접수 시 처리 비용 별도)

대리접수

응시표, 응시자 신분증, 대리인 신분증 지참하고 접수 가능하다.

시험일시 및 장소

실기시험 접수 시 지정된 응시일자 및 장소

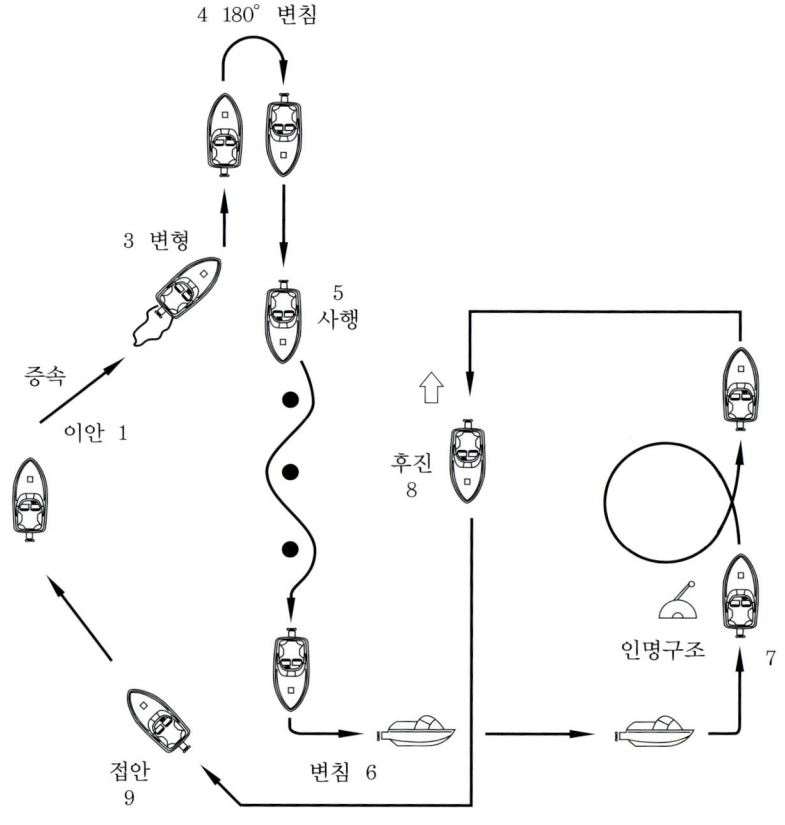

시험방법

이안-증속-변침-180도 변침-사행-변침-인명구조-후진-접안의 9개 과제를 측정한다.

수상안전교육

수상안전교육 대상

- 조종면허를 받고자 하는 자
- 조종면허를 갱신하고자 하는 자

구비서류

- 수상안전교육 신청서
- 응시표(신규 취득자) 또는 조종면허증(면허갱신자)
- 주민등록증 또는 국가발행 신분증(여권, 자동차 운전면허증 등), 미발급자 학생증
- 수수료 12,000원

수상안전교육의 내용 및 시간

수상레저안전 관계법령, 수상레저기구의 사용·관리 등의 내용이며 영상 교육을 포함하여 3시간이다.

조종면허 참고도서 출판 및 판매처

일반조종면허시험

- (사)한국수상레저안전연합회
  전화 : 02-422-6119, Fax : 02-424-8119
- 도서출판 고려동
  전화 : 051-256-8201, Fax : 051-256-8211

요트조종면허시험

- (사)한국외양범주연맹

  전화 : 051-743-1454

- 해인출판사

  전화 : 051-469-7603

시험장소(전국 19개 시험장)

- **경기 시험장** 경기도 가평군 외서면 청평리 산13-17(북한강레저타운)

  전화 : 031-584-5700

- **서울 시험장** 서울 마포구 상암동 한강공원 난지지구

  전화 : 02-304-5900, Fax : 02-304-5953

- **충남 시험장** 충남 아산시 방축동 산56번지(신정호유원지內)

  전화 : 041-541-9423~4, Fax : 041-541-9425

- **전북 시험장** 전북 김제시 만경읍 만경리(능제저수지)

  전화 : 063-548-7774~5, Fax : 063-548-7776

- **전남 요트 시험장** 전남 목포시 죽교동 571 목포해양대학교 산학협력단

  전화 : 061-247-0031, 2, Fax : 061-247-0333

- **전남 서부 시험장** 전남 해남군 산이면 금호리 1263번지(금호방조제 산두마을 입구)

  전화 : 061-537-0741, Fax : 061-537-0742

- **전남 동부 시험장** 전남 여수시 화양면 나진리 524-2번지(남해부표관리사무소 내)

  전화 : 061-683-6458, Fax : 061-683-6459

- **경남 시험장** 경남 창원시 마산합포구 진동면 요장리 181번지(광암 해수욕장 인근)

  전화 : 055-271-9977, Fax : 055-271-0041

- **부산 시험장** 부산시 해운대구 우1동 요트경기장 본관 107호(필기)

  전화 : 051-743-1454, Fax : 051-747-1453

부산시 수영구 민락동 366-46앞 해수면(실기)

　전화 : 051-742-0367, Fax : 051-747-6279

• 부산 요트 시험장　부산시 동삼동 1번지 한국해양대학교 평생교육원

　전화 : 051-410-5005, Fax : 051-405-2080

• 울산 시험장　울산시 남구 여천동 50-1번지선 태화강 하류

　전화 : 052-298-7274/6025 실기 시험장 052-258-6115

　Fax : 052-298-9137

• 고성 요트 시험장　경남 고성시 회화면 당항리 11-1번지

　전화 : 055-672-7885, Fax : 055-672-7884

• 통영 요트 시험장　경남 통영시 도남동 638번지

　전화 : 055-641-5051

• 경북 제1 영덕 시험장　경북 영덕군 강구면 강구리 363-3지번선(오십천마리나)

　전화 : 054-732-8884 / 733-1021, Fax : 054-734-1021

• 경북 제2 안동 시험장　경북 안동시 안동댐(수운관리사무소 앞 석동선착장)

　전화 : 054-821-2020, Fax : 054-823-1215

• 충북 시험장　충북 충주시 동량면 하천리 436

　전화 : 043-851-2869, Fax : 043-851-4311

• 강원 시험장　강원도 춘천시 사농동 475-5(고산뱃터길)

　전화 : 033-252-9097, Fax : 033-242-9098

• 강원 요트 시험장　강원 삼척시 덕산리 107-74번지

　전화 : 033-576-0611

• 제주 시험장　제주도 제주시 이호1동 1665-6

　전화 : 064-743-6232, Fax : 064-743-6231

06 레저보트의 구입

처음부터 모든 요구사항을 충족하는 보트를 구입하기란 골퍼가 단번에 만족하는 골프클럽을 선택하는 것이나, 처음 만난 이성이 마음에 드는 배우자가 되는 것처럼 쉬운 일이 아니다. 승용차의 경우 메이커와 차종의 성능에 대한 정보취득이 용이할 뿐만 아니라 시승의 기회를 가지기도 쉽다. 그러나 레저보트는 승용차와는 달리 특정 보트의 성능과 특징이 보터의 요구를 만족할 것인지를 판단하기 위한 정보를 얻는 것이 쉽지 않다.

대부분의 초보보터는 자신의 보트를 선택할 때 보트의 가격을 가장 중요한 결정요인으로 삼는 과오를 범한다. 보트의 설계사양과 형태에 부합된 보팅을 한다면, 특별한 일부 예외의 보트를 제외하고는 좋은 보트인지를 평가하기 보다 그 보트가 나의 보팅 장르에 부합되는지를 판단하여야 할 것이다.

보트는 규격과 형태가 각기 다른 용도에 맞추어 설계되어 있다는 점을 무시하고, 단지 물에 뜨는 기능만으로 똑같을 것이라는 생각으로 가격만을 기준으로 보트를 구입하면 이내 후회하게 된다. 그리고 짧은 시기에 보트를 반복 교체하면서 경제적 손해를 감수하게 된다.

보트 구입은 보팅 장르에 적합한 설계사양으로 제작된 보트를 선택하는 것이 가장 중요하다.

보팅 장르

보팅의 장르란 내가 레저보트를 이용하는 주제를 말한다. 이는 스키어, 피셔, 크루저 등으로 구분할 수 있는 간단한 문제가 아니어서, 먼저 보트에 대한 충분한 지식과 이해를 필요로 한다.

- 강이나 호수에서 보팅을 할 것인지, 바다에서 할 것인지?
- 바다라면 근해인지 또는 장거리 보팅을 할 것인지?
- 고속의 보팅을 즐길 것인지, 저속으로 단지 짧은 거리만 이동할 것인지?
- 보팅의 주된 목적이 낚시인지, 스킨스쿠버인지, 또는 수상스키의 견인인지, 섬 여행인지?
- 특정항구에서만 출항할 것인지, 트레일러로 이동하며 여러 장소의 슬로프를 수시로 드나들 것인지?
- 활동지역이 동해나 남해, 또는 서해인지?
- 통상적으로 나의 보트에는 몇 명이 승선할 것인지?

이러한 조건을 고려하여 본인의 보팅 장르를 우선하여 보트를 선택하는 것이 가장 중요하다. 보트는 그 목적에 따라 보트의 헐(hull)과 설계구조가 조금씩 다르게 만들어지고, 강이나 호수, 동해, 남해바다와 우리나라 서해의 보팅 조건은 다르기 때문이다.

바다낚시와 수상스키를 견인하는 보트는 목적에 따라 그 설계구조가 다르다.

여기에서 대두되는 문제는 레저보트를 처음으로 접하는 초보자는 보팅 경험이 없으므로 자신의 보팅 장르가 어떤 것인지를 잘 알 수가 없다는 점이다. 보팅 장르는 보팅의 연륜에 따라 변하기도 한나는 섬도 먼저 고민하여 보아야 한다.

레저보트 동호회 등에 참가하여 다양한 보팅을 경험하고 보트를 구입토록 권유하는 것은 스스로의 보팅 장르를 판단할 수 있는 좋은 기회가 될 것이기 때문이다.

이러한 보팅 장르는 보팅 환경이 다양한 우리나라의 경우이기 때문에 더 특별히 중요시 된다는 점도 상기하여야 한다. 다시 말하면, 보트 구입 시 가장 우선적으로 고려할 사항은 자신의 보팅 장르이다.

보트의 크기

대형 여객선 타이타닉호의 침몰을 상기하면, 보트의 크기는 클수록 안전하고 좋다는 생각이 편견임을 알 수 있다. 보트의 크기가 클수록 많은 인원이 탑승할 수 있고 보다 넓은 공간에서 활동하기가 편하다는 것은 사실이다.

그러나 통상 탑승하여 활동할 인원을 예상하지 않고 무작정 큰 보트를 선택한

큰 보트와 좋은 보트는 다르다. 나의 요구를 충족하는 보트가 좋은 보트가 된다.

다면 매 출항 시마다 탑승인원을 수배해야 하는 문제에 봉착하게 된다. 큰 보트를 혼자서 타고 운항하기에는 낭비되는 요소가 많으며, 크기에 따라 보트 띄우기(진수)와 보트 거두기(양륙), 운항을 한두 명이 할 수 없다는 점도 미리 알아야 한다.

주로 한두 사람 이내가 탑승하거나 3~4명 정도의 가족이 호수나 내만과 근해에서 저속으로 보팅과 낚시를 즐긴다면 5미터급 내외의 보트가 기준이 될 것이며, 50마일 이상을 항해할 때는 8미터 이상을 권유한다. 보트의 크기는 엔진의 크기와 밀접한 관계가 있다. 엔진의 가격은 보트의 가격을 상회하고, 엔진의 크기는

연료비 등 유지비와 연계되므로 나의 보팅 장르에 부합된 적정한 보트의 크기를 결정하여야 한다.

보트의 유지 및 운항 관리비용

보트의 유지 및 운항 관리비용도 고려해야 한다. 연료비, 엔진오일비 등을 포함하는 운항 시의 비용은 물론이고 수리부품을 획득하기 용이한지, 수리비용, A/S의 유무와 A/S 장소까지의 거리, 보험료, 검사비와 등록비, 재산세 등을 꼼꼼히 살펴보는 것이 후회를 줄이는 방법이다.

많은 시간 장거리를 운행할 것이라면 아웃보드의 경우 당연히 4사이클의 엔진을 선택해야 할 것이나, 근해에서 짧은 거리를 이동하면서 낚시를 즐길 것이라면 굳이 값비싼 4사이클 엔진을 장착할 필요가 없다. 운항관리비용과 초기투자비를 나의 보팅 장르에 대입하여, 낭비요인이 없도록 한다.

만약 중고시장에서 보트를 구입하고자 한다면, 인수 즉시 투입해야하는 수리비용에 대해서도 계산을 해보아야 한다. 사소한 엔진의 결함 정도로 생각하고 인수한 보트가 3년씩이나 수리공장을 오가며 결국 제대로 한번 타보지도 못하고 스트레스를 받다가, 구입비용보다 더 많은 수리비만 날리고 헐값에 다시 내놓는 안타까운 사례는 주변에서 자주 목격된다.

보트의 이력

승용차처럼 활용 시간이 많지 않은 보트는 일단 구입하게 되면 다시 교체구입을 하기란 쉽지 않다. 뿐만 아니라 교체구입을 할 경우 승용차에 비하여 더 많은 손실을 감수하여야 한다.

단지 가격이 비싼 수입보트나 신제품 보트라고해서 나의 요구사양을 모두 충족하는 것은 아니다. 메이커의 이력을 알아보고 동종 보트를 시승하거나, 소유해 본 경험자의 조언을 듣는 등의 기회를 미리 갖는 것이 좋다.

특히 중고시장에서 보트를 구입한다면 저번 소유자가 보트를 치분하는 사유를 알아보고 업그레이드하는 이유가 이해할 수 있는 것인지 확인해야 한다. 업그레이드하는 이유가 잦은 고장과 누수라면 이를 구입했을 때 더 많은 손해를 볼 수 있기 때문이다.

보트 메이커의 이력을 알아보거나 동종의 보트를 사전에 시승해보는 기회를 갖는 것, 소유한 동호인의 조언을 듣는 것도 필요하다. 중고보트를 구입할 때는 판매자의 처분 사유가 이해할 수 있는 것인지를 따져본다.

보트의 가격

마지막으로 고려할 문제는 보트의 가격이다. 보트의 가격은 보트의 성능과 크기에 따라 책정되므로 나의 보팅 장르와 비례하지 않는다. 원하는 보팅의 장르와 크기 등에 맞는 보트의 가격이 내가 원하는 예정 가격과 현저한 차이가 난다면, 저가의 보트에 눈을 돌릴 것이 아니라 보트를 구입하는 시기를 늦추어야 한다. 내가 원하는 보팅의 장르를 포기하면서 저가의 보트를 구입하면 보다 짧은 시간에 후회를 하게 될 것이다.

파도의 위험이 적은 호수나 강 또는 해수욕장 등에서 수상스키를 견인하거나 유람객을 태우는 스키보트, 웨이크보트 등의 스포츠 보트는 조류와 조수, 파도가 있는 바다낚시에는 적합하지 않다. 고속을 위하여 보트의 설계사양보다 크고 무거운 엔진을 후미에 장착하여 정지 시 후미를 치는 파도에 특히 취약하고 고마력의 엔진은 앞 파도 속으로 나와

보트의 선택은 가격이 아니라 보팅의 장르를 우선 고려한다.

탑승객을 보다 빠른 속도로 바다 속으로 밀어 넣을지도 모른다.

보트의 가격보다는 보터의 보팅 장르를 우선하여 보트를 선정하는 것이 비용을 절약하는 가장 중요한 방법이다.

시드니 보트 쇼에서 던지는 9가지 질문

What will you the boat for? (보트로 무엇을 할 것인가?)

보트는 용도에 따라 안전과 능력이 다르게 설계되어 있다. 스키 보트는 바다낚시를 하기에는 설계상의 불편함이 있을 뿐만 아니라 파도가 있는 바다에서 낚시를 위하여 정지하여 있을 때는 안전에는 치명적인 결함을 가지고 있다. 레크리에이션, 스킬링(수상스키의 견인), 낚시, 크루징, 수상영업용 등 용처를 구분하여 선택하여야 한다.

Where do you plan to go boating? (보팅을 하러 어디로 갈 것인가?)

보트는 호수와 바다용으로 구분하여 설계되어 있다. 호수용은 파도가 있는 바다 보팅에는 적절하지 않을 수 있다.

What size boat do you need? (어느 사이즈 보트가 필요한가?)

보팅 시 주로 승선하여 활동하는 인원에 따라 알맞은 보트의 크기는 다르다. 탑승할 인원과 보트의 관리, 연료비 등 운용비용을 생각하여 적정한 크기의 보트를 선택한다.

Are you equipped to move the boat? (보트를 운반할 장치가 있는가?)

보트를 마리나에 계류할 것인지, 보트 트레일러를 이용하여 견인하면서 사용할 것인지를 선택한다. 보트를 보관하는 장소 문제도 결정적인 고려사항이다.

보트를 보관하는 장소 문제도 구입시의 결정적 고려사항이다.

Is the boat properly equipped for your needs?
(그 보트가 원하는 장비를 적절히 갖추었는가?)

화장실과 침실, 조리기구 등 내부 장식과 안전장치에 대해 무엇이 필요한지 고려한다.

What type of engine does the boat need?
(그 보트에 어떤 종류의 엔진이 필요한가?)

엔진의 타입에 따라 가격과 성능, 연비, 관리방법이 다르다. 아웃보드 엔진, 인보드 엔진, 제트보트 중 적절한 것을 선택한다. 아웃보드의 경우 2행정 엔진, 4행정 엔진, 인보드의 경우 드라이브 형식도 고려한다.

What engine power is right for the boat?
(어떤 엔진파워(마력)이 그 보트에 적절한가?)

보트 크기와 승선인원에 따라 설계상의 최저와 최대 허용된 엔진파워(마력)에서 적절한 엔진의 크기를 선택한다. 선외기의 경우 엔진의 가격이 보트 가격을 상회하는 경우가 많다. 엔진은 가격, 속도, 연비, 등을 고려하여 선택하며, 조금은 여유를 두고 한 단계 높은 파워를 선택하면, 오히려 연비가 좋아지며 고장의 빈도도 줄어든다.

What should the boat be made of?(그 보트는 어떤 소재가 알맞는가?)

FRP, 알루미늄, 고무보트, RIB 소재의 장단점을 고려하여 자신의 요구에 맞는 재질을 선택한다.

Do you know how to operate the boat safely?
(어떻게 보트를 안전하게 운전하는지 알고 있는가?)

당신의 보트 운용 지식(법률과 규정, 운항규칙)과 트레일러의 운전능력, 스키의 수준 등을 고려하여, 적절한 보트를 선택한다.

보트 바이어는 보트의 용도, 보트 운용 지역(강이나 호수, 해양), 보트의 크기, 보트의 수송수단, 보트의 모양, 안전장비, 내부 장비, 엔진의 타입, 엔진파워, 보트의 재질, 보트 사용자의 수준, 기타 정보 등 10가지 요소를 고려한다.

이러한 고려요소에 선택의 우열은 없다. 단지 보트 구입에 절대적 영향을 미치는 보트의 가격은 질문과 고려사항에는 없다는 사실이 매우 중요하다는 것을 밝혀둔다.

낚시보트와 크루즈 보트는 구조가 다르다.

어느 보트가 멋진 보트이며, 바다낚시를 할 때에는 어느 보트를 선택하는지 자명하지 않은가?

항행구역

선박안전법 시행규칙에 의하여 어선을 제외한 선박의 항행구역은 해상상태와 연안의 거리를 기준으로 평수구역, 연해구역, 근해구역 및 원양구역 등 4개 구역으로 구분된다. 수상레저기구는 수상레저안전법에 의한 해양경찰청 고시에 따라 평수구역, 한정연해구역, 연해구역 이상의 항행구역으로 항행구역이 구분된다.

수상오토바이, 고무보트, 길이 6미터 미만의 모터보트 및 동력요트는 평수구역에서 항행한다. 수상레저기구가 항해할 수 있는 평수구역은 평수구역의 끝단과 가까운 육지(또는 섬)로부터 10마일 이내의 연해구역을 포함하여 항행할 수 있다는 의미이다.

또한 연해구역 이상의 항행구역을 지정받은 기구와 동시에 이동할 경우 같은 구역을 항행할 수 있다.

한정연해구역을 항행하기 위해서는 가까운 무선국 또는 출입항 신고기관 등과 연락할 수 있는 통신기기(휴대폰 제외)를 장착하고, 안전검사 시 한정연해구역으로 항행구역을 지정받아야 한다.

'한정연해구역'이란 평수구역으로부터 해당 선박의 최고속력으로 2시간 이내에 왕복할 수 있는 연해구역을 말한다.

연해구역 이상을 항행하려면 무선설비와 구명기구, 로켓낙하신호(또는 분수형 폭죽)를 비치하고, 안전검사에서 항행구역을 연해구역 이상으로 지정받아야 한다.

07 보팅의 복장

의 류

해상에서는 더웠다가 갑자기 추워지기도 하고 맑은 날씨에도 파도에 의해서 의복이 젖을 수 있다. 그래서 이러한 기후와 환경 변화에 대비할 수 있는 옷차림을 해야 한다.

예비 옷들은 반드시 비닐 봉투에 방수가 되도록 보관한다. 가방은 각이 없는(딱딱하지 않는) 것이 좋다. 셔츠와 바지는 몸을 굽히거나 작업을 할 때 찬바람이 들어오는 공간이 없는 것이 좋다. 그러나 여름에는 통풍이 잘 되면서 햇볕에서 피부를 보호할 수 있는 옷도 준비해야 한다.

보팅 전용 의복을 준비하면 좋으나 낚시복도 무난하다. 그러나 물에 젖으면 잘 마르지 않는 청바지, 면섬유는 피하는 것이 좋다.

이러한 의류로는 해외에서는 보팅 전용 의류가 있으나, 실용성에 비해 가격이 고가이므로 낚시복이나 아웃도어 의류를 준비하면 된다. 악천후 운항 시에는 만약의 사태에 대비하여, 네오플랜 재질의 스쿠버다이버 슈트도 저체온증을 예방하므로 유용하다.

물에 젖으면 잘 마르지 않고 딱딱해지는 청바지나 면섬유는 피하는 것이 좋다.

모 자

보팅에는 창이 큰 모자가 필요하며, 추운 겨울의 보팅에서는 머리를 따뜻하게 보호할 수 있는 것이 좋다. 그리고 모자는 반드시 집게 고리로 옷깃에 연결하여 바람에 날리지 않도록 해야 한다. 바람에 날려가는 모자를 잡기 위해 균형을 잃는 순간 위험에 직면하게 될 수도 있다. 모자는 때로는 머리를 보호하는 헬멧의 역할도 해내는 경우가 있으므로 보팅의 필수품이다.

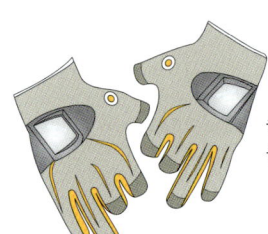

바람에 날리지 않도록 집게가 달린 앞 창이 큰 모자를 준비한다.

장 갑

겨울을 제외하고는 손을 보호할 수 있는 작업용 면장갑이면 충분하다. 보팅 기간에 따라 여벌을 함께 준비하자.

손을 보호하는 장갑을 미리 준비한다.

구명조끼 (life jacket)

레저보트 탑승 시 구명조끼의 착용은 법률적 의무사항이며, 여객선이나 유람선과 달리 개인 비품이며 개인복장이다.

구명조끼를 착용하지 않으면 법규위반으로 선주는 벌금을 무는 데 그치지만 만약의 사고 시 나는 생명을 잃을 수도 있다. 만약 구명조끼를 준비하지 않았다면 스스로 레저보트의 승선을 포기해야 한다.

구명조끼의 착용은 초보자든 베테랑이든 예외일 수 없다.
개인용 구명조끼를 구입하지 않았다면 보트의 승선을 스스로 포기하는 것이 예의다.

구명조끼는 충분한 부력을 유지할 수 있는 것이어야 하며, 구명신호를 보낼 호각, 방수 조치된 휴대폰(위성중계시스템의 휴대폰이 아니면 한바다에서는 교신이 보장되지 않는다.) 또는 방수 가능한 무전기, 발광등, 부표신호기가 준비되어 있으면 좋다.

야간항해나 악천후 항해 시는 선체를 연결하는 안전고리(하네스)를 개인적으로 따로 준비하는 것도 바람직하다. 악천후나 야간항행 시 바다에 떨어지면 발견과 접근 및 구조가 쉽지 않기 때문이다.

레저보트의 운항 시 구명조끼 착용의 중요성은 아무리 강조하여도 지나치지 않으며, 이는 초보자든 베테랑이든, 설사 당신이 국가대표 수영 선수라도 예외일 수는 없다.

구명조끼 착용의 중요성은 실제로 사고를 경험하고 구조된 사람들의 입을 통하여 여러 차례 증명되었다. 순항하던 보트가 순간적인 충격을 받아 갑자기 바다로 튕겨나간다면 그 충격은 도로 상에서 받는 충격보다 강하여 쉽게 의식을 잃을 수 있으며, 이러한 불의의 사고에는 구명조끼만이 나에게 구조의 시간과 기회를 줄 것이다.

보트슈즈

전문가가 아니라면 방수기능이 좋은 아웃도어 신발이면 무난하다. 신발 바닥이 보트를 손상하지 않도록, 징이 박힌 갯바위용 신발은 보트 내에서는 피해야 한다.

딱딱한 바닥과 굽이 높은 신발은 배 위에서 위험하다. 딱딱한 구두는 배의 갑판을 상하게 하고 갑판에 검정 자국을 남기며 또한 미끄럼이 심하다.

전문가용 보트슈즈는 가죽과 생고무로 되어있어 물이 묻으면 오히려 부드러워지고 미끄러지지 않는다. 그리고 비가 오거나 파도가 치는 항해에는 장시간 보팅을 위해서 전문용 방수 장화가 좋다.

선글라스

선글라스를 멋내기 위해 쓰거나 장식품으로 아는 경우가 많으나 최소한 바다에서는 그런 생각은 어불성설이며, 눈을 보호하기 위한 필수품이다.

선글라스는 하늘에서 오는 태양뿐만 아니라 수면에서 반사되는 자외선도 차단할 수 있는 넓은 것을 권장한다. 또한 파도의 충격에 흔들리는 보트에서도 이탈하지 않도록 견고한 착용장치가 필요하다.

선글라스를 착용하지 않은 여름철의 항해는 시력을 영원히 멀게 할 수도 있다.

장거리 항해를 위해서는 고글이 필수적이다. 필자가 동해에서 독도까지 항해할 때 스키고글을 착용한 동료가 얼마나 부러웠는지 모른다. 선글라스를 착용하지 않은 한낮의 항해는 당신의 시력을 영원히 잃게 할 수도 있다.

눈을 멀게 하는 안과질환 익상편

결막과 각막 사이의 경계를 넘어 섬유조직이 각막의 중심부로 자라는 일명 군날개라는 안과질환이다. 원인은 확실히 밝혀지지 않았지만 유전적 요인과 야외에서의 과도한 햇볕(자외선), 먼지, 건조한 공기 등이 거론되고 있으며, 가장 중요한 원인은 자외선이다. 눈의 충혈과 자극감, 시력 변화, 난시의 증상이 나타나고, 초기에는 약물치료로 지연시키기도 하나 수술로서 치료하는 방법이 마지막 수단이며, 완치가 어려울 수도 있다.

야외에서 활동할 때는 반드시 선글라스를 착용하고, 황사 등에서는 고글을 착용하여 예방한다.

08 보팅을 위한 개인 준비물

　자동차 여행은 여정 중에 마을을 지나면서 식품을 구입하거나 연료를 보충할 수 있으며, 때로는 심각한 수리도 구난차를 불러서 어렵지 않게 해결할 수 있다.

　그러나 보팅의 경우 슬로프를 출발하면 사방은 바다이므로, 모든 용품은 보트에 준비된 물품으로 자급자족해야 한다. 혹시 섬에 들리더라도 생필품을 구하기는 어려우며, 하물며 보트의 수리부품이나 연료, 보팅용품을 구하기는 거의 불가능하다. 그러므로 보팅을 출발하기 전에 필요한 물품을 챙기지 않으면 곤란한 상황에 처할 수 있다.

　그러나 보트가 모든 것을 다 싣고 슬로프를 떠날 수도 없다. 현명한 보터는 꼭 필요한 것은 챙기되, 불필요한 물품을 싣지 않는 준비된 지혜가 필요하다.

　이러한 준비물에는 구명조끼를 포함하는 개인적인 준비물, 보트 선주가 준비할 항행에 필요한 구조용 수단과 구급키트, 의약품, 보트 수리도구와 예비부속, 예비 프로펠러와 그 부품, 항법장치(GPS)와 예비전지, 비상식량과 비상식수, 로프, 야간항행 장비와 랜턴, 항행일지 등이 있다.

무전기와 휴대폰

　휴대폰은 방수 팩에 담아서 구명조끼의 호주머니에 보관한다. 또한 육지나 섬에서 멀어질 경우 위성휴대폰이 아니면 중계기에 발신 전파가 미치지 못하여 통화가 안 된다는 점을 잊지 말고, 통화권 이탈지역에서는 배터리의 소모가 크므로 반드시 꺼두어야 한다.

해양경찰의 긴급구조요청 전화번호는 육상의 119 구조대와 같은 기능을 가졌으며 122번이다. 사고 시에는 불필요한 통화를 자제하고, 꼭 구조에 필요한 통화만 하도록 하여 휴대폰의 배터리를 아껴야 한다. 막상 구조대가 도착할 시간이 되었을 때 배터리 때문에 통화가 불가능한 상황에도 대비해야 한다.

무전기는 방수 기능이 있는 것을 준비하고, 휴대폰을 방수 팩에 담아서 보관한다. 예비 배터리도 준비하고, 만약의 사태에 대비하여 배터리를 아낀다.

해상에서 해경과 해군 또는 다른 선박에게 구조를 요청할 수 있는 무전기의 주파수는 채널 16번(주파수 156.800MHz)이다. 1일 이상의 보팅 시에는 휴대폰과 무전기의 예비전지와 충전기를 준비하도록 한다.

플래시, 헤드램프

등반용 헤드램프는 야간항행 시 계기를 볼 때도 유용하며, 크기도 작아 구명조끼에 휴대하면 안성맞춤이다. 시중 등산용 품점에는 생활방수기능과 구조요청을 위한 발광기능이 있는 제품이 나와 있다. 플래시, 랜턴 또한 해수에 침수되지 않도록 방수 가능한 해상전용이라야 한다.

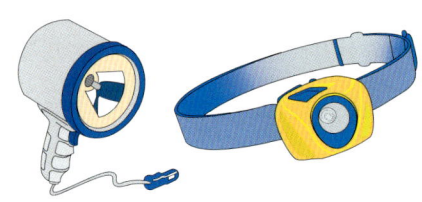

방수 전용의 랜턴과 플래시, 헤드램프는 요긴한 장비이다.

주머니칼(서바이벌 나이프)

매듭을 자르거나 비상용으로 사용하는 다목적 스위스 주머니칼이나 녹이 슬지 않는 해군 전용 주머니 칼이 보팅에서도 유용하다. 물론 숙련자가 된다면 전문가용 요트 칼이 필요할 것이다.

2002년 2월 광안리 앞 바다에서 행글라이더가 강풍에 추락한 사고가 있었다. 피해자는 1시간 만에 구조가 되었으나 후송 도중에 사망하였는데, 그의 이빨에는 온통 로프조각이 끼어있었다. 그는 겨우 3미터에 불과한 수심에 떨어져, 로프들이 몸에 엉키어 이빨로 줄을 끊으려고 노력하였으나 허사였다. 만약 주머니칼이 있었다면 혼자 로프를 끊고 해안으로 수영하여 생존할 수 있었을 것이다.

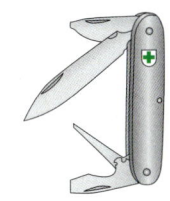

녹이 슬지 않는 다기능 주머니칼도 잊지 말고 준비하자.

의약품과 응급처치 세트

붕대와 밴드, 그리고 지혈제가 준비된 응급처치 세트는 탑승자 중 누군가 지정된 한 사람이 준비하는 것이 좋다. 선주가 모든 것을 준비할 것이라는 기대를 가지고 아무도 응급처치 세트를 준비하지 않아 낭패를 당하는 경우가 많다. 반면에 선주는 보트의 기능을 유지하기 위한 준비 과정이 너무도 많으므로 이것에 소홀하기 쉽다.

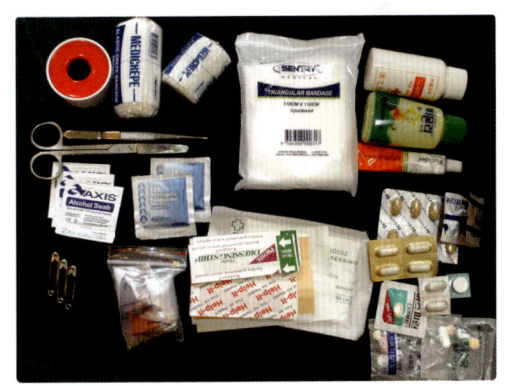

개인적 병력에 따른 약은 개별적으로 준비하고, 진통제를 복용할 때는 그 사실을 동승한 다른 사람에게 알려줘야 한다.

그리고 소화제와 두통약, 멀미 예방약 등의 의약품은 개인이 반드시 준비해야 한다. 특히 해산물, 어패류 등에 대한 알레르기성 질병의 경험자는 별도로 그에 대한 준비를 하는 것이 좋다. 경험상 만약 김밥을 먹고 체한 적이 있는 사람은 당분간 김밥만 먹으면 체할 위험이 높기 때문에 개인적 병력에 따른 약품은 개인이 준비해야 한다.

필자도 패류를 날것으로 먹어 두드러기와 오한에 시달리다가, 심지어 의식을

의약품과 응급처치 세트는 방수용 박스에 담아 준비한다.

잃을 지경이 되어 병원으로 실려 간 경험이 있나. 시금도 컨디션이 좋지 않을 경우 재발하므로 이에 필요한 약을 반드시 따로 챙겨서 보팅에 나간다.

보팅 중 진통제를 먹으면 이 사실을 주변 동료에게 알려야 한다. 맹장염 등 일부 질병은 진통제로 진통만 차단하는 경우 더 위험한 상황으로 이끌어, 치료시기를 놓칠 수 있기 때문이다.

응급처치 세트와 의약품은 매 보팅 전 이상 유무를 확인해야 한다. 전번 보팅에 준비한 것이 바닷물에 침수되었다면 거의 무용지물이 되었다고 보아야 하기 때문이다.

응급처치 세트의 구성품

드레싱	탄력붕대 1개, 면붕대 2개, 대형거즈 2개, 소형거즈 2개, 비접착패드 4개, 반창고 1개, 접착식 안대 2개
벤데이징	아쿠아밴드 2개, 롱스트립 2개, 탄력 밴드 6개, 일회용 밴드 23개, 버터플라이 봉합 밴드 4개
의료공구	삼각건 1개, 응급가위 1개, 의료핀셋 1개, 메스 1개, 란싯(주사바늘) 1개, 라텍스 고무 1개, 멸균 설입자 1개, 면균 솜 면봉 1개
위생/소독	알콜스왑 10개, 라텍스 장갑 1개, 약 케이스(통) 1개
기타	전문치료가방 1개, 응급처치 가이드북 1개, 매뉴얼 1개

모기 기피제

바닷가의 모기는 계절에 구분 없이 극성스러우며, 가려움증이 수십 배가 될 정도로 육지의 모기와는 질이 다르다. 한바다에서도 수면에는 모기가 있으며, 특히 무인도를 포함한 섬 지역은 모기의 공격이 계절을 모른다.

바닷가의 모기는 계절 구분 없이 극성스럽다. 물리고 치료하는 것보다 모기기피제를 미리 준비하는 것이 지혜다.

야외용 모기 기피제는 시중에 성능이 좋은 제품이 많이 나와 있다. 이는 할인점, 편의점, 약국, 낚시점에도 다양하게 준비되어 있으므로, 다른 준비물에 우선하여 반드시 개인이 준비해야 한다. 모기는 물린 후 사후 병원을 찾는 것보다는 미리 대비하는 것이 고통도 없고, 시간적, 경제적으로도 이익이다.

선크림 (자외선 차단크림)

바다에서는 반드시 선크림을 사용해야 한다. 피부에 문제가 없다면, SPF30 정도가 효과적이다. 맑은 날의 태양보다 더 무서운 것은 흐린 날과 안개 속에 햇살이 비칠 때이다. 이때는 사람들이 햇살이 강하지 않으니 방심하기 쉬운데, 실제로는 안개 속의 햇살은 피부를 태우는 것이 아니라 아예 서서히 익혀버린다. 이런 경우는 피부과가 아니라 병원에서 화상치료를 해야 하고, 회복되려면 서너 달이나 걸린다. 특히

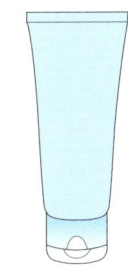

날씨에 구분없이 선크림을 준비하자.

5~6월은 안개 속에 햇살이 비치는 날씨가 종종 있으니 고생하지 않으려면 명심해야 한다. 선크림은 피부노화와 화상 예방을 위한 필수품이다.

먹고 마실 것

차류를 포함하여 먹을 것과 마실 것을 예정된 보팅 기간에 따라 준비한다. 스스로 준비하지 않아 다른 사람 것을 먹고 마시면, 그 사람은 보팅 기간 중 절반을 굶어야 하거나 불필요할지도 모르는 양을 추가로 준비하는 낭비를 하게 된다.

부피를 줄이기 위하여 이중포장을 제거하면 보트에서의 쓰레기 발생도 줄일 수 있다.

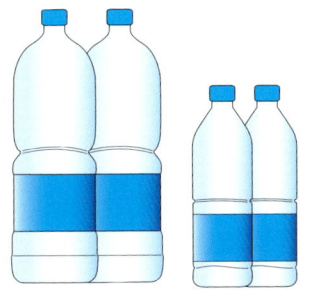

커피보다는 당분이 많은 마실 것과 생수를 준비한다.

가급적 부피가 작고 변질되지 않는 것을 선택하고, 보팅 출발 전 일일이 점검하여 변질되지 않은 먹고 마실 수 있는 것을 준비한다.

술과 담배

술은 가급적 항해를 끝내고 동승자 모두가 함께 무사항행을 자축하는 자리를 갖는 것이 좋다. 선내에서의 술은 선장의 허락 하에 반드시 마시는 시간과 한도를 지켜야 하며, 담배는 바람 끝에 앉아서 담뱃재와 연기가 다른 사람에게 피해를 주지 않도록 피운다. 뿐만 아니라 인화물질과 연료실, 예비연료통의 위치를 확인하고 이를 피해야 하며, 침실에서 담배를 피워서는 안 된다. 항해도중 연료보충 시간에 무심코 흡연을 한다면 살인이자 자살 행위나 마찬가지다. 술과 담배는 자신의 흡연량과 음주량을 고려하여 보팅 기간에 맞게 준비한다.

뱃멀미 약

한국인의 3~40% 이상이 멀미를 하지만, 과거에 멀미를 하던 사람도 컨디션이나 나이에 따라 멀미를 하지 않는 경우도 많다. 대개 나이가 들면 멀미의 빈도가 줄어든다.

멀미를 하는 사람이라면 만약을 대비하여 개인적으로 멀미약과 비닐 주머니를 준비하는 것이 좋다. 만약 구토를 할 경우 바람을 등지고 선미 쪽에서 해야 옷과 갑판을 오염시키지 않는다. 멀미약은 하루 전 잠들기 전에 먹거나 탑승 수 시간 전에는 먹어야 약효가 있는 것이 있다.

식기와 수저 그리고 물컵

산악인들이 개인용품으로 지참하는 이런 용품들의 준비가 선주에게 미루어지고 있는 것은 잘못된 관행이다. 또한 승선자 각자가 준비하지 않고 선주가 이를 준비하면 보트의 출항 준비에 바쁜 선주의 부담이 가중된다. 각자가 이를 준비한 다면 1회용품의 사용을 줄이므로 환경보호에도 기여할 수 있다. 사용 후 이것을 닦는 몫도 개인이 하게되어 위생적이며, 시간을 단축할 수 있다.

식기, 수저세트, 물컵을 각자가 준비하면 1회용품도 줄이고 위생적이다.

09 보팅의 계획

　푸른 파도가 끝없이 밀려오는 수평선 그 너머까지 물살을 가르며 달려보는 레저보팅은 일상과는 거리가 있는 낯선 일탈임에는 틀림없다. 안전하고 즐거운 레저보팅을 하기 위해서는 바다와 보트의 독특한 환경과 특성에 대한 지식을 습득하고, 계획하는 단계부터 보팅이 시작된다는 점을 알아야 한다.

　보트는 잘 포장된 도로를 달리는 자동차와는 다른 특성이 있다. 바다는 조석과 조류, 해류, 바람과 파도 등에 의하여 항상 움직이는 살아있는 유동체이다. 보트와 바다환경에 대한 더 많은 지식은 즐겁고 안전한 보팅을 보장하여 줄 것이다.

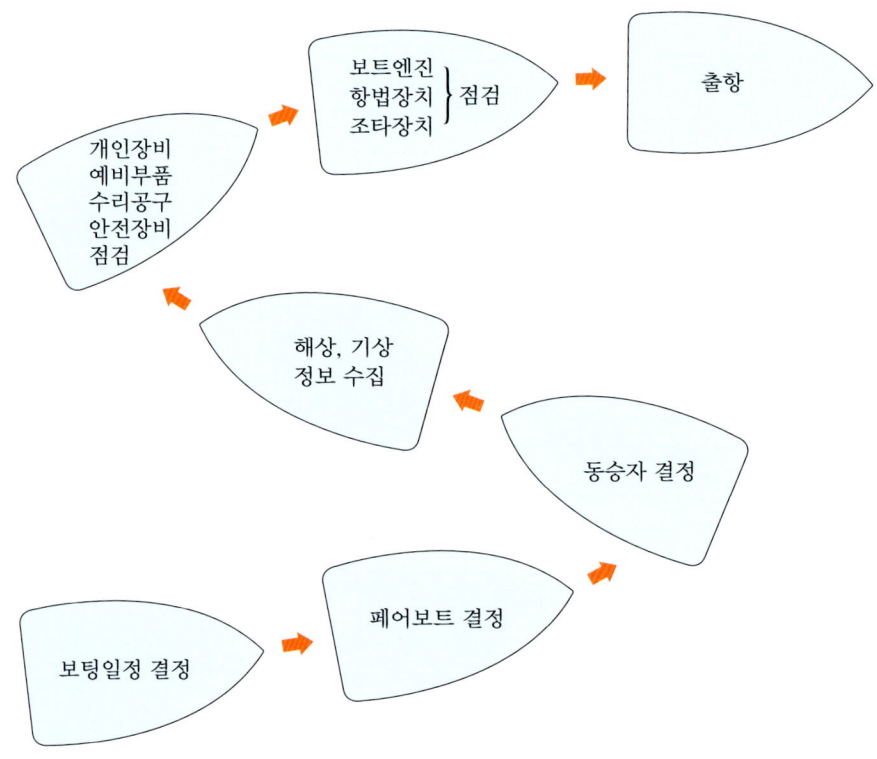

안전하고 즐거운 보팅은 완벽한 계획과 준비로부터 시작된다.

보팅 계획과 준비

안전하고 즐거운 보팅은 완벽한 계획과 준비로부터 시작된다. 유비무환(有備無患)은 안전한 보팅에서 절실히 적용되는 교훈으로, 보트가 출항하면 돌아올 때까지 준비된 연료와 음식, 준비된 보트의 상태로 보팅을 할 수밖에 없다. 그러므로 보팅은 계획하고 준비하는 과정이 더 중요하다는 말도 틀린 말은 아니다.

푸른 파도를 가르며 떠나는 보트 여행을 꿈꾸며, 즐거운 마음으로 계획하고 준비하는 습관을 가지는 것은 보터의 기본 자질이다.

일정 결정

보팅 지역의 기상과 물때(조석)을 고려하여 출발지와 출발일시, 귀항일시 등의 일정을 정한다. 일정을 결정하면 동반탑승자와 페어보트를 수배하고, 기상과 보팅 코스에 대한 정보를 수집하면서, 개인별 준비 사항을 전달하고, 보트의 수리부품과 공구를 준비하며, 보트를 점검한다.

일정 결정 → 탑승자와 페어 확보→ 정보의 수집 → 운항 준비와 점검 → 출발

보팅에 동반할
페어보트를 확보하고,
동승자를 결정한다.

기상과 보팅 지역에 대한
조석, 슬로프, 최근 조황
등에 대한 해상정보를
수집한다.

페어와 동승자에게
일정과 기상, 해상
정보를 공유하고
안전항해를 위한
의무를 고지한다.

탑승자와 페어 보트의 확보

보트의 정원을 고려하여 동반탑승자를 결정한다. 일정에 시간 여유가 많을수록
동반 탑승자의 수배가 용이할 것이다.

그리고 선장을 보조하는 탑승자는 과거 경험을 통하여 호흡이 맞는 보터를 확
보하는 것이 좋다. 보트의 제한된 공간은 동반탑승자간 코드가 맞지 않을 경우 스
트레스가 되기 때문이다.

가거도항에 정박 중인 현대
호와 샤라반호는 동종, 동급
의 RIB 보트로서 구입할 때
부터 페어 보팅을 계획하고
준비한 보트이다. 이 두 보
트는 마라도, 독도, 가거도,
어청도를 페어 보트로 항행
하였다. 페어 보트는 성능이
비슷한 보트를 선정하는 것
이 좋으며, FRP 보트는
RIB 보트와 페어를 한다면
여러 가지 이점이 있다.

보팅 일정이 결정되면 동반할 페어 보트를 확보하는 것도 안전 보팅을 위하여 매우 중요하다. 이 또한 과거 보팅을 통하여 호흡(코드)이 잘 맞는 보트와 페어가 된다면 즐거움이 배가되는 것은 물론 위급 시 상황대처에 유리하다.

페어보트는 보팅이 종결될 때까지 상호 가시거리 내에서 활동할 의무가 있다.

페어 보트는 보팅을 리드(lead)하는 리드 보트(lead boat)와 스태프 보트(staff boat 또는 assist boat)의 역할을 미리 정하여 보팅 간 의견이 다를 때를 대비하여 둔다. 페어보트는 보팅의 시작부터 보팅이 종결될 때까지 상호 가시거리 내에서 활동할 의무가 있다.

페어 보트를 확보하는 것은 보팅의 계획과 실시에서 안전을 확보하는 가장 중요한 사항이다.

정보의 수집

보팅 중 낚시 등을 위한 최근의 조황과 슬로프의 정보, 기항 시의 기착항과 숙박 관련 정보, 그리고 물때와 기상상황 등에 관한 정보는 계획단계부터 보팅이 끝날 때까지 지속적으로 수집해야 한다. 이때 중요한 사항은 보팅 지역과 기착지의 물때표(조석의 시간과 간만조의 수위표)이며, 국립해양조사원의 홈페이지와 스마트폰의 어플리케이션을 활용하면 실시간 확인이 가능하다.

수집된 정보를 바탕으로 보팅 코스를 결정하는데, 출발항과 출발시간, 기착항, 그리고 귀환예정 시간 등을 결정하면 된다. 보팅 거리와 보팅 시간을 결정하여 연료와 숙박에 관련된 사항을 준비토록 한다.

기상과 해상에 대한 정보는 출항 후에도 보팅이 끝나고 귀항할 때까지 항상 최신의 정보를 가지고 운항할 수 있도록 해야 한다.

기상과 조황, 그리고 슬로프의 최근 동향을 수집하여 이들 바탕으로 보팅계획을 완성한다.

운항준비와 점검

　보팅계획은 보트의 사전점검과 정비를 할 여유를 두고 결정하여야 한다. 엔진과 조타장비, 항법장치, 무전기, 등화장치, 이동을 위한 트레일러를 점검하고, 트레일러 허브베어링에 그리스를 주입한다. 그리고 예비부품과 수리 공구를 목록과 대조하며, 하나씩 점검하고 준비한다.

10 보팅의 준비

보트의 점검

보트의 선체와 엔진, 항해장비(내비게이션 등)와 무전기 등 보트에 장착된 장비, 트레일러의 이상 유무를 점검한다. 그리스를 주입할 부분에는 주입하고 부품교체시기가 된 부품은 교체를 한다. 고무보트와 RIB 보트는 공기누수 여부를 준비단계에서 반드시 점검한다. 전원스위치와 등화장치의 이상 유무, 빌지 펌프, 유수분리기, 여과기, 에어펌프 등의 작동상태도 점검항목 중의 하나이다.

가급적 자신의 보트에 맞는 점검리스트를 만들어 점검표를 따라 하나씩 점검하는 습관을 가지는 것도 좋은 방법이다.

출발 전 또는 출항 전에야 비로소 이상 상태를 발견하고, 시간을 지체하는 것은 레저보트를 즐길 자격이 없는 보터이다.

사전 점검을 소홀히 한다면 보트를 물에 띄운 후 시동이 걸리지 않거나 냉각장치가 가동하지 않는 경우, 잘 관리되지 않은 조향장치의 그리스가 유착되어 꼼짝도 하지 않는 경우 등으로 인해 출항도 못하고 보팅을 종료하게 할 수도 있다.

수리공구의 준비

OVM(on vehicle materials : 탑재공구)이란 자가 정비를 할 수 있도록 보트에 준비하는 간단한 정비공구이다. 차량의 OVM 기본 공구와 같은 성격의 공구로, 차량의 경우 다음과 같다.

• 휠 너트 렌치(L형) 21mm(19mm) : 자동차 타이어 볼트, 멈춤나사의 조정 및 분해

- 플라이어 150mm(200mm) : 철선류 절단, 굽힘, 집는 기능
- 스패너 10×12mm(14×17mm) : 볼트, 너트의 조임 및 분해(엔진)
- 양용 드라이버(+/– 교환드라이버)
- 차량용 잭

　이 공구들은 자농자의 자가 정비를 할 수 있도록 자동차 부품에 맞는 규격으로 준비되어 있으므로, 보트에 그대로 적용할 수는 없다. 또한 보트는 크기와 메이커에 따라 규격이 다른 부품들로 제작되므로, 해수에 의한 부식에 견딜 수

녹슬지 않고 물에 뜨는 프로펠러 렌치도 마린 전문점에 구비되어 있다.

있는 공구를 자신의 보트에 맞는 규격으로 직접 준비해야 한다. 특히 스크루 너트와 점화 플러그를 분해 결합하는 공구는 보트 OVM의 기본이다.

- 스패너, 콤비렌치, 드라이버(–, +), 니퍼, 롱 노즈 플라이어, 칼, 래칫 핸들, 육각 렌치
- 복서 : 스크루 너트 해체를 위한 롱 사이즈를 별도로 준비해야 한다.
- 비상 수동 시동줄
- 배터리 연결 케이블
- 그리스, 그리스 펌프, 여분의 엔진 오일, 기어오일

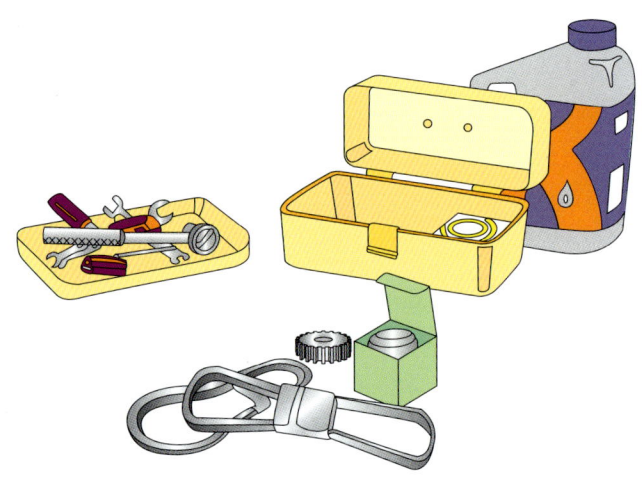

예비부품의 준비

예비부속품을 미리 준비하면 보트가 운항불능의 상황에서 장시간 구조를 기다리고, 견인되어야 할 처지에서 간단히 벗어날 수 있다. 때로는 너트 하나가 없어 보팅을 포기하거나, 구조선을 기다리고 견인되어야 할 처지가 될 수 있다. 이에 비하면 예비부품은 시간과 비용을 절감하는 요긴한 소품이다. 보트와 낚시장비 등에 투자한 비용에 비하면 부품가격은 정말 하찮은 소액이므로 귀찮아하지 말고 반드시 챙겨두자.

해상에서 이러한 부품을 불가피하게 빌려 사용하는 경우, 반드시 현품으로 되돌려 주어야 한다. 그것을 부품의 가격으로 현장에서 지불하겠다는 발상은 예의가 아니다. 보트 부품은 대부분 발품을 팔아야 구할 수 있는 것들이며, 준비가 용이한 것들이 아니기 때문이다.

예비 스크루(screw) 1~2개와 스크루 너트와 핀

특히 서해안은 간출여가 많다. 해도나 내비게이션에 의존하기보다 그 지역의 바닷길을 잘 아는 멤버와 동행하는 것이 최선이다. 그래도 예비 스크루는 준비해야 한다. 해상에서 스크루 교체 중 스크루 너트를 빠뜨리면, 수심이 얼마나 깊든지 설사 물속에 잠수한다 하여도, 스크루 너트를 찾기란 불가능하다. 이 곤란한 상황을 해결하는 방법은 미리 스크루 너트, 핀을 예비부품으로 준비하는 방법밖에는 없다.

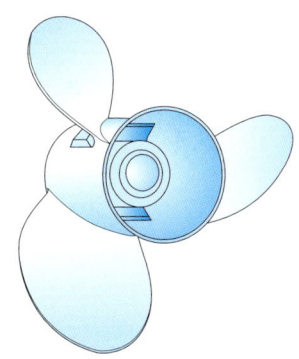

예비 스크루와 스크루 너트, 핀은 예비부품을 준비한다.

한 벌의 예비 플러그

자신의 엔진이 새것이라면 한동안은 괜찮을 것이다. 그러나 장거리를 견인당하는 것보다는 예비 플러그를 미리 준비하는 것이 현명하다. 반드시 본인

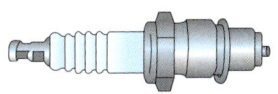

엔진 사양에 맞는 1벌의 예비 플러그를 준비한다.

의 엔진 사양에 맞는 제품을 준비해야 한다.

예비 퓨즈

전기용품의 규격에 맞는 각종 퓨즈를 몇 개씩 준비하는 것이 좋다. 고장 시 원인을 모르고 교체를 하다보면 교체 즉시 아웃되는 경우가 있기 때문이다. 보트에 사용되는 퓨즈는 긴 것과 짧은 것이 따로 있다.

엔진의 내부 부품으로 장착된 퓨즈도 따로 준비하는 것이 현명한 보터이다.

프라이머 밸브(일명 쭉쭉이)와 호스, 커넥터

연료호스의 고무튜브는 언젠가 찢어질 수 있다. 그리고 커넥터는 메이커별로 사양이 다르다. 자신의 연료통과 엔진의 사양에 맞는 것으로 준비하자.

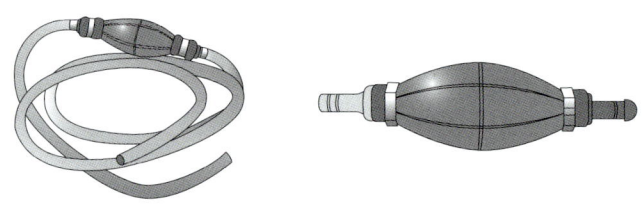

연료호스와 프라이머 밸브

빌지 펌프

피스 등의 이물질이 이입되어 고장이 잦은 부품이다. 약간의 호스와 함께 예비 빌지 펌프를 준비하면 요긴하게 쓸 수 있다.

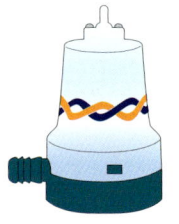

빌지 펌프의 고장은 보팅을 중단하게 할 수도 있다.

엔진오일, 기어오일, 그리스

반드시 준비해야 하는 소모품이다. 특히 기어오일도 빠뜨리지 말자.

예비 타이어

트레일러의 예비 타이어는 중고 타이어라도 미리 준비해 둔다. 특히 보팅을 하는 휴일은 대부분의 카센터가 휴일이다. 휴일날 바닷가에서 자신의 트레일러 규격에 맞는 타이어를 구하기는 쉽지 않다.

트레일러 허브 베어링과 리테이너

해수에 의하여 트레일러 허브 베어링이 마모되어 일어나는 사고는 자주 목격된다. 약간의 기술만 있으면 교체가 가능하며, 부품만 있으면 누군가의 도움을 쉽게 받을 수 있다. 자신의 트레일러 규격에 맞는 부품 한 쌍을 준비한다.

자신의 트레일러 규격에 맞는 트레일러 허브 베어링과 리테이너 등은 고장 시 휴일의 보팅 현지에서 구하기란 거의 불가능하다.

로프, 각종 길이의 타이, 약간의 배선, 각종 볼트와 너트 몇 개씩, 전기테이프, 접착제, 보수용 고무천, 청테이프

정말 요긴하게 사용할 수 있는 소품들이다.

특히 견인을 위한 로프는 수상견인을 위한 수상전용 로프라야 한다. 그렇지 않으면 견인 중 로프가 끊어질 위험이 있으며, 그 반사충격이 사람을 다치게 한다.

물에 뜨는 수상전용 로프를 준비한다.

건전지

카메라와 휴대용 내비게이션, 무전기, 휴대폰에 사용하는 예비 전지도 챙겨야 한다.

안전장비

보트후크, 소화기, 구명환, 물바가지, 앵커, 레이더 리플렉터

보트후크는 시동이 걸리지 않을 때 보트가 파도에 밀려 갯바위에 접근하여 전복될 위험을 막을 수 있는 요긴한 장비이다. 조류가 심한 지역에서 소형 보트는 앵커링을 하면 위험에 처할 수 있다.

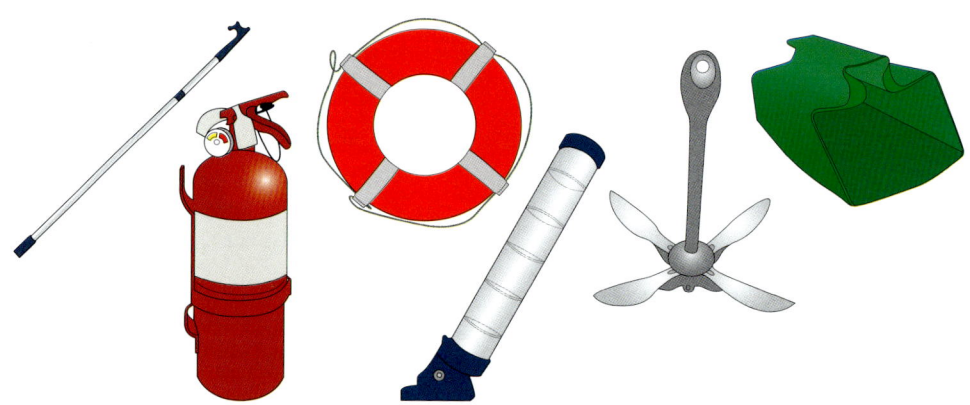

보트후크, 소화기, 구명환, 레이더 리플렉터, 앵커, 물바가지

신호탄과 연막통

야간에 위치와 위험을 알리기 위한 신호탄은 발사식과 거치식의 두 종류가 있다. 주간의 신호를 위해서는 민방위용 연막탄을 준비하는 방법이 있으며, 2~5분용 적색, 백색, 황색 연막탄이 판매되고 있다.

신호탄과 연막통은 점화 시 불꽃이 튀므로 선실이나 밀폐된 공간에 보관하거나 조작하면 위험하다.

20분용

30분용

신호탄과 연막통은 점화 시 불꽃이 튀므로 선실, 또는 밀폐된 공간이나 인화성 물질 근처에서 보관하거나 조작하지 않는다.

그리고 물에 젖지 않도록 관리하고, 사용 시 연료통과 이격된 장소에서 화재발생에 유의하며 사용하여야 한다.

부표

그림은 스쿠버 다이빙용 부표 신호이다. 튜브형은 입으로 바람을 넣으면 1.3 미터 길이의 튜브가 되는데, 파도가 있는 바다에서 스쿠버다이버나 조난자를 식별하는데 유용하다.

부표는 다이버 활동을 알리는 긴요한 표식이다.

신호기

국제신호기의 V기, W기, Z기는 유용한 지원 요청 깃발이 될 수 있다. 각각 '구호, 의료지원, 예인을 요청한다.' 는 신호 깃발이다.

그리고 스쿠버다이빙을 나갈 때는 알파기와 적색의 다이빙기를 준비한다.

 V : 지원 요청   W : 의료지원 요청   Z : 예인 요청

 A: 잠수부하강    다이빙 깃발

기타

- 비상식량과 비상식수
- 조리기구 (버너, 코펠, 도마, 칼, 버너 연료)
- 조종면허증, 항해 일지, 원거리 항해 신고서, 카메라, 필기도구

11 보트의 견인(boat trailing)

트레일러 관련법규

보트 견인(보트 트레일링)을 위해서는 트레일러 운전면허가 필요하다. 그러나 피견인되는 트레일러의 중량이 750kg 미만인 경우는 트레일러 운전면허가 필요하지 않다(도로교통법 시행규칙 53조와 관련된 별표9의 주3). 그리고 자동차관리법과 도로교통법에 의거 트레일러를 등록(도로교통법 2조 1항)하고, 자동차 견인장치는 자동차 구조변경을 득해야 한다. 야간운행 시에는 등화(미등, 차폭등, 방향등, 번호판 등), 견인 속도 등을 준

피견인차 중량이 750kg 미만 시는 길이에 상관없이 2종보통면허로 견인이 가능하다.

수하면 된다.

트레일러 면허시험은 만 20세 이상으로 1·2종 보통면허 취득 후 1년 이상 경과자가 응시할 수 있다. 운전학원의 5시간 학과와 4~5일의 실습을 받은 후 응시하거나, 개별적으로 면허시험장에서 응시할 수 있다. 기능시험은 피견인 트레일러의 연결, 전진·후진하여 T자형 방향전환, 전진 및 후진으로 원래 위치로 복귀, 피견인 트레일러의 분리 과정으로 진행된다.

트레일러 견인장치 (tow vehicle)

일부 수입된 SUV 차량에는 고유의 트레일러 견인장치가 부착되어 있으나, 유감스럽게도 국내에서 출고되는 차량에는 아직 트레일러 견인장치가 장착되어 출고되는 모델은 없다. 그러나 트레일러 견인장치가 없다하여 염려할 필요는 없다.

좀 까다로운 절차이기는 하지만 교통안전공단에 자동차구조장치 변경 승인 신청을 하고 승인을 득하면, 허가된 자동차종합정비업체에서 견인장치를 부착하여 승인허가를 득한 후, 45일 이내에 자동차검사소에 구조장치변경 승인을 득하면 된다. 구조장치변경 승인을 득하면 자동차등록증에 이 사항이 추가로 명시되며, 만약 이러한 절차를 거치지 않고 구조장치변경을 하면 불법개조로 자동차관리법 제81조 제1호의 적용(위반 시 1년 이하의 징역 또는 300만원 이하의 벌금)을 받게 된다.

변경 전후의 주요 제원표와 변경 전후의 자동차 외관도, 자동차 성능과 안전도가 적정함을 인정하는 서류 등을 첨부하며, 이는 대행업체에 의뢰하면 시간과 노력을 절감할 수 있다.

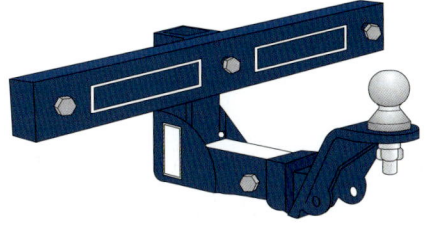

트레일러 견인장치(TOW)를 추가로 설치하는 경우 자동차검사소에서 구조장치 변경 승인을 받는다.

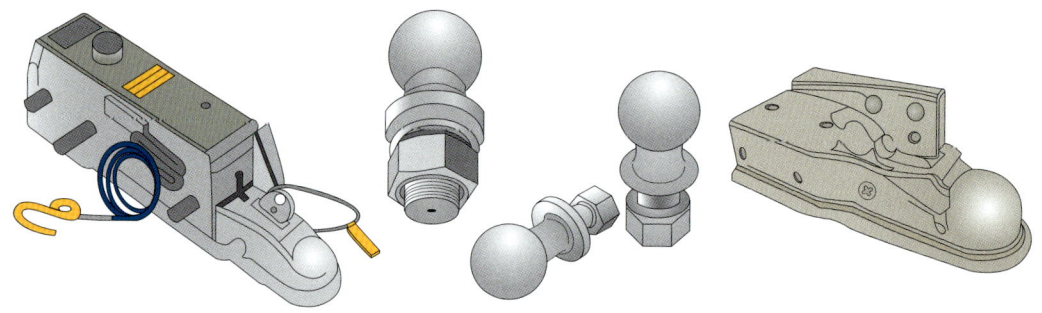
TOW 장치의 견인볼과 커플러는 동일한 규격이 쌍을 이룬다.

자동차 견인장치는 경승용차를 포함한 모든 차량에 장착할 수 있으나, 피견인 트레일러의 적재 시 중량이 견인차량의 중량을 초과하지 않아야 한다. 견인장치의 고정 장치(tow ball) 높이는 피견인 트레일러의 높이와 수평이 되거나 낮아야 안전하다.

고정 장치는 커플러(coupler) 방식과 여닫이 방식, 이 두 가지가 결합된 방식이 있으며, 커플러 방식이 후진 시 방향전환에 보다 유리하다. 커플러와 볼은 50.8mm(2인치)와 47.6mm(1-7/8인치)의 규격이 있다.

트레일러 후미 점등을 연결하는 전기장치는 7핀과 13핀이 있으며, 반드시 방수 제품을 선택하여야 한다. 피견인 트레일러의 중량이 750kg 이상이면 관성 브레이크장치가 의무사항이라는 점도 알아두어야 한다.

트레일러 견인장치의 모습

트레일링의 준비

트레일링을 위하여 반드시 트레일러 바퀴에 있는 휠베어링의 그리스를 점검하여야 한다. 이는 드라이버로 캡을 제거하고, 그리스 건으로 그리스를 집어넣는 간단한 작업으로, 견인 중 고속도로 등에서 트레일러의 바퀴가 이탈되어 일어날지도 모르는 2차 인명사고나 대형 사고를 예방하는 중요한 절차이다.

이 때 해상용 그리스를 주입하고, 가급적 동일제품을 사용하여 다른 제품과 혼용으로 인한 화학적 부작용을 피하는 것이 좋다. 그리스는 트레일러의 상태에 따라 주기적으로 보충하여야 하며, 매번 점검하고 보충한다 하여도 안 될 것이 없다. 실제로 매 이동 전 이 작업을 하는 보터를 보는 것도 어렵지 않다. 대형사고와 직결된다는 무서운 사실을 인지한다면 당연한 작업이라 할 수 있다.

적재된 보트는 운행 중 흔들리거나 이탈하지 않도록 견고하게 트레일러와 고정해야 하며, 이는 회전이나 급브레이크 등의 상황에서 대형 사고를 방지하기 위해서이다. 운행 중 보트 내 적재물이 날려가지 않도록 고정해야 하며, 안테나 등 부착물이 떨어지지 않도록 점검해야 한다.

트레일링 순서

① 트레일러를 연결하기 전에 엔진 틸트를 올려 고정한다.
② 이동 중 바람에 날아갈 수 있는 보트 내의 적재물은 제거한다.
③ 트레일러 잭을 올리고, 핸들을 고정한다. (요철을 넘을 때 파손의 우려가 많다.)
④ 트레일러 등화의 전선을 연결하고, 등화 여부를 점검한다.
⑤ 보트와 엔진을 트레일러에 고정한다.
⑥ 예비 타이어를 포함한 타이어의 공기압을 점검한다.
⑦ 출발 전 이동경로를 염두에 두고 판단을 하는 것이 좋다.

간단한 절차이지만 하나라도 소홀하게 하거나 잊는다면, 금전적 손실을 감수해야 한다.

가장 먼저 엔진 틸트를 올려 고정한다.

보트와 엔진을 트레일러에 연결한다.

트레일링과 호송

트레일링 시 안전속도는 시속 90킬로미터 이하이다. 트레일러가 연결되면 회전각도가 커지므로 좁은 농로나 마을길을 이동하는 경우 사전답사가 필요하다.

보트를 트레일링 시 운전자는 후미의 시계가 보트 트레일러로 인해 제한된다. 따라서 보트

트레일링 시 안전 속도는 90km/h 이하이다.

트레일링을 한대의 차량이 한다면 당연히 후미에서 호송하는 것이 바람직하다.

호송차량은 차선을 바꿀 때 먼저 차선을 확보하고, 트레일링 차량이 차선으로 들어오도록 유도한다. 이동 중 호송차와의 연락은 무전기가 유용하다.

보트 트레일러가 대열을 이루어 이동하는 경우 1개의 편대는 3대를 넘지 않는 것이 좋다. 트레일링 행렬이 길어지면 추월하려는 다른 차량이 끼워들기를 시도하므로 위험한 상황에 빠지기 쉬우며, 트레일링 사이의 운전자는 계속적인 스트레스를 받으며 교통정체를 가속화시키는 등 바람직한 방안이 아니다.

트레일링 시에는 앞차와의 간격을 넓게 하고 브레이크를 할 때 더 긴 거리를 두어야 하며, 급작스런 차선변경과 방향전환을 피한다.

보트 트레일링 시 운전자는 일반 운전을 할 때보다 더 긴장되고 피로해진다. 운행 간 더 많은 휴식이 필요하며, 매 휴식 시마다 연결장치의 상태와 점등장치, 타이어 공기압, 휠베어링의 과열 여부, 적재물의 이상 유무 등을 점검한다.

보트 트레일링의 안전사고

트레일링 간 안전사고 중 가장 많은 것은 트레일러 휠베어링의 그리스 상태 불량으로 인해 트레일러 바퀴가 이탈하는 것이다. 이탈된 바퀴가 굴러가면서 2차사고를 유발할 수도 있는 아찔한 경험을 한 보터를 우리 주변에서 쉽게 만날 수 있다는 점은 그만큼 이 사고가 자주 발생한다는 것을 의미한다.

보트가 이동하는 날은 대부분 휴일이므로 고장 시에 부품을 구하거나, 차량 정비소의 도움을 받는 것이 쉽지 않다. 한 쌍의 예비 휠베어링 세트와 예비 타이어를 사전에 준비하는 것이 대책이다.

트레일러 허브베어링의 그리스 주입을 소홀히 하면 운행 중 타이어가 이탈되어 큰 사고로 연결될 수 있다.

보트 트레일러 차량은 후방시계의 제한으로 인해 차선변경과 추월 시 위험에 노출된다. 가급적 차선변경을 자제하며, 불가피하게 차선변경을 할 때에는 방향전환 각도를 최소화하여 백미러를 확인하면서 접근하는 것이 요령이다.

보트가 고정되지 않아 급브레이크와 급커브에서 트레일러 위의 보트가 이탈되거나, 보트에 실린 짐이 날아가면 후속차량의 사고에 연결될 수 있다.

보트의 주유 시 주의사항

슬로프로 이동하면서 주유소에서 주유를 하거나, 마리나의 주유장소를 이용하여 주유를 할 때는 다음 사항을 지킨다.

- 주유 중에는 절대 금연이며, 인화성 물질의 취급을 금한다.
- 마리나(계류장)의 주유소(oil station)에서 주유 시, 보트의 선수와 선미를 계류장에 고정한다.
- 엔진을 정지한다.
- 라디오와 전자제품, 환풍기의 작동을 끈다.
- 소화기를 비치하고, 해치를 닫는다.
- 야간에는 주유를 하지 않는다.
- 혼합유를 사용할 경우 오일을 먼저 넣는다.
- 주유노즐을 주입구에 닿도록 하여야 정전기가 발생되지 않는다.
- 안전한 연료통을 사용하고, 탱크나 연료통의 95%만 채운다.

주유소에서 주유 시 보트의 선수와 선미를 결박하고, 주유 중에는 금연과 인화성 물질을 취급하지 않는다.

- 흘린 연료는 물로 씻지 않으며, 반드시 걸레나 휴지로 닦는다.
- 연료가 묻은 걸레나 휴지는 안전하게 처리한다.
- 연료탱크 주변에 연료가 흘러나온 흔적이 있는지를 확인한다.
- 환기를 하고, 잔류가스의 냄새를 확인한 후에 시동키를 조작한다.

12 보트 진수와 양륙

슬로프에 도착되면 먼저 슬로프의 상황을 점검하고, 전진 또는 후진으로 진입할 것인지를 판단하고 진입한다. 여러 사람이 사용하는 슬로프이므로 가능한 한 짧은 시간에 보트 진수(launch)를 종료하고 슬로프를 이탈해야 하며, 어항의 슬로프에서는 어민의 생업에 방해가 되지 않도록 양해를 구하면서 행동한다. 보트의 진수가 끝나면 신속히 슬로프를 이탈하여 안전한 장소에 주차한다. 반대로 보트를 양륙(landing)하면 신속히 슬로프를 이탈하여 한적한 장소로 이동하여 보트를 정리한다.

슬로프의 경사각은 보트와 견인차량의 안전에 영향을 미친다. 급경사 슬로프는 하단에 서식하는 해초류에 의해 바닥이 미끄러워서 견인차량을 물속으로 미끄러지게 할 수 있다. 반면에 완만한 경사각의 슬로프는 보다 깊은 곳까지 견인차량이 진입해야 하므로, 견인차량의 구동장치에 바닷물이 스며들어 치명적인 손상을 입힐 수도 있으며, 트레일러로부터 이탈한 보트의 엔진 하부 프로펠러와 수직날개를 위협하기도 한다.

대체로 카페리 선착장의 슬로프는 폭도 넓을 뿐만 아니라 경사각 또한 적절하여 보트를 내리기에 용이하다. 그러나 반드시 카페리의 운항이 개시되기 이전이나 이후에 보트를 진수(launch)시키거나 양륙(recovery, landing)하여야 한다.

슬로프에 따라 만조시간 전후를 기준으로 보트의 진수와 양륙이 가능한 곳도 있다.

보트 론칭 준비

- 보트 후미의 드레인 플러그(배수밸브)를 막는다.
- 트레일러와 보트 및 엔진의 결속 로프를 제거한다.
- 보트 시동키를 준비하고, 보트조종자가 보트에 탑승한다.
- 천천히 후진하여 적당한 수심에서 보트를 분리한다.

드레인 플러그를 닫지 않고, 론칭한 보트가 배수구를 통하여 유입된 물로 인해 선착장에서 수 분 만에 침몰되어 양륙하는 모습이다.

일반적인 보트 론칭

트레일러가 후진하여 적절히 보트의 선미가 침수되면 보조자가 트레일러 윈치의 결속라인을 해체한다. 이 때 윈치 라인은 반드시 느슨한 상태에서 한다. 보트의 이탈을 돕기 위하여 견인차량 운전자가 마지막 급제동을 하여 관성을 이용하여 보트 이탈을 유도할 수 있다는 점도 보조자는 미리 알고 있어야 하며, 이에 대한 적절한 대응을 하고 있어야 한다.

보조자는 마지막으로 결속라인을 해체하며, 후진하던 트레일러가 급제동을 한다는 사실을 미리 알고 대처해야 한다.

선미가 침수되면 트레일러 윈치의 결속라인을 해제한다.

로프를 연결하여 론칭하는 방법

아주 완만한 경사각을 가지는 슬로프에서 견인 차량을 보호하기 위하여 사용하는 유용한 방법이다. 견인력이 충분한 연결 로프를 사용해야 하며, 슬로프의 최하단에서 트레일러 일부를 침수한 상태에서 하는 것이 안전하다.

경사각이 심한 슬로프의 상단에서 로프를 연결하는 행위는 대형 사고를 일으킬 수 있는 아주 위험한 행위이며, 실제 견인차량에서 이탈된 트레일러가 슬로프 하단에서 낚시중인 사람에게 중상을 입히고, 보트와 트레일러가 파손된 사고도 있었다. 이 방법은 피견인 트레일러의 방향과 속도 조작이 절대 불가능하다는 점을 염두에 두고 실시해야 한다.

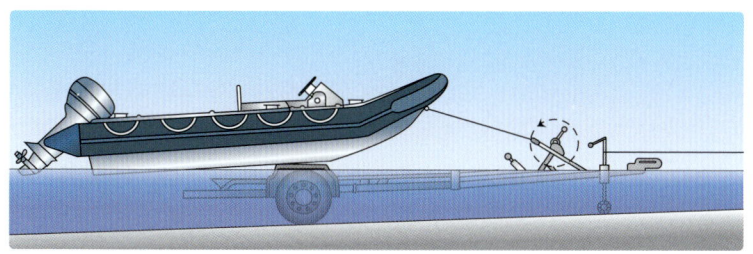

트레일러를 연결하는 로프는 충분히 견고해야 하며, 슬로프의 하단에서 실시한다.

론칭의 다른 방법

트레일러의 견인바 구조를 연장하여 보트 론칭의 장점을 병용하는 방법을 시도할 수도 있으나 트레일러의 합법적인 구조변경을 득하기는 쉽지 않다. 또한 트레일러의 적재 바를 2중 구조로 개조하여 수위가 낮아진 턱진 슬로프에서 엘리베이터 식으로 론칭하는 방법을 사용하는 예도 있으나 역시 트레일러의 합법적인 구조변경 문제가 과제로 남는다.

리프트를 이용할 때는 리프트 운용자와 미리 시간을 예약하여 둔다.

가장 손쉬운 방법은 선창에 설치된 리프트를 이용하는 방안이다. 그러나 우리나라에는 전용 마리나와 일부 어항에만 설치되어 있고 사용요금이 비싸므로, 사용이 용이하지 않다. 리프트를 이용할 때에는 미리 시간을 예약하여 리프트 운용자를 수배하느라 시간을 지체하지 않도록 한다.

보트 론칭과 보트 랜딩의 우선순위

간조의 차이가 거의 없는 동·남해안의 론칭과 랜딩은 도착순서가 우선순위가 되겠으나, 조수에 의한 급격한 수위변화를 보이는 서해와 남해안은 상황이 다르다.

썰물의 마지막 시간대에는 더 물이 빠지기 전에 큰 보트가 우선 론칭과 랜딩를 해야 한다는 점을 기억해야 한다. 반대로 들

조수에 의한 급격한 수위 차이가 있는 서남해안은 물이 더 빠지기 전에 큰 보트가 먼저 론칭이나 랜딩을 한다.

물 시에는 큰 보트는 물이 더 들어오기를 기다려야 하며, 작은 보트가 먼저 론칭과 랜딩을 함이 안전하고 효과적이다.

론칭과 랜딩 시 안전사고

이미 언급한 배수 밸브(드레인 플러그)의 폐쇄, 그리고 트레일러 윈치 견인라인의 해체 시에 팽팽한 라인이 이탈하면서 보조자를 충격하거나, 보조자가 견인차의 급제동에 의해 추락하는 등의 안전사고를 유발할 수 있다. 연장로프에 의한 론칭에서는 급경사 슬로프에서

뉴질랜드는 자연 슬로프에도 레저보트를 위한 안내문이 게시되어 있다.

연장로프가 끊어지면 아주 위험하며, 실제로 관광객이 중상을 입은 사례가 있다.

보트 크기에 따라 론칭에 유리한 적절한 경사각의 슬로프를 찾는 것이 기본이며, 슬로프에 기생하는 미끄러운 해조류에 유의한다.

중·대형 보트의 론칭과 랜딩은 보트의 중량으로 인해 심각한 위험이 동반되는 절차이다. 숙달된 통제자가 보조자를 감독하면서 천천히 진행하도록 권한다.

보트 트레일러의 주차

보트 트레일링 시 운전석에서는 트레일러의 후미 끝을 볼 수 없는 경우가 많다. 슬로프에 보트 트레일러가 진입하면 보트 트레일러의 경험자는 누구든지 트레일러의 후미에 서서 수신호로 트레일러를 유도하여, 신속하게 보트 론칭과 랜딩이 이루어질 수 있도록 조력한다.

보트의 론칭이 끝나면 신속히 넓은 장소에 보트 트레일러를 주차한다. 주차된 보트 트레일러가 다른 차량, 특히 버스나 대형 트럭, 회전축이 큰 다른 보트 트레일러의 진입과 회전, 주변 상가의 영업, 통행하는 사람들에게 방해가 되지 않도록 주차하여야 한다.

13 항행 (boating)

계류

보트를 진수하여 바로 출항하지 않을 때는, 보트를 계류한다. 계류 닻줄은 앞과 뒤에 각각 설치하여 보트가 긁히거나 손상을 입지 않도록 한다. 중대형의 보트는 보조 닻줄을 추가로 설치하며, 바람과 파도나 출입하는 보트의 선파에 의하여 보트가 상하지 않도록 고정한다.

보트를 계류하는 항이 레저보트 전용 마리나가 아닐 때에는 계류를 할때 좀 더 신중해야만 한다. 바로 출항하지 않는 인접한 어선에 닻줄을 묶어 정박하는 방법이 유용하며, 경사진 슬로프의 계류는 유동하는 조류와 파도를 염두에 두어야 한다.

보트를 계류할 때에는 선수와 선미에 각각 닻줄을 설치하고, 선창과 보트 사이에는 펜더를 끼워서 선체를 보호한다.

밀물 시간대의 계류는 밀려 온 밀물이 자칫 보트를 슬로프 바닥에 올려놓고, 파도가 보트의 하부를 상하게 할 수 있다. 반대로 썰물 시간대의 계류는 보트를 슬로프에 목 매달 듯 매달지도 모른다.

출항

선창을 이탈하는 보트는 보트 후미의 추진 장치를 보호하기 위하여 후진으로 선창을 이탈한다. 전진 이탈을 하려면 보조자의 도움을 받거나 보트후크를 이용하여 보트를 선창으로부터 충분히 이격하여 출발하거나, 30도 미만의 각도로 출발해야 한다. 이 때는 다른 보트의 선파나 조류, 바람 등에 유의한다.

출입항 시 항내 선속은 5노트 이하이다. 다른 보트에서 이루어지는 선상작업이 나의 보트에 의한 선파로부터 방해를 받지 않도록 속도를 낮추어, 이동한다.

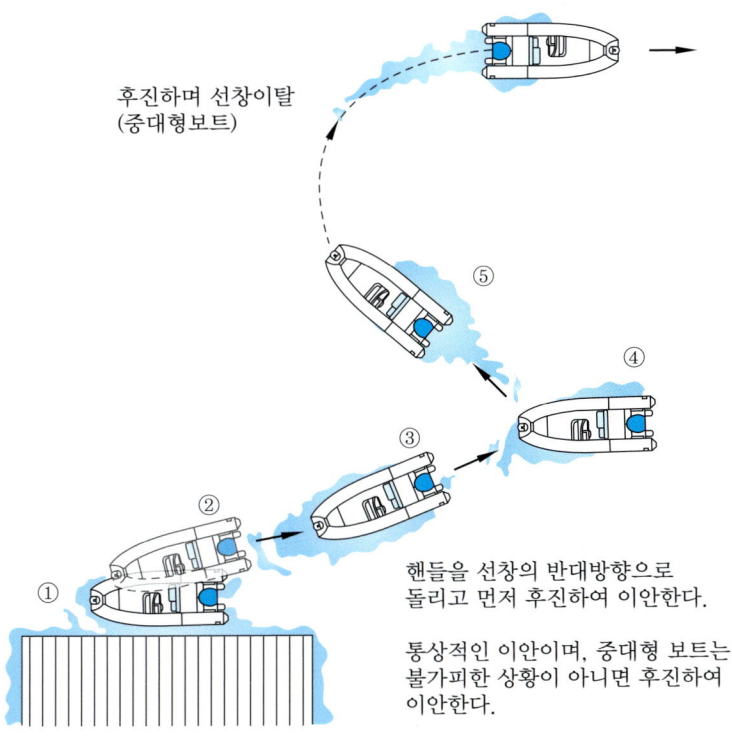

후진하며 선창이탈
(중대형보트)

⑤

④

③

②

①

핸들을 선창의 반대방향으로
돌리고 먼저 후진하여 이안한다.

통상적인 이안이며, 중대형 보트는
불가피한 상황이 아니면 후진하여
이안한다.

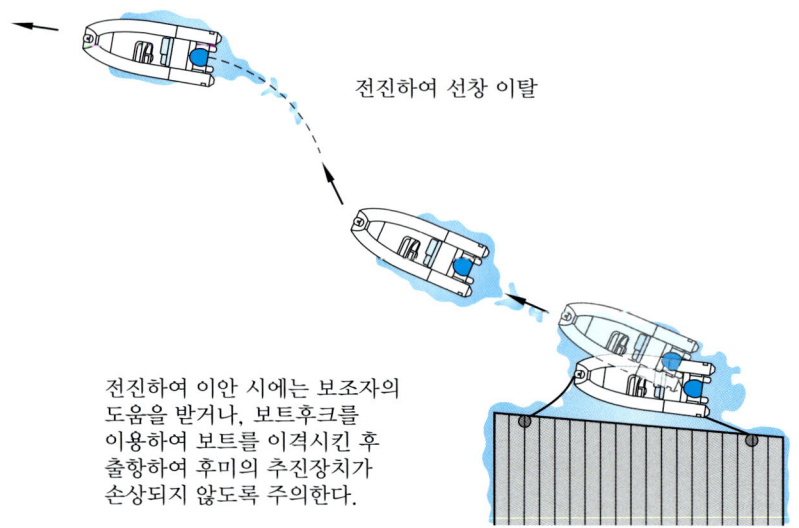

전진하여 선창 이탈

전진하여 이안 시에는 보조자의
도움을 받거나, 보트후크를
이용하여 보트를 이격시킨 후
출항하여 후미의 추진장치가
손상되지 않도록 주의한다.

어항에 정박한 어선들은 출어를 위
하여 선상작업을 하고 있으므로 이를
방해하는 것은 보트맨십(boatmanship)
이 아니다.

선창을 이탈하면 반드시 선외기의
냉각수 상태와 엔진온도 등을 점검
하고, 보트가 항내를 벗어나면 가속
하여 활주(滑上) 상태를 유지한다.

추진 장치를 보호하기 위하여 선창을 후진으로 이탈한다.

중대형 보트가 선창을 이탈하는 통상적인 방법은 먼저
보트의 핸들을 선창의 반대방향으로 조작하면서 후진한
후, 침로를 선정하여 전진한다.

보트를 전진하여 선창를 이탈하는 경우에는 보트후크를 이
용하거나 타인의 도움을 받아 선창과의 간격을 충분히 벌
린 후, 추진장치가 선창에 부딪히지 않도록 출발한다.

활주(浮上)

가끔씩 바다에 나가보면 보트조종자가 앞을 볼 수 없을 정도로 선수를 치켜들고 주행하는 보트를 볼 수 있다. 이 보트는 활주상태를 유지하지 못한 상태로서, 선외기의 엔진파워가 기준미달이거나, 선외기의 중량이 너무 무겁거나, 과도한 인원과 화물이 탑재된 경우에 일어난다.

레저보트는 항내를 벗어나면 가속하여 활주상태를 유지한다. 활주상태는 보트와 수면의 마찰을 최소화하여 보트의 부력을 최적의 상태로 유지하는 것을 말하며, 이 때 보트는 연료효율이 가장 좋은 상태가 된다.

보트가 활주상태에 돌입하는데 걸리는 시간은 보트의 설계와 탑승한 인원, 화물의 무게중심 등에 따라 달라지며, 너무 무거운 선외기를 장착하는 경우 활주상태를 유지하기 어렵다. 활주를 돕기 위하여 트림을 약간 내리거나 승선인원이 앞 데크로 자리를 옮기는 방법이 사용되기도 하나, 근본적인 해결방법이 아니다. 보트의 크기에 맞는 적정 선외기를 부착하고 적정인원을 탑승하는 것이 근본적인 대책이며, 트림 탭을 부착하여 문제를 해결하기도 한다.

트리밍(triming)

보트의 트리밍은 파워 트림(power trim)을 조작하거나, 부상판(trim tabs)이 설치된 보트에서 트림 탭을 조작하는 방법이 있다. 정상적인 활주상태의 파워 트림은 트림 게이지가 12시이다. 보트 선체 후미의 1/2 정도가 침수된 상태에서 보트는 가볍게 질주한다.

파워 트림을 다운(down)하면 보트의 선수가 내려가며, 순간 동력이 추진 프로펠러에 더 크게 전달된다. 승선인원이 많은 경우 정속상태에서 활주까지의 시간을 단축하는 트림 방법이다. 보트가 활주하면서 엔진파워의 여유가 있을 때 트림 다운하면 보다 고속주행이 가능하다. 최근 선보이는 고급사양의 레저보트는 컴퓨터 제어방식을 사용하여, 속도와 회전 시 트리밍과 좌우 트림 탭이 각각 자동으로 최적의 활주상태로 유지되도록 조작되는 방식이 채택되기도 한다.

트림 업(up)하면 보트의 선수가 들리어 높은 파도에서의 항해가 보다 용이해진다.

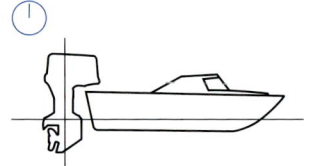 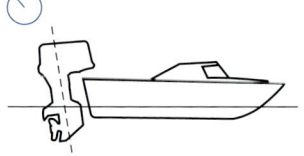 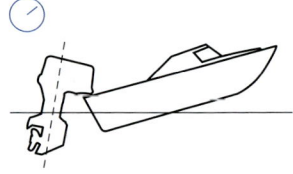

트림 게이지는 12시 방향이다. 보트 선체 후미의 1/2 정도가 침수된 상태에서 보트는 가볍게 활주한다.

파워트림을 다운(down)하면 활주시간을 단축할 수 있다.

파워트림을 업(up)하면 높은 파도에서의 항해가 용이하다.

가속과 선회

활주상태를 유지하면서 가속은 서서히 단계적으로 실시한다. 진행 중 급가속과 급정지, 급선회 시에는 반드시 동승자에게 이를 먼저 알려, 보트에서 넘어져 부상을 당하거나 보트에서 이탈되지 않도록 한다.

보트가 급정지하거나 급가속 또는 급선회 시 탑승자는 관성의 법칙에 따라 넘어지거나 보트를 이탈할 위험이 있다. 이때는 가벼운 부상으로 끝나는 경우도 있겠지만, 사망사고에 이르는 대단히 위험한 상황에 직면할 수도 있다.

고속으로 진행 시 보트가 선회할 때 조종자는 시계에 제한을 받으므로 주변의 위험요인을 발견하지 못할 때가 있다. 동승자가 이를 확인하도록 도움을 받아야 하며, 불가피한 경우가 아니면 저속의 상태에서 침로를 변경한다.

무리한 급가속과 과속은 몇 배의 연료를 소모하게 한다는 점도 잊지 말자.

파도타기

역풍에서 파도를 탈 때는 파도를 오를 때는 가속하다가 파도의 정점에서 가속을 중단하고 하강할 때 속도를 떨어뜨리며, 다시 파도를 오르면 가속하기를 반복한다.

파장의 기울기가 있는 대형 파도의 한쪽 끝 경사진 부분의 파도는 바람의 방향과 맞물려 보트를 전복시킬 수도 있는 힘을 가지고 있으므로 90도로 접근하는 것은 위험하며, 45도를 이루어 사행하며 극복한다.

큰 파도를 보트의 좌현 또는 우현에서 맞으며 주행하는 것은 보트가 전복될 위험이 있다. 보트의 주행 중 갑자기 큰 파도를 전면에서 맞으면 보트가 급선회를 하므로 조종자는 조종핸들을 잘 잡고 있어야 한다.

특히 틸트 선외기의 경우 조종간을 놓으면 십중팔구 탑승자와 조종자는 보트에서 떨어져 나가므로 킬가드를 조종자의 몸에 연결하여 이탈 시 보트의 엔진이 급정지되도록 조치해야 한다. 그렇지 않으면 보트에서 이탈 시 조종자 없이 좌충우돌 바다를 휘젓는 보트가 낙수자에게 접근하여 선외기 프로펠러에 다칠 위험에도 직면하게 된다.

앵커링 (닻 내리기)

앵커링 시 닻줄의 길이는 바닥의 조건, 보트의 중량, 닻의 종류와 무게, 바람, 조류 등에 영향을 받는다. 닻줄 길이의 기준은 체인을 사용할 경우 수심의 4배이다. 체인과 로프를 함께 사용하는 경우 수심의 5배에 달하는 로프와 1배의 체인을 사용한다. 닻의 종류와 무게 또한 보트의 크기와 유속, 해저의 지질에 따라 다르다.

닻을 거둘 때는 조류의 반대방향으로 거슬러 올라가면서 회수한다. 작은 보트의 경우 유속이 빠른 조류대에서는 닻줄이 보트를 바다 속으로 끌고 들어가는 위험을 초래할 수 있으므로 앵커링을 피하는 것이 좋다.

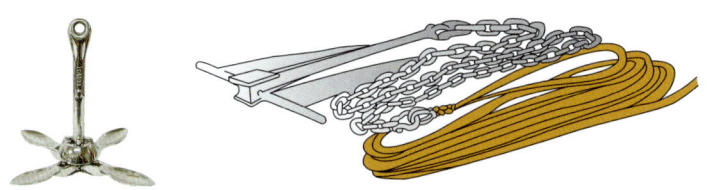

닻의 종류와 크기, 중량은 해저의 지질과 보트의 크기에 따라 선택한다.

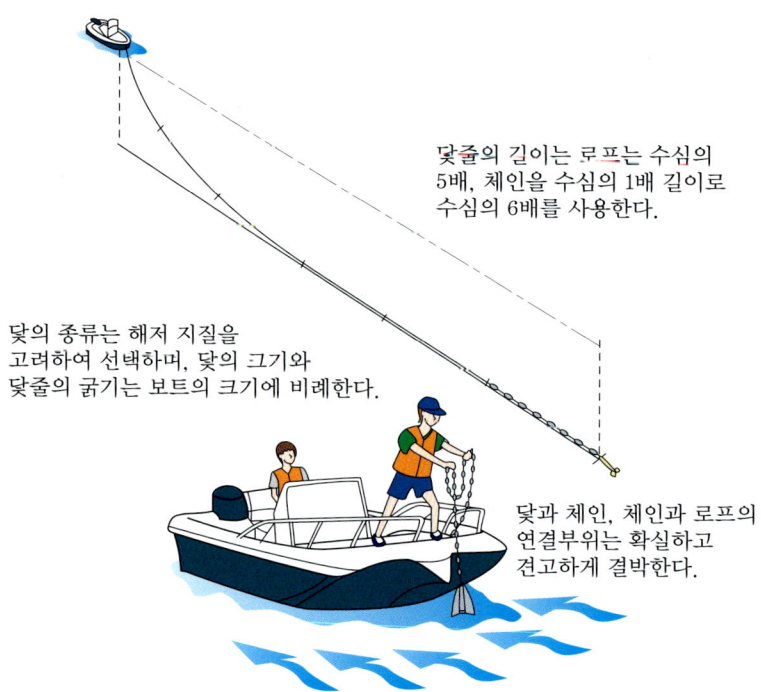

닻줄의 길이는 로프는 수심의 5배, 체인을 수심의 1배 길이로 수심의 6배를 사용한다.

닻의 종류는 해저 지질을 고려하여 선택하며, 닻의 크기와 닻줄의 굵기는 보트의 크기에 비례한다.

닻과 체인, 체인과 로프의 연결부위는 확실하고 견고하게 결박한다.

6시간 주기로 조류의 방향이 바뀐다는 점을 고려하여, 보트가 위치를 바꾸어도 안전한 장소에 앵커링을 하는 것이 무엇보다 중요하다. 이때 보트를 고정하기 위해서 선수에 2개, 선미 좌우에 각각 1개씩의 앵커링을 하는 방법도 있으나, 역시 조류나 유속이 있는 지역에서는 보트의 후미가 파도를 맞게 되므로 피하는 것이 좋다. 항내 좁은 지역에서 다른 선박과 함께 닻을 내리는 경우는 반드시 타 선박과 같은 방법으로 앵커링을 한다.

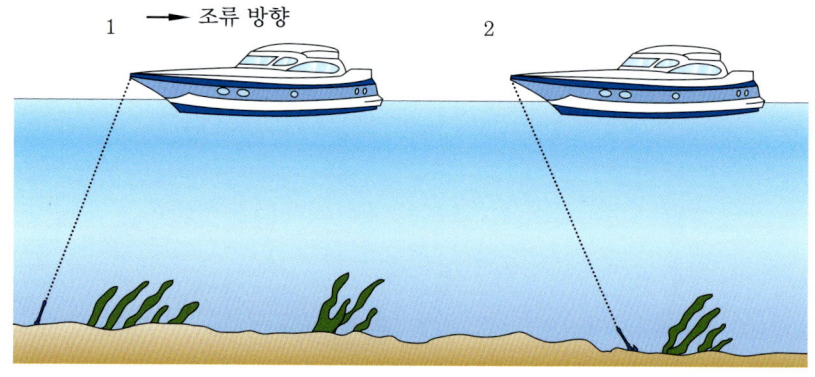

1 → 조류 방향   2

닻을 거둘 때에는 조류의 반대 방향으로 거슬러 올라가면서 회수한다.

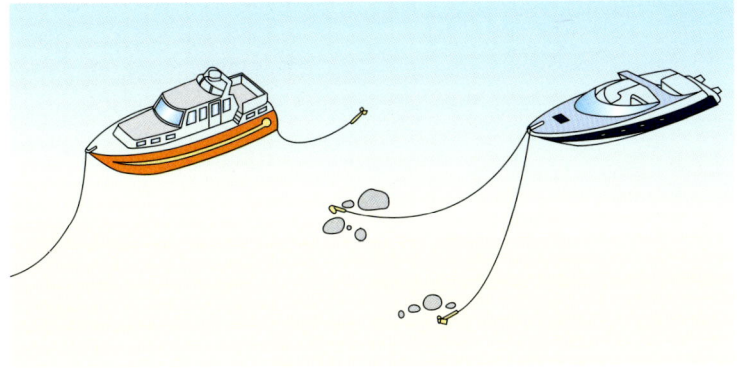

다른 선박과의 충돌에 대비하여, 2개의 닻을 내리기도 한다.

야간항행

야간항행은 야간항행 장비를 갖춘 계획된 야간항행이 아닌 경우 매우 위험하므로 피하는 것이 좋다. 미리 계획된 야간항행이라도 야간항행 장비를 준비하는 것은 물론 조종자를 보조하는 숙련된 동승자를 태워야 한다.

레저보트의 야간활동은 수상레저안전법 제 21조에 의하여 일몰 후 30분부터 다음날 일출 30분 전까지이며, 이 시간 중에는 동 시행규칙 제 18조에 의거 아래의 야간항행 장비를 갖추어야 한다.

- 항해등
- 나침반
- 야간 조난신호장비
- 통신기기
- 전등
- 구명튜브
- 소화기
- 자기점화등
- 위성항법장치
- 등이 부착된 구명조끼

법규에 규정된 야간항해 장비는 아니나 자신의 안전을 위해서 GPS 플로터와 레이더 또는 AIS 역시 야간항행 필수장비라고 보아야 할 것이다.

짙은 해무(안개) 시의 항해조건도 야간항행과 비슷하며, 짙은 해무에서의 항행 시 레이더는 야간항행 때보다 더욱 절실히 필요하다. 야간항행 시의 점등은 선박의 길이와 속도 등에 따라 해상교통안전법 통행규칙에서 정하고 있다.

14 통항규칙

해상에서 선박간의 충돌사고를 방지하기 위하여 해상교통안전법을 준수하여 운항하고 피항하여야 한다.

모든 선박은 선박간의 상호 충돌을 방지하기 위하여 주의의무와 상황에 부합된 안전속도유지 의무가 있으며, 피항 의무선이 지정되어 있다. 해상교통안전법은 국제법과 상통하며, 상대 선박이 인지할 수 있도록 야간 운항시의 점등 의무도 본 법이 정하고 있다.

유지선과 피항선이 해상에서 운항 중 충돌사고가 발생되면 피항선이 아니라도 그 책임을 면할 수는 없으므로 피항 의무는 피항선과 유지선이 동시에 지고 있으며, 충돌을 방지하기 위한 수단이라 보아야 할 것이다.

또한 대부분의 레저보트가 포함되는 길이 20m 미만의 선박과 범선은 항구의 입출항로 등 좁은 수로와 통항분리수역에서는 다른 선박의 운항을 방해하지 않도록 운항해야 한다.

다른 선박과 마주치거나 좁은 수로 또는 통항로를 운항할 때에는 차량의 운행 방향과 같이 우측통항이 원칙이다. 즉 마주보는 두 선박은 각각 상대선박을 좌현에 두고 우측으로 항진한다. 협수로와 항만 입구에서도 각각 우측 항행을 한다.

선박은 주위의 상황 및 다른 선박과 충돌할 수 있는 위험성을 충분히 파악할 수 있도록 시각·청각 및 당시의 상황에 맞게 이용할 수 있는 모든 수단을 이용하여 항상 적절한 경계를 하여야 한다. 그리고 다른 선박과의 충돌을 피하기 위하여 적절하고 효과적인 동작을 취하거나 당시의 상황에 알맞은 거리에서 선박을 멈출 수 있도록 항상 안전한 속력으로 항행하여야 한다.

다른 선박과의 충돌을 피하기 위한 동작을 취하되, 침로(針路)나 속력을 변경할 때에는 될 수 있으면 다른 선박이 그 변경을 쉽게 알아볼 수 있도록 충분히 크게 변경한다.

수상레저 활동자가 지켜야 하는 운항규칙(수상레저안전법 시행령 제15조 별표 7)

1. 주위의 상황 및 다른 수상레저기구와의 충돌 위험을 충분히 판단할 수 있도록 시각·청각과 그 밖에 당시의 상황에 적합하게 이용할 수 있는 모든 수단을 이용하여 항상 적절한 경계를 하여야 한다.

2. 다이빙대·계류장 및 교량으로부터 20미터 이내의 구역이나 해양경찰서장 또는 시장·군수·구청장(서울특별시 한강의 경우에는 한강 관리에 관한 업무를 관장하는 기관의 장을 말한다. 이하 같다)이 위험 발생 요소가 많은 구역이라고 판단하여 고시하는 구역에서는 10노트 이하의 속력으로 운항하여야 한다.

3. 태풍·풍랑·해일·호우·대설과 관련된 주의보 이상의 기상특보가 발효된 구역에서는 수상레저기구를 운항하여서는 아니 된다. 다만, 다음 각 항목의 어느 하나에 해당하는 경우에는 그러하지 아니하다.

   가. 해양경찰서장 또는 시장·군수·구청장이 해당 구역의 기상 상태를 고려하여 그 운항을 허용한 경우

   나. 기상특보 중 주의보가 발효된 구역에서 파도 또는 바람만을 이용하여 활동이 가능한 수상레저기구를 운항하려고 관할 해양경찰관서에 그 운항신고 (수상레저기구의 종류, 운항시간, 운항자의 성명 및 연락처 등)를 한 경우

4. 다른 수상레저기구와 정면으로 충돌할 위험이 있을 때에는 음성신호·수신호 등 적당한 방법으로 상대에게 이를 알리고 우현 쪽으로 진로를 피하여야 한다.

5. 다른 수상레저기구의 진로를 횡단하는 경우에 충돌의 위험이 있을 때에는 다른 수상레저기구를 오른쪽에 두고 있는 수상레저기구가 진로를 피하여야 한다.

6. 다른 수상레저기구와 같은 방향으로 운항하는 경우에는 2미터 이내로 근접하여 운항하여서는 아니 된다.

7. 다른 수상레저기구를 추월하려는 경우에는 추월당하는 수상레저기구를 완전히 추월하거나 그 수상레저기구에서 충분히 멀어질 때까지 그 수상레저기구의 진로를 방해하여서는 아니 된다.

8. 다른 사람 또는 다른 수상레저기구의 안전을 위협하는 행위를 하여서는 아니 된다.

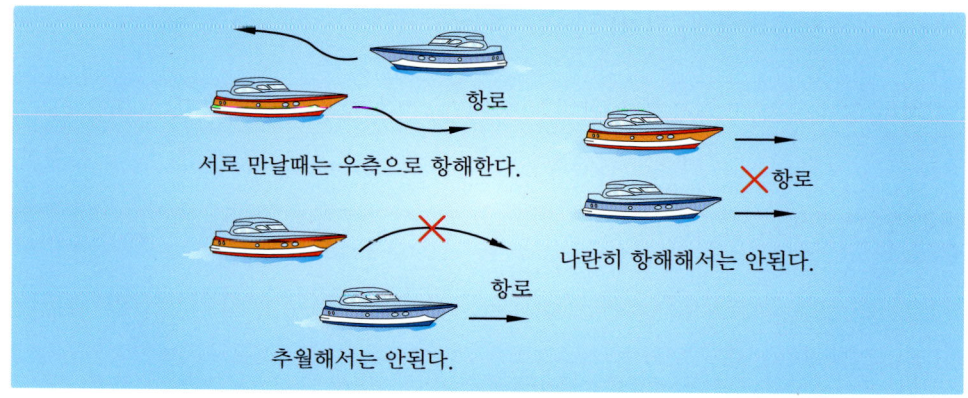

서로 만날때는 우측으로 항해한다.

나란히 항해해서는 안된다.

추월해서는 안된다.

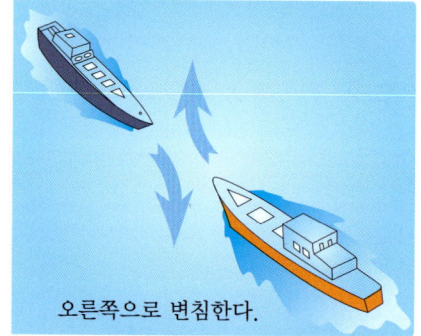

오른쪽으로 변침한다.

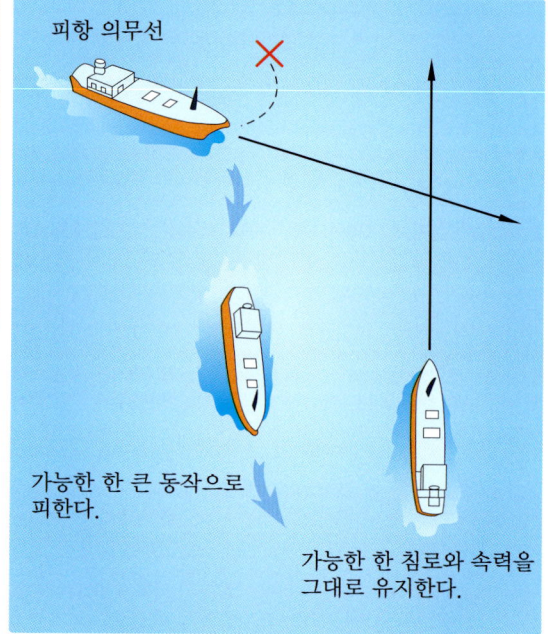

피항 의무선

가능한 한 큰 동작으로
피한다.

가능한 한 침로와 속력을
그대로 유지한다.

협수로에서의 항행(위)
마주치는 두 선박의 항행(아래 왼쪽)
다른 선박의 항로를 횡단하는 항행(아래 오른쪽)

협수로에서의 항행

좁은 수로를 항해할 때에는 항로의 우측에 최대한 근접하여 운항해야 하며, 다른 선박을 추월하거나 나란히 항해해서는 안 된다. 길이 20m 미만의 선박이나 범선은 좁은 수로 등의 안쪽에서만 안전하게 항행할 수 있는 다른 선박의 통행을 방해하면 안 된다.

마주치는 두 선박의 항행

2척의 동력선이 마주치거나 거의 마주치게 되어 충돌의 위험이 있을 때에는 각 동력선은 서로 다른 선박의 좌현 쪽을 지나갈 수 있도록 침로(針路)를 우현 쪽으로 변경하여야 한다.

다른 선박의 항로를 횡단하는 항행

2척의 동력선이 상대의 진로를 횡단하는 경우, 충돌의 위험이 있을 때에는 다른 선박을 우현 쪽에 두고 있는 선박이 그 다른 선박의 진로를 피하여야 한다.

방파제, 부두, 항구의 입구에서의 항행

항구에 입항할 때에는 보트의 전진 방향을 기준으로 우측으로 입항하고, 항내를 출항할 때에도 보트의 전진 방향을 기준으로 항의 입구 우측을 이용하여 출항한다.

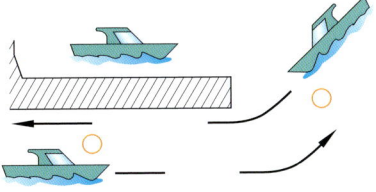

야간항해 시의 점등신호

전주(마스트)등

선수와 선미의 중심선상에 설치되어 225도에 걸치는 수평의 호(弧)를 비추되, 그 불빛이 정선수 방향으로부터 양쪽 현(舷)의 정횡(正橫)으로부터 뒤쪽 22.5도까지 비출 수 있는 흰색 등이다.

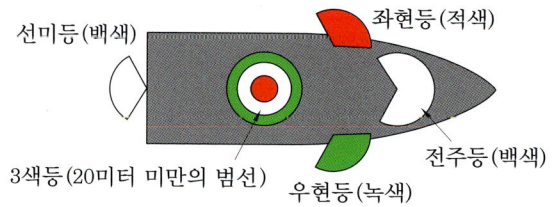

선미등(백색)　　　　　　　　　좌현등(적색)

3색등(20미터 미만의 범선)　　　우현등(녹색)　　　전주등(백색)

현등(舷燈)

　정선수 방향에서 양쪽 현으로 각각 112.5도에 걸치는 수평의 호(弧)를 비추는 등화이다. 그 불빛이 정선수 방향에서, 좌현(左舷) 정횡으로부터 뒤쪽 22.5도까지 비출 수 있도록 좌현(左舷)에 붉은색 등이 설치되었다. 반대쪽에는 그 불빛이 정선수 방향에서 우현(右舷) 정횡으로부터 뒤쪽 22.5도까지 비출 수 있도록 오른쪽 뱃전에는 녹색 등이 설치되었다.

양색등(兩色燈)

　선수와 선미의 중심선상에 설치된 붉은색과 녹색의 두 부분으로 된 등화로서 그 붉은색과 녹색 부분이 각각 현등의 붉은색 등 및 녹색등과 같은 특성을 가진 등이다.

선미등(船尾燈)

　135도에 걸치는 수평의 호(弧)를 비추는 흰색 등으로서 그 불빛이 정선미 방향으로부터 양쪽 현의 67.5도까지 비출 수 있도록 선미 부분 가까이에 설치된 등이다.

삼색등(三色燈)

　선수와 선미의 중심선상에 설치된 붉은색·녹색·흰색으로 구성된 등으로서 그 붉은색·녹색·흰색의 부분이 각각 현등의 붉은색과 녹색 등 및 선미등과 같은 특성을 가진 등이다.

음향신호

침로를 오른쪽으로 변경하고 있는 경우에는 단음 1회	•
침로를 왼쪽으로 변경하고 있는 경우에는 단음 2회	••
기관을 후진하고 있는 경우에는 단음 3회	•••
다른 선박의 우현 쪽으로 추월하려는 경우에는 장음 2회와 단음 1회	▬ ▬ •
다른 선박의 좌현 쪽으로 추월하려는 경우에는 장음 2회와 단음 2회	▬ ▬ ••
추월당하는 선박이 다른 선박의 추월에 동의할 경우에는 장음 1회, 단음 1회	▬ •
경고 신호는 단음을 5회 이상, 의문신호(疑問信號)는 단음 5회	•••••
좁은 수로 등의 굽은 부분이나 장애물 때문에 다른 선박을 볼 수 없는 수역에 접근하는 선박은 장음으로 1회. 이 경우 그 선박에 접근하고 있는 다른 선박이 굽은 부분의 부근이나 장애물의 뒤쪽에서 그 기적신호를 들은 경우에는 장음 1회의 응답	▬
시계가 제한된 수역이나 그 부근에서 밤낮에 관계없이 항행중인 동력선은 2분을 넘지 아니하는 간격으로 장음을 1회	▬
시계가 제한된 수역이나 그 부근의 동력선은 정지하여 있는 경우에는 장음 사이를 2초 정도로 2분을 넘지 아니하는 간격으로 연속하여 장음을 2회	▬ ▬

단, 길이 12미터 미만의 선박은 음향 신호를 하지 아니할 수 있으나, 이 경우에는 2분을 넘지 않는 간격으로 다른 유효한 음향신호를 하여야 한다.

15 항해술 (navigation)

피타고라스의 정리로 계산하면 수평선에서 서서 바다를 바라보면 수평선까지의 거리는 약 2.8마일(5km) 정도이다. 즉, 선고가 낮은 보트에 앉아서 3마일 이내에 섬이 없다면 주변은 망망대해가 될 것이다.

여기서 자신의 보트 위치를 확인하고, 항행에 가장 가까운 침로, 항정(航程) 따위를 측정하여 위험지역을 회피하면서 목

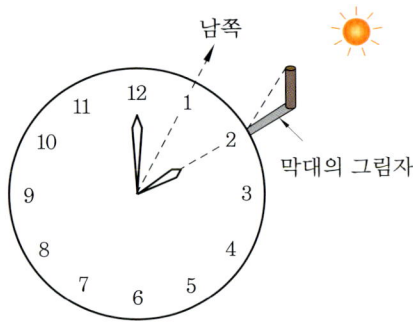

시계를 수평으로 놓고, 그림자(태양의 위치)를 시침에 일치시키면, 12시와 그림자(해의 위치)의 1/2 지점이 남쪽이다.

적지로 향하는 기술이 항해술이다. 항해술은 과거에는 육분의와 해, 별자리와 나침반에 의존하였으나, 지금은 GPS(Global Positioning System : 위성측위 시스템)을 이용하여 보다 쉽게 자신의 보트 위치를 확인하고, 목적지를 찾아갈 수 있게 되었다.

전자 기술의 발전은 위치가 다른 인공위성에서 보내오는 신호의 시차를 이용하여 자신의 위치를 확인하고 항해하는 위성항법 시대를 열었다.

GPS (Global Positioning System)

해와 별을 이용하는 방법은 바다에서 위치를 확인할 유일한 수단이었지만 오직 날씨가 맑은 날에만 가능하였다. 별자리의 위치를 근거로 자신의 위치를 파악하는 천측항법으로는 어떤 위치 측정 장치를 사용한다 해도 자신의 위치를 대략적으로 알 수 있을 뿐이었다.

현대에 이르러 전자 장비들을 이용하여 더욱 정밀하고 새로운 위치 측정 시스템을 만들려고 노력한 결과, 인공위성을 이용하는 위성항법(satellite navigation)이라 불리는 새로운 개념의 항법시스템 GPS(Global Positioning System)가 개발되었다.

GPS는 미 국방성이 군사적 목적으로 과거 항법상 필요했던 하늘의 별자리를 대신하는 인공위성 24개를 지구 상공에 일정한 궤도로 배치한 것이다. 각각의 위성에서 보내오는 시차를 이용하여 자신의 위치를 확인토록 설계하였으며, 최소한 3개 이상의 위성신호를 포착하여야 정확한 위치가 표시된다.

GPS는 최근 디지털 기술을 이용한 전자해도를 결합하여 GPS 플로터(Plotter)를 출시함으로써 보다 편리한 내비게이션이 가능하게 되었다.

초기 GPS는 전파교란이나 전파 혼신에 영향을 받지 않도록 설계가 되어 있었고, 민간인들이 이용할 수 있는 GPS 신호 오차는 100m에 달하였다. 그러나 지금은 군사용과 똑같은 정확한 신호체계를 민간분야가 이용할 수 있도록 개방되어, DGPS(지상국에서 오차를 수정함) 기술과 더불어 위치정보는 수 cm의 정밀도를 보유하게 되었다.

GPS의 취약점은 역시 군사적 목적으로 시도되는 방해전파와 수신위치 주변에서 GPS 신호와 비슷한 주파수대에서 발사되는 강력한 전파에 의하여 GPS 신호를 정상적으로 수신하지 못하는 경우 내비게이션은 불능상태에 빠지게 된다는 점이다. 더불어 수신기의 성능에 따라 악천후에서 GPS 신호를 수신하지 못하여, 목적지와 전혀 다른 방향을 유도하는 경우도 있다.

정상적인 GPS신호를 수신하지 못하는 경우 해상에서의 내비게이션은 정해진 도로를 따르도록 오차수정 프로그래밍이 되어있는 자동차 내비게이션보다 훨씬 취약하다. 폭우 속에서는 내비게이션의 침묵 속에서 더욱 위험한 항행을 강요당할지도 모르기 때문에, 단독 항행 시는 해도와 나침반을 이용한 항해를 할 준비도 필요하다.

GPS 플로터와 핸디 GPS

GPS가 주는 위치정보를 전자해도와 결합한 것이 GPS 플로터이며, 보다 다양한 항해 위치 정보를 이용하여 안전한 항행을 도와주고 있다.

GPS 플로터는 전원이 켜지면 자신의 위치가 해도 상에 표시되며, 목적지를 설정하면 목적지의 방위각과 거리 등이 나타나고, 적색의 직선으로 최단거리 방향이 지시된다.

그러나 소형 레저보트라면 휴대용 핸디 GPS라도 잘만 이용하면, 항행의 침로를 유

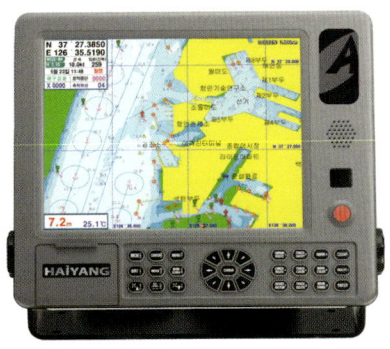

GPS와 전자해도가 결합하여 GPS 플로터로 발전하게 되었으며, 이는 항해술을 보편화하고 구조와 안전운항 장비를 추가로 발전시키고 있다.

지하거나 낚시포인트를 찾아가는 데는 아무런 문제가 없다. 대다수의 핸디형 GPS가 비록 한글로 표시되어 있지는 않지만, 몇 가지 사용방법을 익히거나 한글 설명서를 활용하면 사용할 수 있고, 스마트폰의 어플을 이용하면 GPS 플로터와 거의 동일한 내비게이션을 할 수 있다. 단, 스마트폰은 인터넷의 통달거리 내에서 활동하여야 한다.

나침반과 해도를 활용한 항행

항행에서 방향의 기준이 되는 북쪽은 진북과 자북, 그리고 도북이 있다.

진북은 북극점을 가리키는 북쪽이다. 밤하늘의 북극성이 그 위치에 있어, 야간

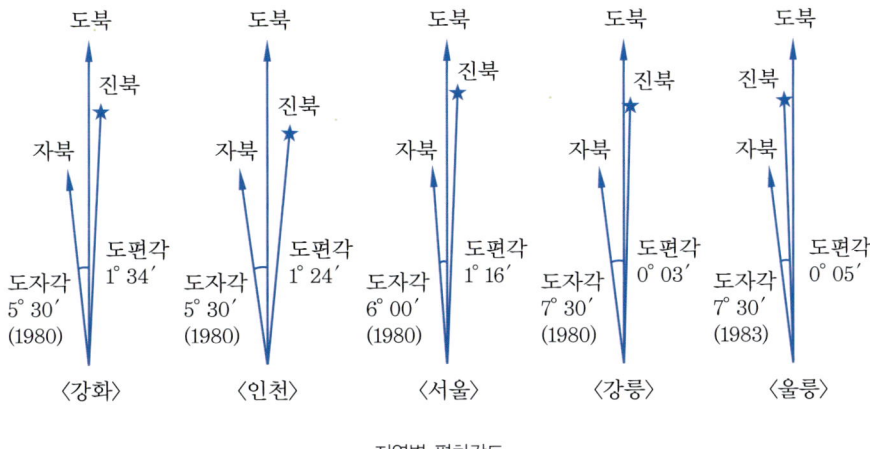

지역별 편차각도

항행에서 북극성이 북쪽의 기준점이 되어왔다.

자북은 나침반의 자침이 가리키는 북쪽을 이르며, 매년 약간씩 이동하지만 대개 캐나다 북부의 프린스 오브 웨일스 섬을 가리키는데 곧 북위 73도, 서경 100도의 지점이 이에 해당한다. 북극점과 어느 정도 떨어져 있어, 이 편차를 자편각이라 한다.

전기장치의 고장 등 악조건에서의 항행에 대비하여, 반드시 선박용 나침반을 준비한다.

도북은 지도상의 경도가 가리키는 북쪽이며, 둥근 지구를 평면에 도식하면서 진북과 위치 차이를 나타내며 이를 도편각이라 하였다.

우리나라에서의 도편각과 자편각은 1~6도 내외로, 항행에서 GPS 플로터를 이용한 항행이나, 해도와 나침반을 혼용하는 항해가 아니라면 고려할 필요는 없다.

나침반을 활용한 항법은 해도 상에서 목적지의 방위각을 얻어 침로를 유지하는 방법이다.

해도의 난외주기(지도의 범례 : 도엽번호, 축척 등 지도의 정보가 기록)의 지역별 편차각도를 확인하고 ① 자북선에 나침반의 "N" 방향을 일치하거나 ② 도북선(경도선)에 일치하고, 도자각(도북과 자북의 차이) 만큼 좌(우)로 기울이면 해도는 해상위치와 일치한다.

좌표 표현 방법

사방이 수평선인, 망망대해에서 위치를 표현하는 방법으로는 예를 들어 '독도 동남방 32km 지점처럼 알고 있는 기준점으로부터의 방향과 거리를 사용하여 위치를 표현하는 방법이 있다. 그러나 이 방법이 나타내는 위치 정보는 개괄적이고 광범위한 지역이므로, 보다 정밀한 위치좌표가 필요하다. 우리나라는 과거에는 도쿄를 기준점으로 경도와 위도를 사용하는 동경측지계를 사용하여 왔으나, 2010년 1월 1일부터 국제적으로 통용되는 세계측지계 WGS-84 좌표를 사용하도록 변경하였다.

세계측지계 방식은 지구상의 모든 공간 정보의 위치 기준이 지구 중심점이다. 지구 중심점에서 거리를 측정하는 방식으로 GPS에서 제공하는 위치 정보를 변환 과정 없이 바로 사용할 수 있어, 과거 도쿄를 기준점으로 하는 좌표와의 변환에 따른 오차는 없어지게 되었다.

1984년 미군에서부터 채택된 세계측지계는 각 나라의 사정에 따라 채택하는 시기를 달리하고 있으므로 GPS 기기에 따라서는 WGS84라는 좌표 표현 방식을 설정하여야 한다. 즉 WGS84 데이텀인지 동경측지계(Tokyo Datum)인지 등을 설정해야 하며, 또한 좌표를 표현하는 방법이 도.분.초(DDD. MM. SS), 도분(DDD. MM.MM), 천분율(DDD. MM. MMM) 방식인지도 설정하여야 한다. 동일한 좌표점도 나타내는 방식에 따라 아래와 같이 다른 값을 갖는다.

W 126도 1분 42초(DDD. MM. SS) = W 126도 1.7분(DDD. MM.MM) = W 126도 1분 700(DDD. MM. MMM)

바다에서의 속도와 거리

바다에서 배의 속도를 나타내는 단위는 kt(knot : 노트)이다. 1노트는 한 시간에 1해리, 곧 1,852m를 달리는 속도로, 배와 비행기, 바람의 속도에서 통용되고 있다. 미터 단위에 더 익숙한 우리나라의 레저보트 활동에서는 GPS와 GPS 플로터에서 단위환산이 용이하므로 미터단위인 km/h 단위가 통용되고 있으나, 함정과의 교신 등에는 노트와 마일(해리) 단위가 사용된다는 사실을 알아두어야 한다.

- 노트(knot) : 1,852m/h = 1 knot = 한 시간에 배가 1해리를 가는 거리
- 마일(nautical mile) : 1 n mile = 1852m (해리/海里 : nautical mile)
- 육리(statute mile) : 1 mile = 1610m = 육상 1마일

Tips 육상 1마일은 1,600m인데 비해, 해리(바다 1마일)는 1,852m이다.

바다에서 해리(바다마일)를 사용하는 이유는 해도상 위도 1분의 길이가 1해리이기 때문이다. 해도 상에서 1시간 간 거리를 컴퍼스로 재서 위도 칸에 맞추면 바로 선속을 구하기 편리하기 때문에 노트 단위를 사용한다. 지구의 남북 거리를 180도(남북 90도)로 나누었을 때 1도는 60마일의 거리이고 1분은 1마일(1,852m)이다.

예) 30노트의 경우

30노트×1,852m = 한 시간에 55.56km 즉, 시속 55.56km/h이다.

해리(海里)와 육리(陸里, statute mile)는 같은 마일이라 하지만 바다, 배 그리고 비행기에서는 해리(1,852m)를 사용하고, 구미국가에서는 철도나 도로의 마일은 육리(1,610m)가 통용된다.

육리의 기원은 고대 로마시대의 토지측량 단위로 라틴어 1,000보(步)에 해당하는 "밀레 파수움(Mille Passuum)"이다. 밀레 파수움은 훗날 5,000보에 해당하는 단어인 밀리아(Milla)라고 간략히 불렸으며, 한때 로마제국의 일부였던 영국에서 밀리아를 더욱 줄여 "마일"이라 부르게 되었다.

휴대용 핸디 GPS 활용 방법

현 위치를 입력하는 방법

해도를 포함하고 있는 GPS 플로터의 경우 목적지를 탐색하여 항행방향을 설정

하면 된다.

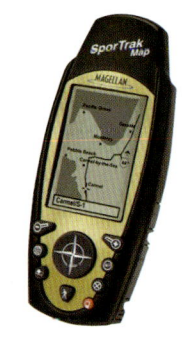

해도가 내장되지 않은 핸디용 GPS의 경우 현 위치를 입력하는 방법으로는 두 가지가 있다.

첫 번째는 MARK(마크) 키를 길게 누르거나, 마젤란 사의 스포트랙GPS의 경우 GOTO(사람보양)키를 길게 누르면 MARK(마크) 입력화면이 나타난다. 이 때 입력화면에 나타난 좌표 값은 마크키를 누르는 순간의 현 위치 좌표 값이다.

휴대용 핸디 GPS도 몇 가지 사용방법만 익히면 유용하게 활용할 수 있다.

그러므로 이 화면에 나타난 wpt 001(waypoint 001)이 현재 위치명이며, 특별한 이름을 기입하지 않으면 일련번호를 부여하게 된다. 이름을 기입하려면 방향키를 이용하여 커서를 이 자리에 옮겨놓고 엔터키를 누르면, 입력이 가능한 영문자판이 나타난다. 커서를 이동하면서 알파벳으로 이름을 고르고, SAVE(저장)하면 된다.

두 번째 방법은 좌표값을 획득하여, 마크화면에서 방향키를 이용하여 좌표방에 커서를 이동하여 직접 좌표값을 입력하고, 저장을 하는 방법이다. 이 때 N과 E를 확인하지 않으면 입력한 좌표는 지구의 남반구나 대서양을 가리킬 수도 있으므로 유의해야 한다.

좌표값의 수치를 잘못 입력하면 수 킬로미터에서 수만 킬로미터까지 전혀 다른 지점으로 당신을 안내하게 된다는 사실을 유념해야 하며, 획득한 좌표 값이 GPS의 설정에 맞는 좌표 값인지도 확인해야 한다.

좌표값을 얻는 방법으로 해도를 사용하거나 인터넷의 공개소프트, 구글어스 등을 이용하는 것이 있다. 타인으로부터 얻은 좌표값은 그 좌표값의 위치가 섬의 중앙인지, 항구의 입구인지, 혹은 선착장의 끝인지 정확한 위치를 함께 확인해야 한다. 정확한 위치를 확인하지 않으면 가시거리가 십 수 미터에 불과한 짙은 해무 속에서는 낭패를 당하게 된다. 섬이나 항구 지역의 좌표는 슬로프 끝의 위치를 표시하면 좋을 것이다.

출항 시 출발지 슬로프의 위치는 복귀를 위하여 반드시 현재 위치로 입력하도록 한다. 또한 대물을 포획한 낚시 포인트와 침선의 위치를 기억토록 하려면 보트가 밀리기 전에, 즉시 현 위치를 입력하여야 한다.

GO TO

특정한 목적지를 향하는 GO TO는 목적지의 좌표를 획득하는 것이 1단계이다. GPS 플로터는 해도의 목표지점을 선택하기만 하면 되나, 핸디 GPS는 일단 GPS의 데이터베이스에서 목적지의 정확한 좌표를 찾는 것이 중요하다.

자월도 선착장의 좌표를 각 방법으로 읽는 방법을 예로 제시한다.

• 해도에서 안흥항 입구 좌표를 읽는 방법

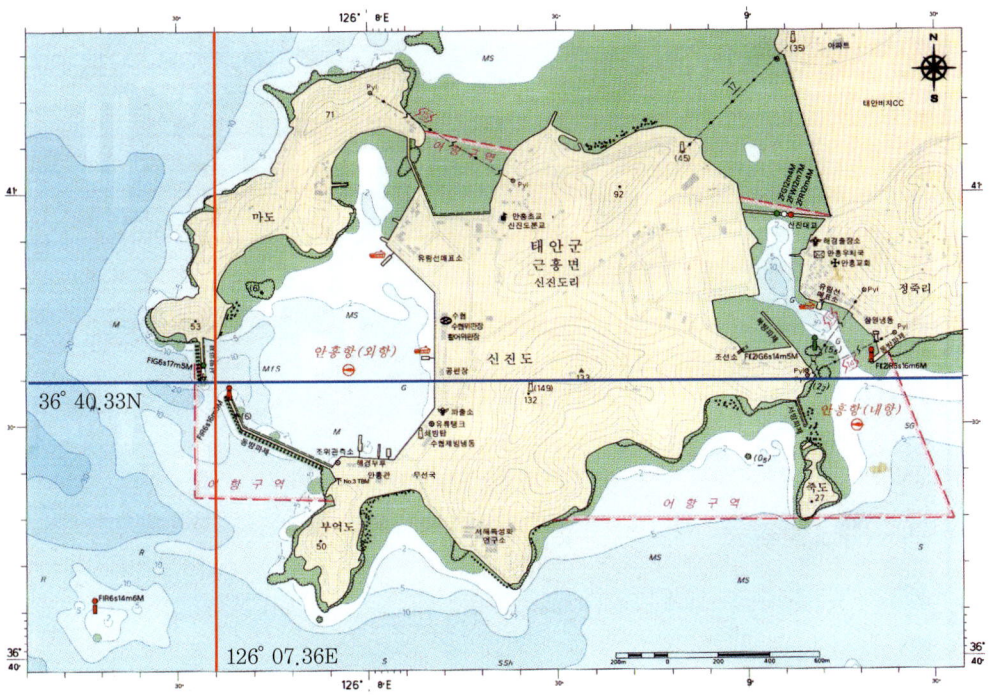

해도의 축적에 따라 좌표 읽기의 오차가 심할 수 있다. 적색선과 청색선이 교차하는 안흥항 입구의 좌표는 N 36도 40분 33초 E 126도 7분 36초이다.

- 구글어스에서 안흥항 입구 좌표를 읽는 방법

하단에 손바닥이 지시하는 좌
표가 표시되며, 우측에 축적대신
관망하는 고도가 표시된다.

구글어스에서는 상세도가 첨부
된 지역에서는 상당히 정확한
WGS84 좌표를 얻을 수 있다.

적색 화살표가 지적하는 안흥

36° 40′ 33북 126° 07′ 36동 고도 0m

항 입구의 WGS84 좌표는 화면의 하단에 표시된다.

핸디GPS 용어

- ALM/MSG 알람기능 설정(도착지에 근접했을 때 메시지 등)
- Almanac Data(책력 데이터) 모든 GPS 위성으로부터 수신기로 전송되는 위성
  배치 정보(위성의 위치와 상태 포함).
- ALT(Altitude) 고도. 해면으로부터의 높이
- Average Speed 평균 이동 속도
- BRG(Bearing) 방위각. 현재 위치에서 측정한 목적지의 방위각
- COG Heading. 현재 진행방향
- CONTRAST 밝기 조정
- Course to Steer(CTS) 목적지로 향하는 코스에서 가장 효과적인 방위각.
- Course Made Good(CMG) 활성 출발지(시작 위치)를 현재 위치에서 측정한 방
  위각(후퇴각)
- Desired Track(DTK) from(출발지)과 to(목적지) 웨이포인트 간의 나침반 코스
- Differential GPS(DGPS) GPS 수신기의 측정 오차를 줄이기 위하여 지상 송신
  소로부터 수정된 신호를 수신하는 기기(GPS와 연결하여 사용)
- DST(Distance) 현 지점에서 목적지까지의 거리이다. 목적지가 설정되어야만

표시가 된다.

- ENTER 데이터를 입력하거나, 메뉴를 선택한다.
- Elapsed Time(예상 시간) 마지막 재설정 이후의 시간
- ETE(Estimated Time Enroute) 현재 속도 및 트랙에 기반한, 목적지에 도착할 때까지 남은 시간.
- ETA(Estimated Time of Arrival) 현재 속도 및 트랙에 기반한, 목적지까지의 도착 예정 시각.
- FISH/HUNT 현 지점에서 오늘 낚시나 사냥이 잘 되는 시간을 표시한다.
- Grid(좌표) 위치를 측정할 수 있도록 가로줄과 세로줄을 사용하여 평면에 지구를 그린 좌표 시스템.
- GOTO 저장된 지점을 목적지로 하는 직선 길을 만든다.
- Ground Speed(그라운드 속도) 지상 또는 해상에서의 실제 속도
- Keylegend 키 배치도
- LIGHT(조명) 화면 조명을 켜고 끌 때 쓰인다.
- Latitude(위도) 지구의 극축과 수직을 이루는 남·북의 위치
- Longitude(경도) 북극과 남극을 통과하는 본초 자오선(prime meridian)을 기반으로 한 동서위치
- Languages 언어 선택
- MARK 웨이포인트(waypoint)를 만들거나 현재 위치를 한 지점으로 저장한다.
- Maximum Speed(최고 속도) 마지막 재설정 이후의 최고 속도
- Navigation(항법) 한 위치에서 다른 위치로 이동하거나 원하는 코스와 관련된 현재 위치를 파악하며 이동하는 과정
- ODO Reset 총 이동거리인 ODO meter값을 0으로 한다. YES/NO 중 선택
- PAGE 주 데이터 페이지를 순서대로 이동하거나, 하위 메뉴 페이지에서 주 페이지로 화면을 되돌리는데 사용한다.
- Position(위치) 지형적 좌표 시스템 기반의 정확하고 고유한 위치

- QUIT 이전 페이지로 화면을 되돌리거나 누른 키를 취소한다. PC의 ESC키와 동일한 역할이다.
- SUN/MOON 해와 달의 상태(현 지점에서의 크기, 뜨는 시각, 지는 시각 등)
- SPEED AVG 평균 속도 계산법을 선택한다.(5초, 30초, 1분, 5분, 1시간 동안 평균값 중 선택)
- SETUP 설정
- SOG(speed over ground) 이동 속도를 의미한다.
- TRIP Reset 이번 여행의 이동거리인 TRIP meter값을 0으로 한다. YES/NO 중 선택
- Track(TRK) 지상 또는 해상에서의 위치와 관련된 이동 방향
- Trip Odometer(이동 거리계) 마지막 재설정 이후의 이동한 총 거리
- Trip Timer(이동 타이머) 마지막 재설정 이후 계속 이동한 총(누적) 시간
- Turn(TRN) 목적지까지 똑바로 이동하는데 필요한 각도의 수정 정도
- UTM(Universal Transverse Mercator) 특정 지역에서의 위치를 측정하기 위해 평면에 지역을 그린 좌표 시스템 중의 하나.
- VMG(Velocity Mage Good) 유효이동속도. 실제 목적지방향으로 이동하는 속도
- Waypoint Land Mark 수신기의 메모리에 저장되어 있는 특정 위치.
- XTE(Cross Track Error) 경로에서 좌(L) 또는 우(R)로 벗어난 거리

항행에 도움을 주는 전자장비

레이더

레이더는 스캐너가 회전하면서 고주파 에너지를 가진 좁은 빔 펄스를 송신하여, 물체에 부딪힌 반사파를 모니터에 표시한다. 육지, 다른 선박과 부이, 파도, 비, 눈 등의 크기와 거리를 판단하는 장비로 악천후, 안개, 야간항행의 필수장비이다.

최근에는 레이더와 플로터 기능을 동시에 나타내는 상품도 시중에 나와 있다. 전파를 송신하는 레이더 장비를 장착하려면 전파관리소의 설치허가를 받아야 운용할 수 있다(전파관리법 제 19조와 84조).

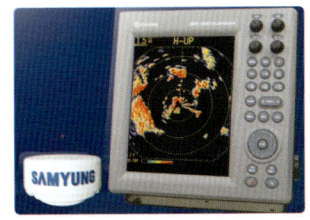

레이더는 안개 속에서의 항해와 야간 항해에 유용하다.

스캐너의 성능은 2kW, 24nm 등으로 표시되는데 여기서 24nm은 해리(海里, nautical mile)를 나타낸다. 안테나의 장착 높이와 반사물체의 반사전파(에코파)에 따라 다르지만, 약 3마일 정도의 범위를 탐지할 수 있다.

AIS(automatic identification system : 선박자동식별장치)

AIS는 국제해사기구의 권고에 따라 연근해 5톤 이상의 선박에도 의무적으로 장착되며, 소형선을 제외한 연근해 대부분의 선박에 앞으로는 모두 장착될 예정이다.

AIS를 장착한 선박은 1개 또는 2개의 VHF 채널을 통해 지속적으로 자선 및 인근 선박의 정보를 송수신 할 수 있으며, 송수신 정보에는 선박의 MMSI 번호(선박의 고유번호), 콜사인, 선박명, 위치, 코스, 헤딩, 선속, 회전율, 선박 형태 등이 포함되어 있다. 이를 통해 자신의 보트 주위의 선박의 움직임을 살펴 볼 수 있어 잠재적인 위험선박을 판단할 수 있다.

AIS는 레이더 사각지역에서도 자신의 위치를 AIS를 장착한 타 선박에 표시하여 주며, 전파를 송출하므로, 역시 전파관리소의 허가를 받고 운용하여야 한다. (전파관리법 제 19조와 84조)

스마트폰 사용자는 iAIS 응용프로그램 앱을 다운받아, 스마트폰의 통달거리 내에서 AIS를 장착한 다른 선박의 정보를 수신할 수 있으므로 심한 안개 속에서 입출항 시 선박간의 충돌사고에 대비할 수 있다.

레이더 반사기

자신의 보트 위치를 타 선박의 레이더 화면에 잘 표시될 수 있도록 하여 악천후나 야간 또는 안개 속에서 타 선박과의 충돌을 방지하는 기능을 한다.

이미 미국, 영국, 캐나다와 독일 같은 많은 나라에서는 레저보트의 의무 장비로 채택하였고, 혹은 채택할 예정이다. 마린 전문샵에는 여러 가지 형태의 레이더 반사기가 시판되고 있다. 레이더 반사기는 보트의 가장 높은 곳에 설치해야 하고, 대형선박에 근접한 레이더 사각지역에서는 그 기능을 발휘하지 못한다는 점을 알고 있어야 한다.

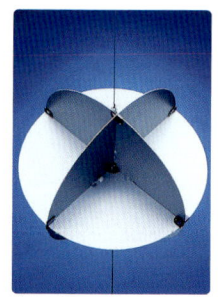

레이더 반사기는 레이더를 운용하는 선박에게 보트의 위치를 알려주는 장비이다.

어군 탐지기

배 밑바닥에 설치된 송수파기에서 발사된 초음파는 해저를 향해 진행하여 해저에 반사된 후, 메아리처럼 돌아온다. 어군 탐지기는 발사된 초음파가 되돌아올 때까지의 시간과 신호의 강약을 계측하여 액정 및 브라운관에 표시하는 시스템으로 수심과 수중의 상황을 쉽게 알 수 있다.

초음파는 어군과 해저에 반사하여 되돌아와 화면에 영상으로 표시된다.

어군

해저

자선위치

선박의 진행 상태가 표시된다.

발진선

큰 어군

어군

해초나 바닥의 어군

해저

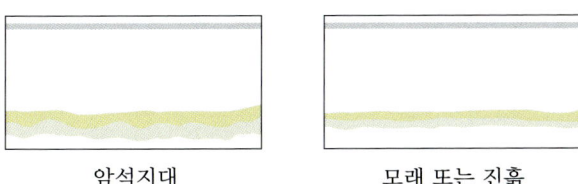

| 암석지대 | 모래 또는 진흙 |

　어군 탐지기는 낚시어종을 찾는데도 유용하지만 수심과 수중 상황을 알 수 있어서 안전항해에도 요긴하게 사용할 수 있으므로 최근 이를 장착하는 레저보트들이 늘어나고 있다.

　어군탐지기란 보편적으로 어군 즉, 물고기를 찾아내는 장비이며, 어군탐지기 화면에 비치고 있는 그림 중 화면의 제일 우측의 새로 그려지는 그림이 현재 자신의 배 바로 밑의 정보이다.

　어군탐지기의 화상은 같은 크기라도 수심이 깊은 곳의 물체를 더 크게 나타내며, 어종 또한 수온, 시간, 계절, 해류 등에 따라 변화되므로 실제 어획된 고기와 비교하여 경험을 쌓는 과정이 필요하다.

　해저의 지층은 바위로 된 암석층이나 모래 혹은 진흙 등 다양한 지질로 되어있으며, 어군탐지기는 화면에 나타난 지질의 상하폭이나 색의 강약으로 암석층, 모래층 등을 구분한다.

　화면에 나타난 경사도는 배의 속도에 따라 달라지므로, 실제로 완만한 경사가 빠른 속도의 보트에서는 급경사로 나타난다는 점도 참고할 점이다.

　어군탐지기를 장착한다면 어느 정도 알고 있는 지형을 여러 차례 왕복하면서 화면을 관찰하며 훈련하는 과정이 필요하다.

16 레저보트의 수리와 보관

고무보트의 사용 시 주의사항

고무보트의 적정공기압은 220mbar 내외로 발 펌프로 주입할 경우에 어른이 발로 눌러 주입할 수 있는 최대의 압력으로 주입한다. 공기 주입 시 특히 격막이나 접합 부위에 손상이 갈 수 있으므로 고압펌프나 컴프레서를 사용하면 안 되며, 각 공기 격실은 균등한 압력이 유지되도록 한다.

공기 격실은 상호간에는 약간의 압력에 대한 융통성이 있으나, 한 격실의 압력이 높으면 파손될 위험이 있다. 공기 격실이 파손되면 수리가 어려워 고무보트의 폐기를 생각해야 할 정도로 심각한 문제가 발생된다.

고무보트는 사용하기 하루 전에 공기를 넣어 새는 곳이 있는지 미리 확인하도록 한다. 필자는 카페리호로 제주까지 실고 간 360 고무보트를 제주바다에 진수하였을 때 공기가 새는 난처한 경우를 당한 적이 있다. 다행히 공기 누설은 그리 심각하지 않아 지참한 수리키트로 현장에서 수리가 되었으나 수리에 한나절이라는 시간을 허비하게 되었다.

고무보트는 어린이 혼자서는 위험하므로 반드시 보호자와 함께 사용해야 하며, 예리한 물체와 화기의 접촉을 피한다.

여름철 햇살에는 내부의 공기가 팽창하므로 공기량을 낮추어야 하며, 완전히 충전된 상태로 여름철 햇볕에 장시간 노출 시 공기격실이 파손되는 경우가 있으므로 주의한다.

고무보트는 엔진을 부착하였을 때도 후크 또는 노를 반드시 휴대해야 한다. 노는 낮은 수심에서, 그리고 위험 물체에 접근 시 이를 격리하는데 매우 유용하다.

고무보트 사용 시의 문제해결

공기가 누설될 때

모든 밸브가 제대로 되어 있는지 확인하고, 밸브를 더 조아 본 후, 보트의 접합 부위, 밸브, 표면 등에 비눗물 등으로 공기가 새는 곳이 있는지를 확인한다. 대부분의 공기누설은 동봉한 수리기구로 가볍게 수리될 수 있고, 밸브로 인한 공기 누설은 밸브를 교환함으로써 수리가 가능하다.

물이 유입될 때

- 드레인 밸브 안에 체크 밸브(check valve)가 있는지 점검한다.
- 보트 바닥에 심각한 구멍이나 찢어진 곳이 있는지 점검한다.
- 보트를 세워놓고 한쪽에서 빛을 쪼이면서, 반대쪽으로 빛이 새어 나오는지 점검한다.
- 부분적으로 공기를 채우고, 바닥을 말린 후 바닥 합판 없이 물에 띄워서 물이 스며드는지 점검한다.
- 작은 구멍이나 찢어짐 등은 동봉한 수리기구로 가볍게 수리할 수 있다.

운항 중의 작은 공기 누설과 누수는 반드시 보트의 침몰에 직결되지는 않는다. 당황하지 말고, 인접보트와 연락을 취하며 서행으로 복귀하여 수리한다.

고무보트의 세척과 보관

세척

- 사용 후 공기를 빼기 전에 맑은 물로 모래나 소금기를 제거한다.
- 장시간 보관 시에는 연한 비누나 세정제를 사용하여 세척한 후 잘 건조한다.

- 휘발유나 용제로 보트를 닦으면 안 된다.

보관

- 세척 후 그늘에서 완전히 건조시킨다.
- 직사광선을 피해 신선한 공기가 잘 통하는 그늘진 곳에서 보관한다.
- 겨울철에는 추운 곳에 보관하지 않는다.
- 장기간 보관 시 접어 두지 말고, 펼쳐서 약간의 공기를 넣어 두는 것이 좋다.
- 장기간 공기를 주입하여 보관하기가 어려울 경우, 보트가 각이 지지 않도록 말아서 보관한다.

고무보트의 튜브 수리하는 방법

준비물

패치(덧댈 천), 용제(톨루엔이나 솔벤트), 사포(#60), 롤러, 가위, 실과 바늘, 소재에 적합한 접착제, 덕테이프, 종이컵, 나무막대나 라텍스 고무장갑, 세척제(톨루엔), 헤어드라이어

> **Tips** 하이팔론 소재 보트의 경우 클리프턴(clifton) 하이팔론 전용 접착제와 클리프턴 촉진제를 사용한다. (1갤런에 촉진제 0.2온스 혼합)

수리방법

- 공기를 충분히 넣은 상태에서 비눗물이나 물을 이용하여 공기가 새는 위치를 찾는다.
- 새는 위치를 볼펜으로 표시를 하고 습기나 오물을 깨끗이 닦는다.
- 보트의 공기를 완전히 빼낸다.
- 보수용 원단을 새는 부위보다 지름 1.5cm 정도 더 크고 둥글게 절단한다.
- 보수용 원단을 한 장 더 기존 보수용 원단보다 지름이 3cm 정도 더 크고 둥

글게 절단한다.

- 헤어 드라이어를 사용해서 보트의 물기를 충분히 제거한다.
- 원단과 수리할 부위에 보수용 접착제를 골고루 바른다.
- 헤어 드라이어로 10초 정도 건조시킨다. 헤어 드라이어가 없을 경우 햇빛이 비치는 곳에서 2분 정도 건조시킨다.
- 다시 한 번 접착제를 칠하고 약 10분 후, 수리할 부위를 평평하게 펴고 보수 원단을 댄 후 서로 강한 압력을 가하여 골고루 눌러 준다.
- 더 큰 보수원단도 위와 동일하게 덧붙여 준다. 2중으로 붙여야 튼튼하다.
- 보트에 곧바로 공기를 주입하지 말고, 수리 후 24시간이 경과한 후에 공기를 주입한다.

고무보트의 튜브 수리 시 주의사항

- 반드시 맑은 날 기온이 높은 오후에 한다. 접착제는 비 오는 날이나 물기가 있으면 절대 붙지 않기 때문이다.
- 만약 실패하면 처음부터 다시 한다.
- 접착 부위를 고운 사포로 문질러 때를 제거한 후에 보트 전용 접착제를 사용한다.
- 새는 부위가 1cm를 넘을 경우 안쪽과 바깥쪽, 즉 양쪽을 모두 덧대면 완벽한 효과를 볼 수 있다.

하이팔론 원단

하이팔론 원단은 일반 고무보트에 사용되는 PVC 원단보다 월등히 우수하다. 하이팔론은 천연고무를 원료로 80% 정도 사용하기 때문에 PVC 원단보다 마모강도가 10배, 인장강도도 5~6배 강하다. 예리한 못에 찔릴 경우는 펑크가 나겠지만 PVC보다 마모 강도가 우수하므로 수명도 PVC의 2배 정도로 길다. 그러나 가격도 고가여서 소수업체에서 주문생산되고 있다.

FRP 선체의 수리 방법

준비물

FRP 수지, 경화제, 매트(유리섬유), 겔코트와 겔코트 경화제, 철솔, 헤어 드라이어

수리방법

- 선체의 파손된 부위를 헤어 드라이어 등을 사용하여 완전 건조시킨다. 그 다음 파손된 부위 주위 10cm 가량 사포나 그라인더를 사용하여 겔코트 층을 제거한다. (겔코트 층과 수지는 서로 다른 성질이 있기 때문에 수리 후에 언제라도 재균열이 발생할 우려가 있다.)

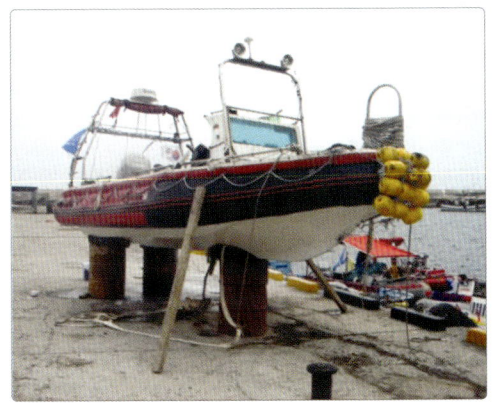

울릉도, 독도, 제주도, 가거도 등 장거리 항해 시는 FRP 수지와 경화제, 매트 등 수리재료를 준비하면 만약의 사태에 대비할 수 있다.

- 균열부위에 FRP 수지를 칠한 후에 매트(유리섬유)와 경화제를 첨가한 재료를 이용하여 2~4겹 가량의 적층작업을 하는데 이 때 기포제거에 중점을 둔다.
- 완전히 경화가 될 때를 기다린 후 다시 사포나 그라인더로 표면을 다듬는다.
- 표면색과 일치하는 겔코트 100g에 파라핀왁스와 석분(탤크가루) 250g을 혼합하면 선체 색과 같은 도료성분의 퍼티가 만들어진다. 그 다음 경화제를 넣고 고무헤라(고무주걱)를 이용하여 적층 부위에 도포, 약 2mm 가량의 두께로 문질러 면을 고르게 한다.
- 다시 완전히 경화가 되어 끈적임이 없을 때 320번 정도 거칠기의 사포를 사용하여 표면을 정리하면 수리가 완료된다.
- 완벽한 수리는 전문수리소(조선소)에 의뢰하여 시간적 여유를 두고 한다.

동절기 모터보트 관리

　겨울철 월동을 위한 장기 보관 시 1차적으로 유의할 사항은 동파 방지이며, 2차적으로는 녹, 부식, 먼지 기타 오염으로부터 엔진을 보호하는 것이다.

모터보트 보관 방법

① 연료탱크의 연료를 비운다.

② 기화기 내부의 연료가 모두 소모될 때까지 기관을 작동한다.

③ 냉각수 계통을 청수(깨끗한 물)로 세척한다. 수도꼭지와 연결된 호스에 어댑터를 끼워서 사용한다. 냉각수 흡입구에 수압을 가해서 하는 세척도 가능하다. 또는 엔

겨울철 월동을 위한 장기보관 시는 먼저 기화기 내부의 연료가 모두 연소될 때까지 기관을 작동한다.

진을 청수탱크 내에 담그고 저속으로 공회전하여 세척하는 방법도 있다.

④ 점화플러그를 풀어서 뽑아낸 후에 윤활유를 반 티스푼 정도 부어놓고 골고루 퍼지게 하기 위하여 플라이휠을 한 바퀴 돌려준다.

⑤ 깨끗한 윤활유를 한 방울 점화플러그 나사에 묻혀서 손힘으로 조여 준 후에 점화플러그 렌치로 반 바퀴만 잠근다. 이 때 꼭 잠그지 않도록 주의한다.

⑥ 규격품 드라이 UNIT 오일을 교환한다.

⑦ 빳빳한 솔에 솔벤트를 묻혀 엔진을 닦아낸다. 변속 및 전·후진 연결장치 등 작동부분의 윤활제를 제거한다.

⑧ 방수용 백색 그리스를 모든 작동 부분에 바른다.

⑨ WD-40 또는 실리콘 분무로 기관 외부에 얇은 보호막을 만들어준다.

⑩ 건조하고 깨끗한 장소에 선외기를 수직으로 세워 보관한다. 먼지나 오물로부터의 보호를 위하여 덮개를 씌워둔다.

⑪ 배터리는 분리하여 따로 관리한다.

엔진 재사용 준비 방법

선외기를 상기 절차대로 적절하게 보관 및 관리하였다면 특별한 절차가 필요 없이 다음해 봄에 사용할 수 있다.

① 배터리의 충전 상태가 양호한지 확인한 후에 배터리를 설치 및 연결한다.

② 연료유·윤활유를 규정대로 탱크에 주입한다.

③ 점화플러그를 점검하고, 더러우면 솔벤트로 세척한다. 플러그를 건조시키고 전극 간격의 상태를 확인한 후 점화 플러그를 단단히 조인다.

장기보관 후 재가동 시에는 배터리의 충전상태를 확인한 후에 베터리를 연결한다.

④ 기관을 시동한다.

배터리 관리 방법

배터리 관리 시 주의사항

• 방전 직후에 바로 충전한다.

• 사용하지 않아도 1개월에 1회 정도는 충전한다.

• 규정 전류 이상 또는 방전중지 전압 이하로 사용하지 않는다(과방전 방지).

- 극판이 노출되지 않도록 전해액(증류수)을 1년에 1회 보충해 둔다. 그리고 MF 배터리도 반드시 보충한다. 이것은 자동차의 경우도 마찬가지이다.
- 햇빛을 받지 않도록 한다.
- 충전은 규정 전류에서 규정시간 이내에 한다(과충전 방지).
- 단자의 전선 연결은 확실히 한다(납단자 혹은 집게).
- 전선의 굵기는 가능한 굵게 한다. 스피커선, 전화선 등은 절대 사용불가이다.
- 충전 중에는 수소가스가 발생하므로 절대 화기를 엄금한다.
- 전해액은 '황산액' 이므로 손에 묻지 않도록 한다.

겨울철 보트의 배터리 관리

① 배터리로부터 단자를 분리한다. (–)단자를 먼저 분리한 다음에 (+)단자를 분리한다.

② 배터리 표면의 오염된 그리스, 부식 및 오염을 제거한다.

③ 배터리 단자에 그리스나 석유젤리를 발라둔다.

④ 배터리 보관 시에는 건조하고 결빙되지 않는 장소에 보관하고 전해액의 비중이 1.260~1.275가 되도록 충전상태를 유지한다. 방전된 배터리는 동파될 우려가 있기 때문이다.

⑤ 매 45일마다 재충전하거나 비중이 1.230 이하로 내려가면 재충전한다. 재충전 시는 전지극판 약 5m/m 위까지 증류수를 보충한다. 충전전류는 6amp를 초과하지 않도록 하고 전해액 비중이 1.260이 되면 충전을 마친다.

⑥ 배터리를 사용할 때는 단자의 그리스를 닦아내고 단자 표면에 약간만 남겨둔 상태에서 단자를 연결한다.

17 선외기 (outboard engine)의 관리

선외기(아웃보드 엔진)의 구성

선외기는 추진기, 추진축, 조향타가 일체형으로 구성
되어 보트 내부 설비와 관계없이 보트의 선미판(트랜섬)에
장착되어 보트를 추진시키는 장치이다. 선외기 구성품의
기능을 알면 고장 시 원인을 찾아내고, 수리하는데 유용
하다.

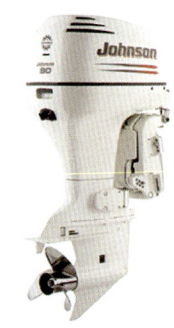

선외기는 보트의 선미판에 장
착하며, 관리와 수리가 용이
하다.

구성부품의 기능

- **전기장치** 배터리의 전력을 고압으로 엔진에 공급하고, 엔진이 구동될 때 전기
를 생산하여 배터리에 저장하는 장치
배터리 – 전원차단스위치 – 배선 – 엔진
- **연료 공급 장치** 연료통의 연료를 출력장치에 적정량을 공급하는 장치
연료탱크 – 유수 분리필터 – 프라이머 밸브(일명 쭉쭉이) – 연료펌프 – 기화기
- **출력장치** 연료를 공급받아 혼합가스를 만들고 전기장치에서 점화플러그에 공
급되는 고압의 전기스파크로 출력하는 장치
- **동력전달장치** 출력장치에서 발생된 추진력을 프로펠러에 전달하여 보트를 추
진하는 장치
피스톤 – 크랭크 축 – 드라이브 축 – 기어 – 클러치 – 프로펠러 축 – 프로펠러
- **냉각장치** 출력 간 발생되는 열을 냉각수를 흡입하여 식히는 장치. 냉각수는 배

기가스와 함께 배출된다.

냉각수 흡입구 – 냉각수 펌프(임펠러) – 실린더 주위 배기가스관 혹은 냉각수 안전 배출구 – 배기가스 배출구

- 선외기의 고정 장치(클램프 브래킷)　엔진을 보트의 트랜섬에 부착하고, 운행 간 엔진을 올리고 내리는 회전축(틸트축)과 방향을 전환하는 스티어링 축

- 리모트 컨트롤　변속과 전·후진, 보트로부터 조정자의 이탈 시 엔진을 강제로 정지시키는 강제정지장치(클립과 랜야드), 엔진을 상하로 조작하는 틸트 스위치가 있다.

구성부품의 명칭 (존슨 4사이클 엔진)

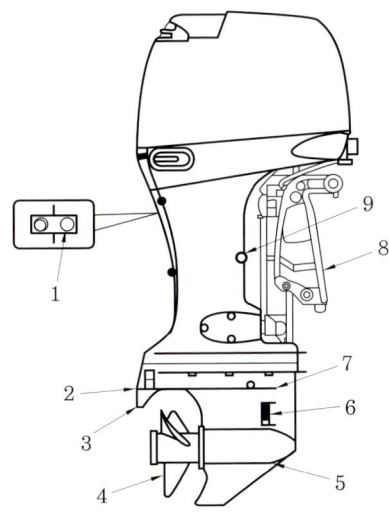

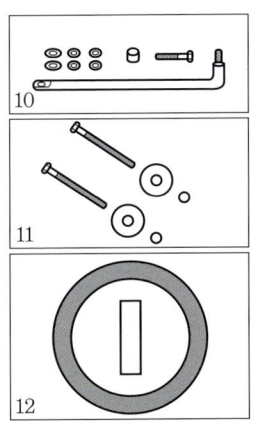

1. 냉각수 펌프 표시기
2. 캐비테이션(벤틸레이션) 방지 플레이트(진공 방지판)
3. 트림 탭
4. 프로펠러
5. 윤활유 제거·주입 플러그
6. 냉각수 유입구
7. 윤활유 레벨 플러그
8. 트랜섬 브래킷
9. 크랭크케이스 오일 제거 플러그
10. 스티어링 커넥터
11. 장착용 부품
12. 시스템 체크 게이지

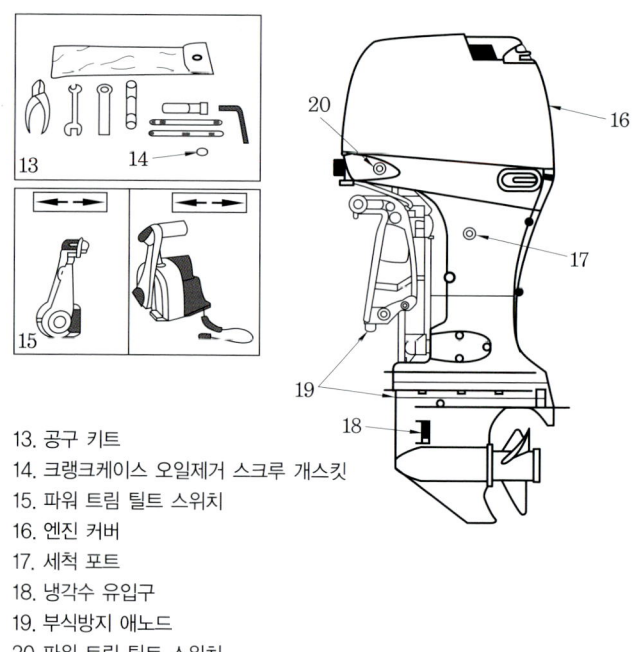

13. 공구 키트
14. 크랭크케이스 오일제거 스크루 개스킷
15. 파워 트림 틸트 스위치
16. 엔진 커버
17. 세척 포트
18. 냉각수 유입구
19. 부식방지 애노드
20. 파워 트림 틸트 스위치

선외기의 장착

선외기는 보트의 선미판(트랜섬) 중앙에 부착해야 하며, 좌우로 밀렸을 때 보트의 진행 방향에 영향을 미친다. 선외기 최적의 성능은 부착된 높이와 밀접한 관계가 있다. 캐비테이션(벤틸레이션) 플레이트가 선체의 바닥에서 약 25mm(1인치) 아래쪽에 설치되었을 때가 적절하며, 고속의 보트는 보다 높은 위치가 적절하다.

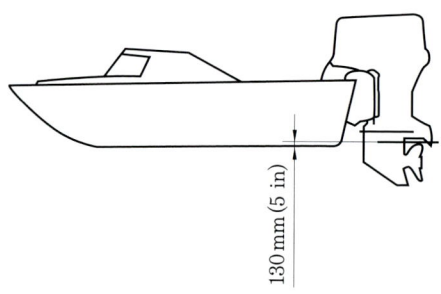

130 mm (5 in)

고속의 보트는 캐비테이션(벤틸레이션) 플레이트가 보다 높은 위치가 적절하다.

선미판(트랜섬)은 선외기의 저항을 견딜 수 있도록 튼튼해야 한다. 선미판이 튼튼하지 않을 경우 운행 중 선외기가 떨어져 나가 수장되거나, 선미판과 함께 이탈하는 사고도 발생된다. 고속 주행을 즐기는 보터는 선미판의 이탈을 방지하기 위해 별도의 보강을 하는 것도 좋은 방법이다.

선외기가 이탈되는 것을 방지하기 위하여 장착 시에는 반드시 메이커가 제공하는 볼트를 사용하는 것도 중요하다. 만약 이 볼트를 다른 볼트로 바꾼다면 크기와 강도, 소재와 타입이 같은 것을 사용해야 한다.

선외기 보트를 견인할 때, 특히 후진 중 선외기가 장애물에 부딪히거나 운항 중 선외기의 하부나 프로펠러가 수중 장애물에 충돌하였을 경우 선외기의 이상 유무는 물론이고 선외기 장착 상태의 이격 여부와 선미판의 손상도 함께 점검하여야 한다.

선외기의 틸트업 (tilt up)

선외기를 사용하지 않을 때는 부식 등에 의한 손상이나 해양생물의 기생을 방지하기 위하여 수면 위로 틸트 업하여 틸트 지지레버(lock)를 걸어둔다. 보트를 트레일러로 운반할 때는 엔진을 수직으로 세운 상태로 하는 것이 좋으나 트레일러가 적절하게 도로로부터 공간을 확보할 수 없다면 트레일러 브래킷을 사용한다.

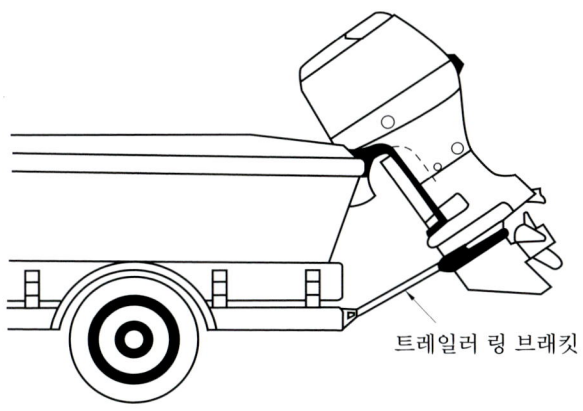

트레일러 링 브래킷

트레일러를 운반하거나, 장시간 엔진을 틸트 업 할 경우에는 틸트 지지레버를 작동한다.

틸트 지지레버 작동 순서

① 틸트 스위치를 이용하여 엔진을 들어올린다.

② 틸트 지지레버를 아래로 젖힌다.

③ 틸트 지지레버가 견고하게 스턴 브래킷에 고정될 때까지 엔진을 내린다.

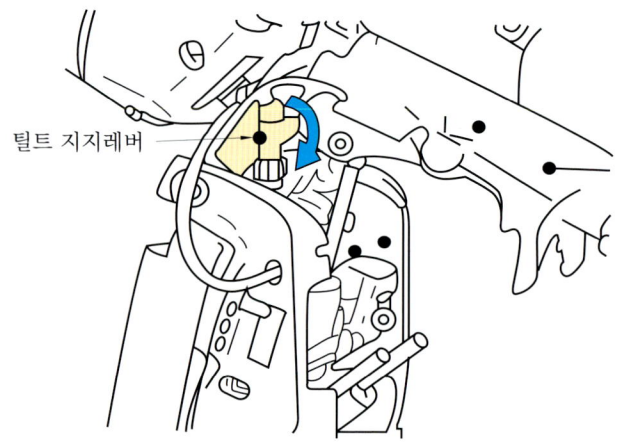

틸트 지지레버

틸트 지지레버 해제 순서

① 틸트 스위치로 엔진을 올린다.

② 틸트 지지레버를 위로 젖힌다.

③ 엔진을 운행 위치로 내린다.

연료와 오일

항상 연료 및 오일은 가득 채우고 출항하는 습관을 가진다. 연료는 예상 소요량의 2배 이상을 준비하고, 복귀에 충분한 연료인지 확인하고 항행해야 한다. 선외기의 연료 소모량은 주행거리보다 오히려 주행 속도, 파도와 조류, 바람, 선저의 오염상태, 화물의 중량 등에 더 많은 영향을 받는다.

선외기의 엔진 윤활유 공급방식은 연료와 혼합하여 공급하는 방식(주로 2행정 기관)과 연료와 분리하여 공급하는 방식(주로 4행정 기관과 최근 시판되는 전자장치 기관)이 있다.

혼합하여 공급할 때 연료와의 혼합비율은 50 : 1을 기준으로 하며, 엔진을 길들일 때는 25 : 1을 하기도 한다. 50 : 1로 혼합한 경우 가솔린 18L에 엔진오일 414ml를 넣는다. 혼합사용 된 엔진오일은 배기가스와 함께 배출되므로 해양오염에 영향을 끼치며, 엔진의 수명에도 좋지 않으므로 선외기 전용오일을 사용하도록 한다. 오토바이와 예초기에 사용하는 엔진오일은 분해성이 낮으므로 사용을 자제하는 것이 좋다.

일부 선외기는 지정된 오일을 사용하도록 하고 있으므로, 선외기 구입 시 이를 확인하여야 한다.

선외기 긴급 정지 클립과 랜야드(킬코드, 킬가드)

선외기의 리모트컨트롤에 연결하는 긴급정지 클립과 랜야드(킬코드)가 연결되지 않았거나 끊어지면, 급작스런 충격에 의하여 조종자가 보트에서 떨어지는 경우 엔진이 정지하지 않는다. 떨어진 조종자가 보트와 부딪힐 위험이 있으며 보트가 도망치듯 그 지역을 벗어나 다른 물체나 사람과 충돌하여 제 2의 사고를 유발할 수 있다. 운항 전 랜야드를 당기면 엔진이 멈추는지 확인한 후 출발한다.

운항 전 점검 사항

- 시동 전에 충분한 연료와 오일이 있는지 매번 점검한다.
- 엔진커버를 열어 항상 내부를 건조시킨다.
- 엔진룸 안의 배터리 단자와 물 순환 호스가 잘 조였는지 확인한다.
- 엔진 진동으로 인해 실린더 및 헤드 부위의 너트가 풀렸는지 확인한다.
- 임펠러(추진날개)에 이물질이 끼어있는지 확인한다.
- 계류로프를 풀기 전에 먼저 시동을 걸어, 예열(공회전)하면서 엔진의 상태를 점검한다.

- 운행 전 가벼운 워밍업으로 시동 확인 후 바로 뭄에 잠기게 한다.
- 시동버튼과 정지버튼이 이상 없이 작동되는지 확인한다.
- 냉각장치의 물 순환이 잘되는지 반드시 확인한다.
- 초크레버는 시동 시에만 사용하고 운행 중에는 사용하지 않는다.
- 조향장치를 점검하고, 계류로프를 풀고 출항한다.
- 마지막으로 엔진의 소리, 배기가스의 색깔, 냉각수의 분출량, 가속레버의 반응상태 등 정상적인 엔진상태를 기억해 둔다.

배터리 관리

배터리를 충전해도 금방 방전되면 새것으로 교체해야 하는데 반드시 원래의 것과 동일한 전류 용량을 사용하여야 한다. 지나치게 큰 용량의 배터리를 계속 사용하면 전기장치에 손상을 줄 수도 있으며, 실제로 전기장치가 안 좋은 배의 90%는 고용량의 배터리를 사용한 것이 원인이다.

운항 중 점검 및 조치사항

출발 시 반드시 무릎 이상 되는 깊이에서 천천히 출발하도록 한다. 바닥과 너무 가까운 곳에서 출발하면 임펠러에 이물질 및 돌이 끼어 깨지거나 손상될 수 있으며 하우징 내부가 넓어지면서 출력이 낮거나 불안정해 진다. 뿐만 아니라 냉각장치로 들어가는 물에 모래가 섞여들어 물 순환이 제대로 되지 않아 피스톤 손상, 실린더 깨짐, 엔진하부의 깨짐, 머플러 터짐 등의 고장이 발생된다.

냉각수 순환 상태 점검

엔진 시동 후 먼저 냉각수의 배수상태를 점검하고, 운항 중에도 계속적으로 관찰하여야 한다. 냉각수가 안 나오거나 평소보다 약하게 나오는데도 계속 운행하면 엔진과열로 엔진 내부는 심각한 손상을 입는다.

추후 엔진 자체를 교체해야 하는 상황이 발생할 수 있으므로 아주 중요한 점검 사항이다.

속도가 현저히 떨어지는 경우

운행 중 갑자기 속도가 현저히 떨어지고 우웅거리는 소리가 나면 즉시 시동을 끄고 정지한다.

다음이 원인일 수 있다.

- 프로펠러에 로프가 감겼거나, 냉각수 흡입구와 임펠러에 이물질이 낀 경우
- 점화플러그의 내부 저항이 손상된 경우
- 엔진 속의 플라이 휠 고정핀이 깨진 경우
- 피스톤 일부가 깨져 출력이 저조한 경우
- 커넥팅 로드가 휘어 출력이 저조한 경우
- 크랭크축의 크랭크저널이 삐뚤어져 점화플러그의 점화 시기가 안 맞는 경우
- 냉각장치의 물 순환이 잘 되지 않아 머플러가 과열될 경우

출발 시 배가 잘 나가지 못하다가 어느 정도 가다보면 잘 나가는 경우

- 카뷰레터 하이포인트를 조정한다.
- 카뷰레터 및 니블밸브를 청소한다.
- 임펠러 날개를 수리 및 교체한다.
- 임펠러의 하우징 교체시기일 수 있다.

시동 모터가 걸리지 않는 경우

- 배터리가 약하거나 배터리 스위치가 OFF에 있거나 방전되었을 수 있다.
- 연결 케이블과 커넥션을 점검한다.
- 퓨즈가 끊어졌는지 점검한다.
- 키 스위치가 정상적으로 작동되는지 점검한다.

- 조정간의 시프트 핸들이 중립에 위치하였는지 확인한다.
- 배터리와 전기 연결부 터미널이 헐거워졌거나 부식되었을 수 있다.
- 배터리의 플러스 단자와 마이너스 단자를 연결하는 굵은 선의 릴레이 및 스타트 모터까지의 연결선 조임 상태를 확인한다.
- 전기장치 박스 내부의 파워릴레이 불량일 수 있다.

엔진의 시동이 걸리지 않을 때

시동버튼을 누르면 스타트 모터는 돌지만 시동이 안 걸릴 때의 원인은 다음과 같다.

- 연료에 물이 섞여 있다.
- 연료가 오염되었거나 질이 떨어진다.
- 연료 공급라인에 이상이 있다.
- 연료 탱크가 비었다.
- 연료호스가 빠졌거나 꺾여 있다.
- 연료필터가 막혔다.
- 연료 시스템에 공기가 유입되었다.
- 엔진 내부에 연료가 넘쳤다. 이 경우 아이들 레버를 올리고 10초간 크랭킹한다.
- 스파크 플러그가 더럽거나 잘못되었거나 닳았다.
- 스파크 플러그의 간극이 잘못되었거나, 카본이 끼었거나, 젖었거나 탔다.
- 퓨즈가 끊어졌다.
- 점화시스템 부품이 손상되었다.
- 긴급 정지 클립과 랜야드가 빠져 있다.

엔진 아이들이 이상할 때

- 맨 처음 연료가 있는지 점검한다.
- 엔진 트림의 각도가 과도하다.

- 스파크 플러그가 손상되었거나 잘못되었다.
- 연료 시스템이 물이나 먼지에 오염되었다.
- 카뷰레터의 연료호스가 빠져있는지 확인한다.
- 배터리 전압이 낮은지 확인한다.
- 점화플러그가 불량이거나 불안정하다.
- 연료호스 이물질 점검 및 카뷰레터 내부점검을 한다.
- 불꽃은 튀지만 전압이 약할 때는 이그니션 코일 불량이다.

엔진 시동은 잘 걸리는데 배가 전진하지 못하는 경우

- 플라이 휠 고정핀이 파손되었다.
- 엔진과 임펠러의 동력전달 중간 고무패드 및 알루미늄 플랜지가 파손되었다.
- 프로펠러 허브가 헐겁거나 미끄러진다.
- 프로펠러 날이 휘었거나 빠졌다.
- 프로펠러 샤프트가 휘었다.
- 프로펠러가 불결하거나 회전에 제한을 받는다.

엔진의 진동이 과도할 때

- 프로펠러 샤프트가 휘었다.
- 프로펠러가 불결하거나 회전의 제한을 받는다.
- 프로펠러 날이 휘었거나 부러졌다.
- 연료 시스템이 물이나 먼지에 오염되었다.
- 엔진 마운트가 손상되었다.
- SLOW 보호기능이 작동한다.

선외기의 정비

선외기의 내·외부 청소와 프로펠러의 교체, 그리스 주입, 기어오일의 보충·교환, 보호아연판의 교체, 점화플러그의 교환, 임펠러의 교체 등은 사용자가 자가정비를 할 수 있는 부분이다.

그러나 카뷰레터, 시동모터, 점화장치의 전기시스템, 엔진 내부, 기어박스 내부 등은 전문적 지식과 공구가 필요하므로 전문가에게 의뢰하여 정비해야 한다. 수입대리점의 A/S센터나 지정된 수리점을 이용한다.

점화플러그의 점검과 교체

점화플러그는 사용하는 오일과 연료, 사용량에 따라 차이가 있으나 2년 정도마다 교체한다. 점화플러그의 전극 간격은 1mm 정도이며, 오염된 점화플러그의 전극 사이는 샌드페이퍼(600~1000번)를 사용하여 닦는다. 점검은 배선이 연결된 상태에서 도장이 안 된 엔진의 금속 부분에 접촉하면서 시동 조작을 하여 불꽃이 튀는 상태를 확인한

선외기의 점화플러그

다. 이 때 불꽃이 약하거나 튀지 않을 때는 교체한다.

점화플러그는 엔진 모델이 요구하는 정품을 사용해야 한다. 다른 제품을 사용하면 처음에는 괜찮으나 점차 엔진헤드에 금이 가거나 구멍이 발생한다. 메이커 별 점화플러그의 내부저항이 다르고 점화 시 폭발력도 달라 엔진 내부에 영향을 줄 수 있으므로 반드시 엔진 메이커의 엔진 모델이 요구하는 정품을 사용한다.

점화플러그를 분해할 때는 반드시 전용렌치를 사용하고, 취부 시에는 나사가 엇물리지 않도록 특히 주의한다. 나사가 엇물리면 엔진 측 나사가 쉽게 마모되어 현장수리는 불가능하게 되고, 전문가도 이전의 완벽한 상태로 수리를 할 수 없게 된다.

점화플러그를 점검하는 순서는 다음과 같다.

① 먼저 엔진의 시동키를 제거하고, 엔진커버를 연다.

② 점화플러그의 캡을 벗기고, 점화플러그 전용렌치를 사용하여 점화플러그를 푼다.

③ 이격이 되면 손으로 돌려서 빼낸다. 빼낸 자리에 물이나 바닷물, 이물질이 들어가지 않도록 주의한다.

④ 떼어낸 점화플러그의 하단부에 묻은 오일과 그을음을 깨끗한 천으로 닦고, 점검하여 불량일 때는 신품으로 교체한다.

⑤ 점화플러그의 취부는 먼저 손으로 돌려서 조인다. 특히 나사가 엇물리지 않도록 주의해야 함을 다시 강조한다.

⑥ 점화플러그 렌치로 강도에 따라 1/4~1/2바퀴 더 돌려서 조인다. 이때에도 나사선이 마모되지 않도록 너무 세게 조이지는 않는다.

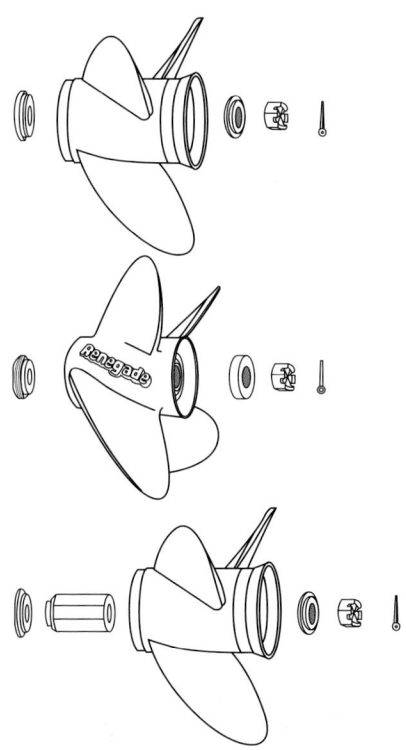

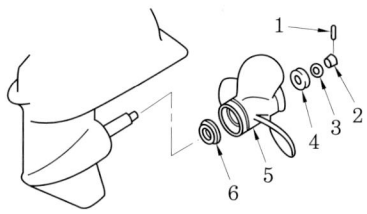

1. 코터 핀(cotter pin)
2. 프로펠러 너트(propeller nut)
3. 와셔(washer)
4. 스페이서(spacer)
5. 프로펠러(propeller)
6. 스러스트 와셔(thrust washer)

프로펠러의 점검과 교체

운항 중 장애물에 닿거나 로프가 걸리면 프로펠러가 손상된다. 연질인 알루미늄 프로펠러가 쉽게 손상된다는 이유로 스테인리스 재질의 프로펠러를 장착하면, 기어박스 내부가 손상될 우려가 높다.

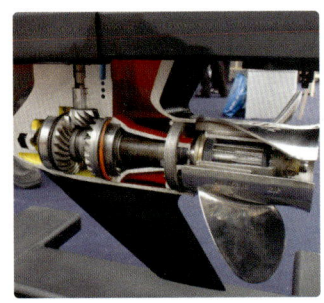

선외기의 기어박스

프로펠러의 경미한 손상도 추진력에 영향을 주며, 회전 시에 이상 진동을 일으켜 샤프트 관련 부품을 추가적으로 손상시킬 우려가 있다. 프로펠러 날개 부분의 마모는 가는 쇠줄로 다듬는다. 상태가 나쁘면 교체하고 아르곤을 용접하는 프로펠러 전문점에 수리를 의뢰한다.

프로펠러의 분해 방법은 다음과 같다.

- 시동키를 제거하고 선외기를 틸트 업하여, 기어를 중립에 놓는다.
- 프로펠러를 고정시키고, 너트풀림 방지핀부터 제거한다.
- 풀어낸 순서대로 나열하되 방향이 바뀌지 않도록 주의한다.
- 수상에서 작업 시 부품과 공구를 망실하지 않도록 특히 주의한다. 하나라도 수장하는 경우 운항이 불가능하게 된다.
- 메이커와 기종 및 연식에 따라 부품은 약간의 차이가 있다.
- 결합은 분해의 역순이며, 부품의 결합방향에 주의하여 결합하고, 코터 핀(cotter pin)은 여러 번 구부리면 부러지기 쉬우므로 가급적 새것으로 교환한다.

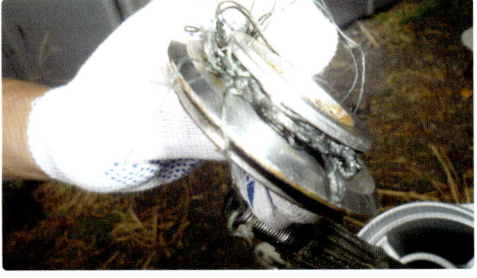

프로펠러에 감긴 합사줄을 제거하지 않으면 심각한 고장으로 연결된다.

기어오일(윤활유)의 보충 교환

기어오일(윤활유)은 1~2년마다 교환하는 것이 좋으며, 오일이 부족하거나 수분이 혼합되었을 경우 기어에 심각한 손상이 발생된다. 기어오일은 기어박스 하단의 윤활유 제거·주입 플러그를 풀고, 흘러나온 오일의 색깔을 보고 쇳가루가 묻어 나오는지 손가락으로 비벼 보아서 점검한다. 정상적인 오일의 색깔은 회색이며, 수분이 혼합된 경우 흰 우유색이다.

오일을 교환할 때는 먼저 선외기를 수직으로 세우고, 아래에 폐유를 담을 용기를 놓은 후 작업한다.

- 상단의 윤활유 레벨 플러그를 푼다.
- 하단의 윤활유 제거·주입 플러그를 풀면 오일이 배출된다. 일부 선외기의 윤활유 제거 플러그는 프로펠러를 탈착하면 프로펠러 안쪽에 있다.
- 윤활유 제거·주입 플러그에 윤활유 튜브(소형엔진)나 윤활유 주입 호스를 연결하고, 천천히 펌프질을 하면서 윤활유 레벨 플러그로 윤활유가 흘러나올 때까지 주입한다.
- 공기가 잔류하지 않도록 시간을 두고, 기포가 나오지 않 으면 상단의 윤활유 레벨 플러그를 먼저 잠그고, 하단의 윤활유 주입 플러그를 잠근다.
- 엔진 시동 후 잠시 저속으로 운전하여 엔진음을 관찰한다.
- 오일펌프가 없는 경우 빈 샴푸 통을 활용할 수 있다.

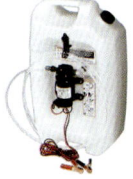

전동식 윤활유
교환펌프

부식방지 애노드의 교체

선외기는 해수에서 작동하므로 금속 부분의 부식을 방지하기 위하여 선외기의 금속보다 부식성이 큰 금속을 부착하여 보호한다. 이것이 선외기의 하부에 도색되지 않은 상태로 부착되어 있는 부식방지 애노드이며, 자연적으로 부식되어 그 기능을 유지하지 못하면 교체하여야 한다.

부식방지 애노드는 모델에 따라 트림 탭이 이 기능을 수행하도록 설치되기도 하는데, 교체 시는 WD-40 등을 충분히 뿌린 다음 무리하지 않게 스크루 드라이버로 떼어낸다.

부식방지 애노드가 도색되면 기능을 수행할 수 없으므로 유의한다.

도색되지 않은 부분이 부식방지 애노드이며, 소형선 외기는 트림탭이 부식방지 애노드를 겸하기도 한다.

냉각수 펌프(임펠러)의 교체

임펠러는 기어박스 속에서 냉각수를 끌어올려서 엔진의 과열을 방지하는 중요한 역할을 수행한다. 합성고무로 제작된 임펠러는 물을 윤활제로 하여, 금속케이스의 벽과 항상 마찰하며 회전하므로 소모성 부품이다.

임펠러의 마모 상태는 실제 분해하여 보지 않으면 확인할 수 없다. 냉각수의 분출이 줄어들거나 엔진이 과열되는 경우 또는 정상적으로 운행되더라도 사용빈도에 따라 1~3년에 한 번씩 점검과 교체를 하는 것이 좋다.

임펠러의 교환은 선외기 기어박스의 구조를 알면 복잡한 작업은 아니나, 고착된 볼트류를 해체하는 것이 어려운 작업이 될 수도 있다. WD-40과 같은 윤활제를 충분히 뿌려서 시간을 두고 굳은 염분이 녹아내리게 하여, 볼트가 부러지지 않게 조심스럽게 다루어야 한다. 선외기의 볼트류를 재결합할 때는 항상 충분한 그리스를 발라두면 차기 작업 시 유리하다.

작업 순서는 다음과 같다.

① 먼저 선외기를 보트에 설치한 상태에서 틸트 업하고, 시동키를 제거, 시동 전원을 차단하여, 작업 중 엔진이 작동하지 않도록 한다.

② 기어박스의 하단 볼트(4개)와 트림 탭을 지지하는 볼트(1개)를 제거한다. 이 때 기어박스가 갑자기 떨어질 수 있으므로 보조자가 이를 잡도록 한다. 분해된 부품은 깨끗한 천이나 작업대에 순서대로 정렬한다.

③ 기어박스를 하부 본체에서 분리하며, 이 때 재결합을 고려하여 결합상태를

잘 보아둔다.

고착되어 잘 빠지지 않을 경우 (−)자 드라이버로 틈을 만들어 흔들면서 당긴다.

④ 임펠러 하우징을 지탱하는 너트 4개를 풀고 하우징을 들어 올린다.

이 때 드라이브 샤프트와 임펠러 사이에 있는 반달키(리테이너 키)가 유실되지 않도록 주의한다.

⑤ 임펠러와 개스킷을 분리하고, 개스킷은 분리된 순서대로 정렬한다.

⑥ 임펠러를 점검하고, 교체 시에는 가급적 개스킷 일체를 동시에 교체한다.

⑦ 결합은 분해의 역순으로 한다. 연결이 잘 안될 경우 플라이휠을 조금씩 돌리면서 연결하고, 너트와 볼트는 교대로 균등하게 잠근다.

⑧ 조립 후 플라이휠을 돌려 상태를 점검한다. 이상이 없을 시 시동전원 스위치를 올리고, 물속에서 운전하며 냉각수 상태를 점검한다.

상단 좌측부터 기어박스 분리, 하우징 들어올리기, 임펠러와 개스킷분리, 분리된 순서로 정렬
하단 좌측부터 임펠러의 점검, 너트와 볼트를 잠금, 분해의 역순으로 결합

파워트림의 수동조작

파워트림의 퓨즈가 끊어지거나 전기장치가 고장난 경우, 선외기가 틸트 업되지 않아 난감한 경우가 있다.

이때를 대비하여 틸팅을 수동으로 조작할 수 있는 플러그가 있다. 메이커에 따라 파워트림 핸들링 플러그의 위치는 조금씩 다르므로 자신의 선외기 파워트림 핸들링 플러그가 어느 것인지는 미리 확인하여두는 것이 좋다. ㅡ자 드라이버로 위치를 바꾸거나 풀면 된다.

엔진을 틸팅 업하면 트랜섬 브래킷에서 파워트림 핸들링 플러그를 찾을 수 있다.

18 수상레저 보험

개인수상레저보험 (의무보험)

수상레저안전법 제34조(보험가입)에 의거 수상레저기구 등록자가 의무적으로 가입해야 하는 보험이며, 미가입 시는 동법 제59조에 의해 50만 원 미만의 과태료가 부과된다.

수상레저기구의 운항으로 인해 다른 사람이 사망하거나 부상한 경우 피해자(피해자가 사망한 경우에는 손해배상을 받을 권리를 가진 자를 말한다)에 대한 보상보험이다.

이 보험은 대인보상책임보험이며, 배상금 1억 원에 자기부담금은 10만 원이다. 즉 사고 발생 시 피해 물건에 대한 보상은 이루어지지 않으며, 대인 피해에 대하여 총 1억 원 한도가 보상되고, 10만 원 이하의 배상과 가해자 자신의 피해는 보상되지 않는다.

가입일 16시부터 보상이 개시되고, 종료일 16시 이전까지의 사고가 보상된다. 구조변경 등을 보험사에 미리 통보하여야 보상이 되는 경우도 있으니, 가입 시 약관을 잘 살펴볼 필요가 있다. 이 보험 가입자는 사고 시 자동차운전보험 가입자가 교통사고처리특례법의 면책을 받을 수 있는 경우와는 달리 민형사상의 면책 혜택은 없다.

2011년 기준 연간 보험료는 등록기구의 승선정원에 따라 다른데, 4인승까지는 160,987원이며, 5인승 이상일 경우 183,582원이다. 이 보험은 시즌에 한정된 단기보험의 가입이 가능하나, 단기 요율과 계절할증이 적용되면, 5~9월(4개월) 보험료가 1년치의 97%에 도달하므로 별 의미는 없다.

운전자 상해보험(선택)

개인수상레저보험으로 보상이 되지 않는 레저보트 조종자 자신의 사고에 대한 보험은 선택보험인 운전자 상해보험에 따로 가입해야 한다. 이 보험은 보트운전자 자신의 사망과 후유장애에 대하여 1억원, 치료비에 대하여 1백만 원을 보상받을 수 있으며, 연간 보험료는 2011년 기준 1인당 50,980원이다.

이 보험은 가입자 개인에 대한 보상보험이며, 운전자가 다수인 경우 각각 가입하여야 한다.

수상레저기구 손해보험

파워요트와 보트, 세일링 요트 등 1억 원 이상 고가의 수상레저기구의 침몰, 좌초, 충돌, 화재, 폭발, 도난과 수상레저기구에 설치된 표준기기, 부속기기, 장비품 등에 대해 수상레저기구 손해보험에 가입할 수 있다.

이 보험은 분손담보와 전손담보로 구분되어 있다. 분손담보는 수상레저기구의 부분적인 손해가 발생되는 경우에 대비하여, 10% 내외의 자기부담금을 설정하여 자기부담금을 초과하는 손해에 대하여 보상받을 수 있고, 전손담보는 수상레저기구의 복구가 불가능한 경우에만 보상을 받을 수 있는데 둘 중 한가지를 선택하여 가입할 수 있다.

수상레저기구의 매매가액과 선체번호, 엔진번호가 포함된 매매계약서와 선박검사증, 선박국적증서, 제원표 등과 수상레저기구의 사진을 수상레저기구손해보험 가입신청서와 함께 제출한다.

그 밖의 수상레저 보험

수상레저안전법의 적용을 받지 않는 20톤 이상의 중대형 레저 선박과 기타 선박은 보험가입이 필요한 경우 따로 대인대상책임담보, 본인신체상대담보, 치료비담보, 수상레저기구손해담보(분손, 전손) 등에 가입해야 한다. 이 보험은 한국해운조합사업부에서 시행하는 공제조합에 가입할 수도 있다.

스쿠버다이빙 보험

레저보트로 스쿠버다이빙 활동 시 가입할 수 있는 보험은 스쿠버다이빙보험이 있다. 이 보험은 반드시 사망사고와 후유장애에 한정되어 보상되며, 인터넷으로 가입이 가능하고 해외다이빙에서도 보상을 받을 수 있다.

보험기간은 10일의 단기간 또는 1년, 3년의 장기간 가입이 가능하며, 보험가입금액은 2011년 기준 10일 15,300원, 1년 34,010원, 3년 85,020원이다. 다이빙강사가 수강생의 사고에 대비하여 가입할 수 있는 보험은 전문인 배상책임담보에 따로 가입해야 한다.

스쿠버다이빙 보험은 다이버가 수중에서 발생된 사고에 대해서만 보상되며, 다이빙 관련 질환, 심장병, 천식, 폐질환, 결핵, 뇌질환 등의 기왕증(병력소유자) 환자에게는 보상되지 않는다.

또한 불법 다이빙, 음주 다이빙, 찍 잠수를 하지 않은 나이빙, 40m 이상의 다이빙 등 안전한 다이빙 규칙을 준수하지 않으면 보상이 되지 않으며, 레저 목적이 아닌 상업적 다이빙, 구조활동, 군사목적 다이빙에서도 보상되지 않으므로 약관을 잘 살펴보아야 한다.

레저장비 견인 자동차보험

보트, 수상 오토바이, 이동식 주택(캐러밴) 등을 견인하는 자동차에 대하여 일부 보험사에서 대인배상Ⅱ, 대물배상, 자기신체사고(자동차 상해), 무보험차 상해의 120% 요율을 적용하는 상품을 취급하고 있다.

19 로프 결선과 매듭

결선과 매듭은 보팅에 있어서 단순히 끈을 묶는
다는 차원이 아니다. 이 작업은 때로는 짧은
시간에 해야 하거나 긴급히 풀어야 할 경우가
발생되기 때문에, 묶기 쉽고 해체하기 쉬운 몇 가지 방법을 따른
다. 이 방법은 해체 후 매듭을 남기지 않으므로 재사
용 시 문제를 발생시키지 않는다. 결선을 확실하게 하
지 않으면 계류된 보트의 닻줄이 풀려 임자 없이
보트가 떠내려 갈 수도 있으며, 실제로 이러
한 황당한 경우가 종종 발생된다.

여러 가지 보트 결선과 매듭

옭매듭 (감치기)

모든 매듭의 기본이 되는 매듭으로서 흔히 막매듭,
오버핸드 노트(overhand knot)로도 불린다. 모든 매듭의
마지막에 옭매듭(감치기)을 하여서 매듭이 풀리는 것을
예방한다.

보라인(bowline)

올가미를 만드는 가장 일반적이고 대표적인 매듭으로서 많은 변형이 있고, 순
서도 여러 가지가 있다. 돛을 고정시키는 매듭방법으로, 물건을 매달거나 잠깐의

계류시에도 유용하다. 매듭이 뒤집어질 경우에는 쉽게 풀릴 수 있는 단점이 있으므로 정확하게 매듭이 되었는지 반드시 확인 해야 하며, 끝줄에 한 번의 옭매듭(감치기) 처리를 더 해주는 것이 확실하다.

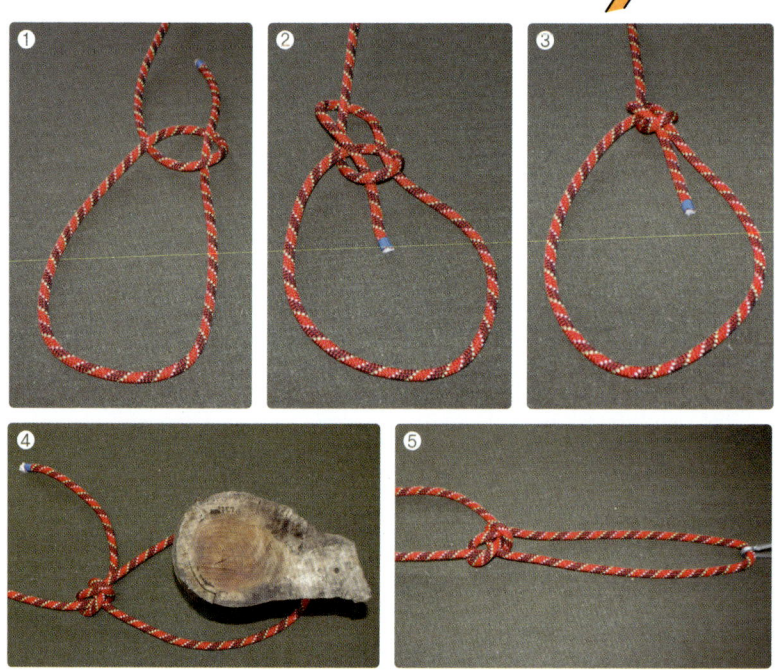

말뚝매기(anchor)

흔히 말뚝매기, 염소매기라 칭하며 암벽등반에서는 클로브 히치 라 한다. 줄을 묶은 상태에서 길이 조정이 쉬워 계류 시에 묶음으 로 활용한다. 통상은 2단계에서 묶음을 끝내지만 원줄의 장력이 떨어지면 풀리기 쉬우므로 마지막으로 끝줄을 원줄에 한 번 더 감치기를 것이 좋다. 해체 시에는 원줄을 당겨서 위 로 벗겨내고, 마지막 감치기 된 끝줄을 푼다.

클리트(cleat : 밧줄걸이)

　보트의 클리트(cleat)에 결박하는 방법이다. 마지막은 8자매기로 끝낸다. 원줄을 한 번 더 감아주면 완벽하다.

피셔맨 매듭(1중)

　두 줄을 연결할 때 가장 많이 사용하는 매듭으로 가장 확실한 매듭이다. 어부매듭으로 불리기도 하며 낚싯줄을 묶을 때에도 많이 사용한다. 강도를 높이기 위하여 2중 3중 매듭을 만들기도 하는데 이 매듭의 특징은 힘을 받으면 받을수록 더욱 단단하게 매듭이 되는 점이다.

이 때문에 충격을 받거나 얼었을 경우에는 풀기가 힘든 단점이 있다. 잘 풀지 않는 곳에 매듭을 한다면 반영구적으로 사용할 수 있을 정도로 강한 매듭이며, 매듭의 모양이 예쁘기 때문에 선호되기도 한다. 또한 가는 코드 슬링을 연결할 때 많이 사용된다. 역시 마지막 끝줄은 옭매듭(감치기)을 한다.

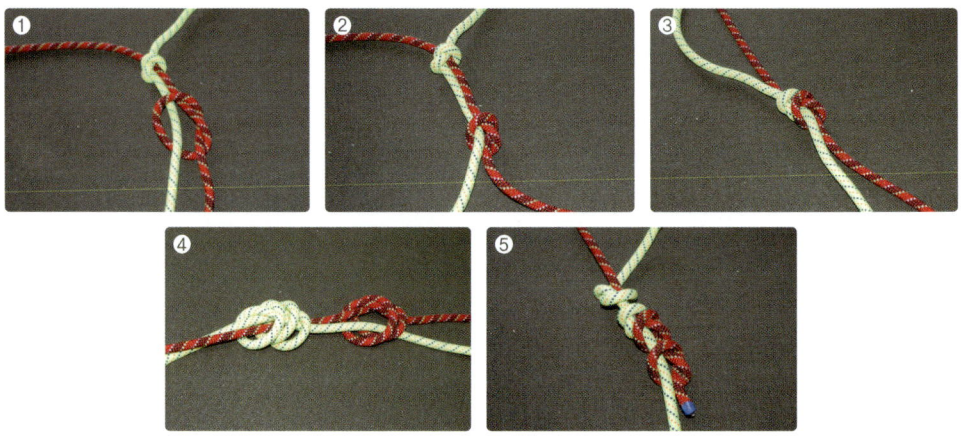

라운드턴 (roundturn)

고리, 닫힌 말뚝 등의 묶음방법이다.

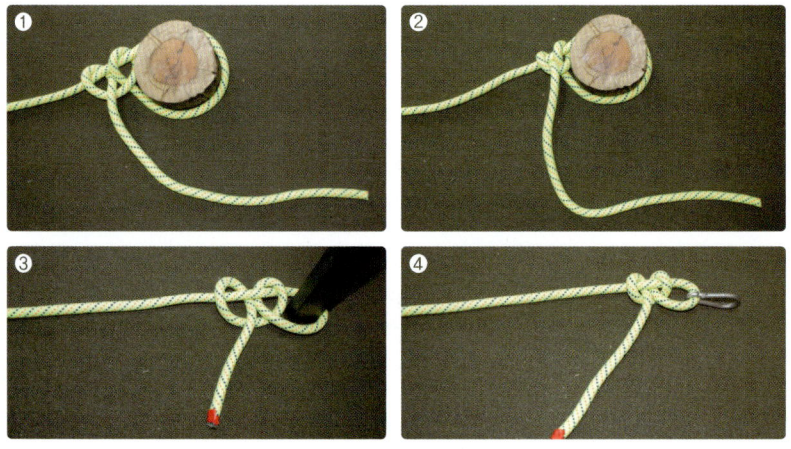

스퀘어 매듭

두 개의 로프를 결선하는 방법이다. 원줄의 장력이 떨어지면 쉽게 풀리므로 각각의 끝줄을 자신의 원줄에 한 번 더 감치면 좋다.

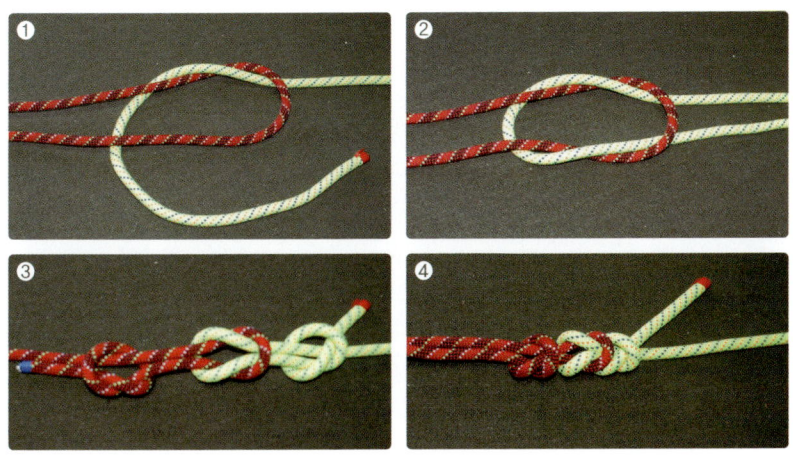

8자 매듭

올가미를 만들거나 짧은 두 줄을 연결할 때, 카라비너, 고리를 연결할 때 사용한다. 강도가 높은 매듭으로 강한 충격을 받았거나 얼었을 경우에도 쉽게 풀 수 있는 장점이 있다. 올가미를 만드는 경우가 아니라면 매듭의 고리를 가능하면 작게 만드는 것이 좀 더 안전하다.

에반스 매듭

낚싯줄에 낚시를 묶는 매듭이다. 반드시 3회 이상 감아야 하고 마지막에 옭매듭 (감치기)을 한다. 원줄을 당기면 조여서 매듭이 완성되며, 당기면 당길수록 힘을 받는다. 풀 때에는 원 줄 쪽으로 고리를 당기면 쉽게 풀 수 있다.

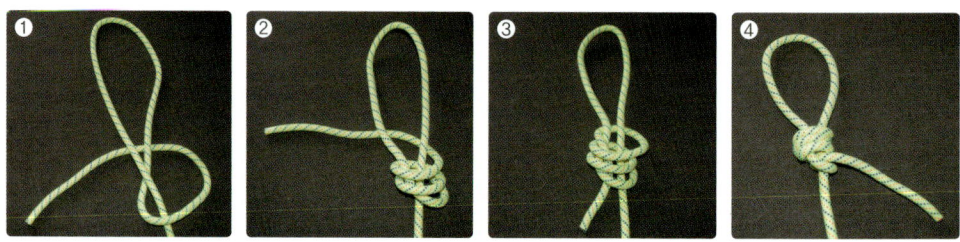

로프의 보관

사용 후 로프는 잘 정리하여 두지 않으면 다음 사용 시 서로 엉키게 되어 난감하게 된다. 정리할 때는 왼손바닥에 오른손으로 줄을 사린다음 끝줄을 두 번 감아서 상단부를 통과시키면서 위로 뽑아 당긴다. 해체 시에는 줄이 엉키지 않도록 끝줄을 잘 잡고 있는 것이 요령이다.

두 번째 방법은 양쪽으로 로프를 사린다음 1미터 정도를 남기고, 고리를 만들어 5~7회 감아 끝줄을 고리로 뽑아내는 것이다.

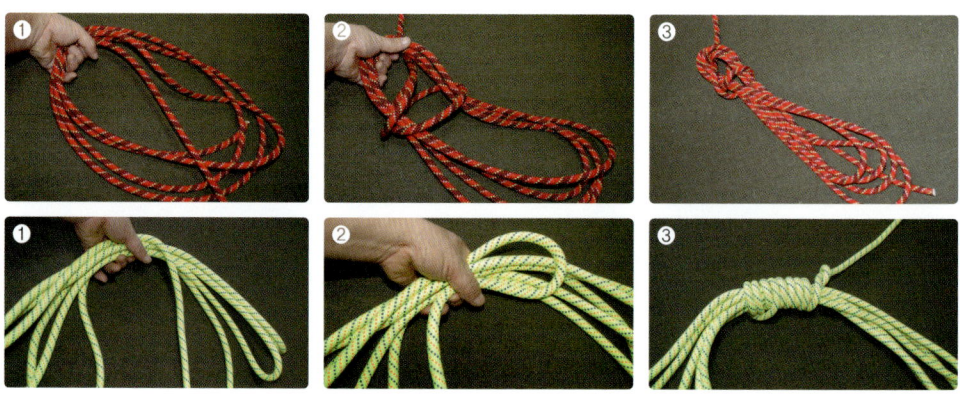

20 조난과 구조

깃발, 경음, 수신호

레저보트 활동 중 연료가 떨어지거나 엔진의 고장 등으로 지나가는 보트에게 지원을 요청할 때, "도와주세요!"하는 소리를 지르고 손을 흔들어 보더라도, 목청껏 불러보는 구조의 목소리는 파도소리와 보트엔진 소리에 묻히고, 지나가는 보트는 단순히 반가운 인사를 해오는 것으로 생각하고 지나치기가 쉽다.

더구나 출발지 항으로 귀항하는 보트는 일몰시간과 인양 물때에 시간을 맞추기 위하여 여유시간이 부족하여, 정선된 보트가 낚시를 하고 있을 것으로 판단하기 쉽다. 그러므로 휴대전화나 무선통신이 아니라면 지나가는 보트에 구조요청 의사를 전달하기가 쉽지 않다.

이 때 국제신호기의 V기, W기, Z기는 유용한 지원요청 깃발이 될 수 있다. V기는 '구호를 요청한다.' W기는 '의료지원을 요청한다.' 영화 "Z기를 내걸어라"로 유명한 Z기는 '예인을 요청한다.' 는 신호 깃발이다.

 V기  W기  Z기

경음신호는 SOS 즉 단음 3회, 장음 3회, 단음 3회이다. 단음은 1초, 장음은 4초 정도의 지속시간으로 보내며, 불빛신호(경광신호) 역시 짧게 3회, 길게 3회, 짧게 3회이다.

황색연막을 올리거나, 양팔 또는 흰색깃발을 수평으로 벌리고, 아래로 오르내리는 동작을 반복하는 것도 구조요청신호이다.

수신호는 팔을 수평으로
하여 아래로 오르내리는
동작을 반복한다.

경음과 불빛 신호의
"SOS"는 짧게 3회(S),
길게 3회(O), 다시 짧게
3회(S)를 반복한다.

깃발 신호는 V기,
W기, Z기를 게양하여
구조를 요청한다.

EPIRB(비상위치 지시용 무선표지)

비상위치 지시용 무선표지(EPIRB : Emergency Position Indicating Radio Beacon) 시스템은 구조 조난자의 위치신호를 자동적으로 송신하는 장치로서 국제적으로 쓰이며, 2,182kHz, 121.5MHz, 243MHz 등을 사용한다. 선박 안전법에는 조난 신호 자동 발신기, 전파법에는 조난 자동 통보 설비 등의 용어가 쓰이며 부표식의 것은 SOS 부표라고도 한다.

이퍼브라고도 불리는 이 장비의 작동원리는 송신장치가 바닷물에 침수되면 자동으로 위치신호를 송신하여 SAR(search and rescue) 기관에 구조를 요청하는 것이다. 송신 주파수의 대역에 따라 VHF 무선전화 통화권에서 구조요청을 하게 되는 VHF EPIRB(ch70 156.52MHz)와 INMARSAT 정지위성으로 조난정보를 송신하는 1.6GHz를 활용하는 INMARSAT EPIRB 시스템, 그리고 404MHz 주파수 대역으로 송신하는 COSPAS-SARSAT EPIRB 시스템 등이 있다.

이 중 INMARSAT EPIRB 시스템은 위성통신 가청범위가 남북위 70도 이내이며 측지기능이 없어 위치정보를 통신문으로만 송신이 가능하지만 대신에 전송 10분 이내에 육상으로 전달이 가능하다. COSPAS-SARSAT EPIRB 시스템은 극궤도 선회위선을 활용하므로 지구 전지역으로 송출이 가능하지만, 지상 약 1,000km에서 위성이 돌고 있으므로 송신에서 육상 전달까지 70여 분이 소요될 수도 있다. 실용적인 장비들은 2~3대역의 주파수를 동시에 출력하므로 상호보완작용을 통하여 신속히 구조가 가능하도록 제작되어 시판되고 있다.

전자장비의 발전에 따라 추가로 사람이 물에 빠진 상황에 대비하거나 EPIRB와 별도의 추가 장비를 장착하여 비상시에 위치를 추적하고 구출에 도움을 주는 장비들이 하루가 다르게 출시되고 있다. 이러한 장비들의 채택기준은 어떠한 조건에서도 위급 시 구조요청 위치신호(가급적 WAS 84좌표)를 정확히 송신하고, 신속하게 365일 24시간 조난신호를 수신하여 조직적인 구조조정본부(RCC)에서 해양경찰과 같은 SAR(search and rescue) 기관에 구조를 요청할 수 있는가를 확인하는 것이다.

EPIRB(비상위치 지시용 무선표지) 시스템의 설치는 전파관리소의 설치허가를 받아야 한다.

스팟 위성 GPS 메신저 (SPOT satellite GPS messenger)

프랑스가 개발한 스팟 위성을 통하여 구조자의 위치를 전송하는 스팟 위성 GPS 메신저(SPOT satellite GPS messenger) 시스템은 EPIRB보다 옥외활동과 실생활에 적응 가능하도록 개발된 위치확인 시스템이다. SOS 송신 기능뿐만 아니라 추가옵션을 구입하면 사전 등록된 연락처로 WAS-84 위치좌표정보를 핸드폰 메세지나 구글맵에 연동된 이메일로 전송한다. 또한 위치정보를 추적하는 기능과 구글맵에 위치정보를 표시하는 기능을 갖추고 있으며, 이 기능들은 심지어 보트의 연료부족 등 단순한 기능 고장도 상태를 내가 도움받고자 하는 지인에게 즉시 통보하여 줄 수도 있다.

전자기술의 발전에 따라 시간이 경과되면 보다 편리한 기능들이 포함된 이러한 종류의 위치확인 시스템을 발전시켜 출시하게 될 것이다.

해상무전기에 의한 구조요청

보트에서 위험 시 사용하는 음성통신은 마린 VHF 16번 채널(156.8MHz, 통달거리 약 35~40 마일)과 SSB 2182kHz(통달거리 약 1000 마일. 시간대에 따라 더 멀리 갈수도 있다)를 이용하며, 그 외 단파대로 4125kHz, 6215kHz, 8291kHz, 12290kHz 및 16420kHz도 사용된다.

보트에서 위험 시 구조요청을 하는 음성통신은 VHF 156.800 MHz(마린 채널 16번) 등을 이용하여 조난 통신을 송출한다.

보트가 충돌이나 파손, 화재 등등의 사유로 침몰할 정도의 위험이 있을 때 조난 (distress)통신을 송출하며

① Mayday, Mayday, Mayday를 3회 반복하고

② This is ○○○, ○○○, ○○○(여기는 ○○호) 라고 자신의 콜 사인이나 선명을 3번 송신한다.

③ 잠시 기다린 후 응답이 없으면 반복 송신한다.

④ 응답이 오면 자신의 위치(좌표나 주요 지형물로부터의 방위와 거리)를 말하고 간략한 현재의 사고 상황과 도움을 원하는 내용, 배의 종류와 크기, 승선인원 등을 알려준다.

⑤ 끝으로 대기하는 채널(주파수)을 송신한다.

보트가 침몰할 정도는 아닌 상황이거나 환자 발생 등 긴급사항이 발생 시에는 위급(urgency)통신(pan-pan, pan-pan, pan-pan)을 송출한다. 조난신호의 ②~⑤와 절차는 동일하다.

조난신호나 위급신호를 수신한 다른 선박은 구조에 혼선을 주지 않기 위하여, 배가 침몰하거나, 기상이 나쁘지 않은 상황에서의 단순한 엔진고장 등은 조난상

황이 아니므로 조난신호를 송출해서는 안 된다. Mayday를 불렀을 때에는 사람만 구조하고 배는 포기한다는 의미이다.

교신의 'Over'는 '송신을 끝내고 수신을 기다린다.', 'Roger', 'Received', 'Romeo', 'Copy'는 '당신이 송신한 내용을 모두 수신했다.', 'Out'은 '교신을 종료한다.'는 의미로 사용한다.

핸드폰이나 위성전화기로도 교신지역에서는 구조요청이 가능하며, 자신의 위치를 정확히 알려주고, 지역의 조류나 바람방향을 알려 주는 것이 좋다. 구조자와 접촉이 이루어질 때까지 무전기와 핸드폰의 배터리를 아껴두어야 한다는 것을 잊어서는 안 된다.

122 구조요청

육지에서 긴급재난구조를 119에 요청한다면 바다에서의 구조는 122번 해양경찰 구조본부가 그 역할을 한다. 122에 구조요청이 접수되면 가장 가까운 해경함정이 구조에 투입되며, 필요 시 해군과 민간구조대도 협력하여 구조활동을 펼치게 된다.

구조요청을 하였다가 지나가는 어선이나 다른 보트에 의해 구조되거나 자력으로 위기상황을 벗어나면, 반드시 122번 해양경찰구조본부에 상황이 종결되었다는 사실을 알려서 구조활동이 종료되도록 하여야 한다.

헬리콥터에 의한 구조

아직 우리나라는 해상에서 헬기에 의한 구조 활동은 많은 사례를 가지고 있지는 않다. 그러나 레저보트 활동인구가 증가하면 산악구조에서와 마찬가지로 헬기에 의한 구조 활동도 예상되는 구조수단이다.

그러나 구조하려는 헬리콥터와 구조받는 보트가 각각 바람과 파도의 영향을 받고 레저보트 데크는 좁으므로 헬리콥터 구조는 고도의 비행술을 요구하는 고난도 비행이다.

먼저 헬기에서 보내주는 구조용 로프는 헬기의 윈치맨이 보트 데크에 하강하는 줄이다. 하강줄을 잡고 윈치맨이 안전하게 보트 데크에 착륙할 수 있도록 도와야 하며, 이때 보트를 고정하기 위하여 구조용 로프를 보트에 결박하거나, 자신의 몸을 묶어서는 안 된다. 헬기가 상승기류를 타고 고도가 올라가면 보트가 뒤집어지는 등 위험한 상황에 빠질 수 있다. 먼저 윈치맨의 하강 로프는 충분히 여유를 가지도록 확보하여야 한다.

구조받는 보트는 선수를 바람이 불어오는 방향에 놓아 헬기의 구조 활동을 돕는다. 헬기에 의한 구조 순서는

① 구조하는 헬기가 보트에 접근하면서 윈치맨의 하강줄을 내린다.
② 윈치맨이 보트데크에 하강하기 위한 하강줄을 잡는다.
③ 하강 줄은 윈치맨이 아닌 다른 선승원의 몸이나 보트에 묶으면 안 된다.
④ 윈치맨이 하강줄로 보트에 내려와서 구조자를 하강줄에 연결한다.
⑤ 구조자와 윈치맨이 보트를 이함한다.

위치맨의 하강줄을 보트나 선승원의 몸에 묶으면 보트가 전복되거나 위험하다.

레저보트 데크는 좁으므로 바람과 파도의 영향을 받는 보트와 헬기는 또 다른 위험에 처할 수 있으므로, 그 절차를 숙지하고 있어야 한다.

21 보트 낚시(boat fishing)

보트 낚시의 즐거움

'이번에는 시장 어물전에서 보아오던 팔뚝만한 삼치가 아니다. 내 허벅지만한 삼치를 낚았다. 후크 세트를 하고 나서 랜딩까지 걸린 시간이 아마 10분은 넘었을 것이다. 텐션을 유지하면서 삼치의 목숨 건 저항에 오른쪽, 왼쪽으로 삼치와 주도권을 빼앗는 릴링은 긴장감으로 손맛을 만끽하려는 조금의 여유도 허락하지 않는다. 그렇게 4~5분……. 맑고 푸른 바닷물 속에 살던 삼치가 수면에 그 모습을 나타내었다. 놀라는 순간도 잠깐, 삼치는 마지막 힘을 모아 다시 릴을 쏴~악 풀어 바다 속으로 사라진다.

그렇게 몇 번을 힘겨루기를 하고 나서야 삼치는 나의 포로가 되어주었다.(하략)'

보트로 하는 바다낚시는 언제나 스릴과 서스펜스로 보팅의 즐거움을 몇 배로 키워 준다. 한적한 호수에서 조용하게 하는 것이 민물낚시라면, 바다낚시는 친한 사람들과 어울려 왁자지껄 떠들면서 때때로 잡은 생선으로 회를 먹으면서 진행되어 한 주일의 스트레스를 한방에 날려준다.

낚시의 종류와 방법은 물고기 종류와 서식지에 따라 다르므로, 민물과 바다를 합치면 수십 종류가 넘는다. 또한 민물고기는 바닷고기에 비하여 예민하므로 그 종류와 방법이 더 복잡하다. 그리고 배스나 쏘가리 낚시를 제외하면 민물의 보트낚시에는 더 많은 까다로운 기술이 필요하므로 본 장에서는 바다에서 하는 보트낚시의 기본적 개념을 소개하고 더 많은 낚시기법은 해당 서적을 접하여 주기를 바란다.

보트 낚시의 즐거움

흘림낚시

바다낚시의 가장 기본적 방법이다. 조류의 세기에 따라 50~100호의 봉돌을 사용하여, 배에서 줄을 수직으로 내려서 하는 낚시를 고패낚시라고 한다. 조류의 영향으로 낚싯줄이 수직으로 가라앉지 않고 흐르게 되므로 보트가 조류와 바람에 밀리지 않도록 엔진을 작동하거나 포인트를 향하여 배흘림을 한다. 중층부터 바닥에서 놀고 있는 물고기를 이 방법으로 낚는다.

대표적 대상어종은 조피볼락인 우럭이며 망둥이, 갑오징어, 쭈꾸미, 광어 등도 흘림낚시의 대상어종이다. 암초와 인공어초(人工魚礁) 주변에서는 쥐놀래미, 농어, 참돔, 볼락, 쏨뱅이, 전갱이 등을 노릴 수 있다.

채비가 바닥의 장애물에 걸리는 것을 방지하고, 대상어종을 유인하기 위하여 미끼에 움직임을 주는데, 시작부터 끝까지 낚싯대를 올리고 내리기를 반복하는 것이 고패질의 특성이다. 그 속도와 유격, 범위가 포인트의 특성과 어종의 욕구를 충족하면 좋은 조과를 거둘 수 있다.

흘림낚시의 가장 기본적인 우럭(광어) 철사편대 채비는 낚시점에서 묶음채비를 구입하여 사용한다.

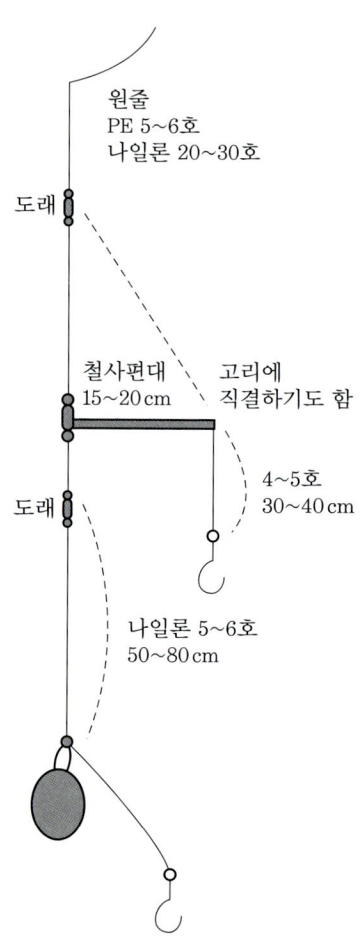

원줄
PE 5~6호
나일론 20~30호

도래

철사편대
15~20cm

고리에
직결하기도 함

4~5호
30~40cm

도래

나일론 5~6호
50~80cm

흘림낚시의 가장 기본적인 우럭(광어) 철사편대 채비는 낚시점에서 묶음채비를 구입하여 사용한다.

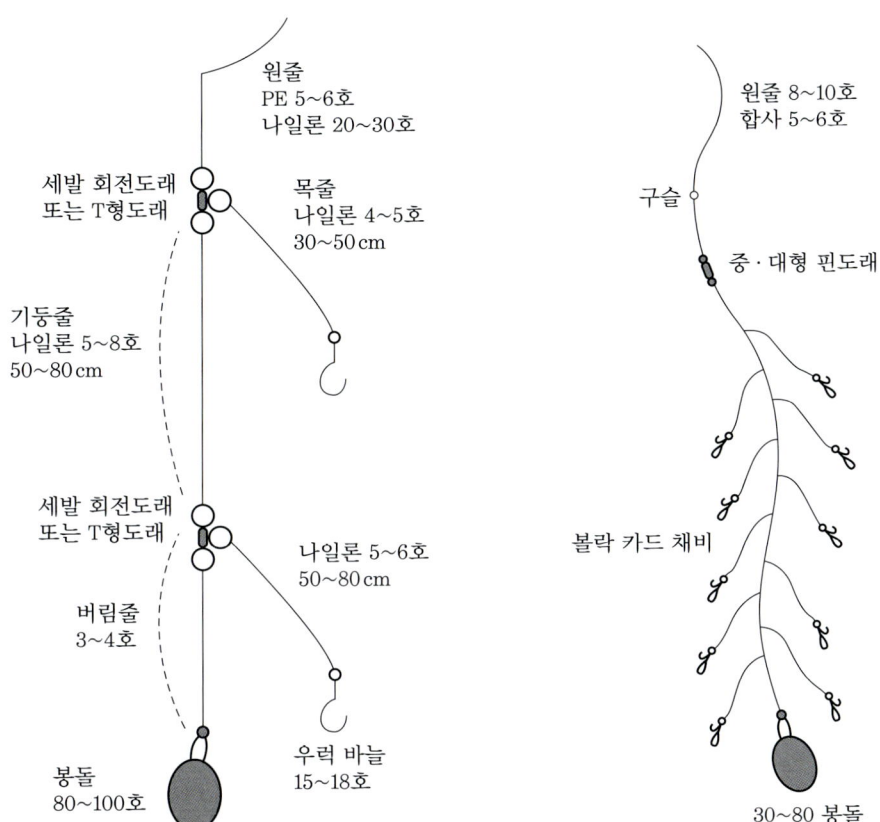

원줄
PE 5~6호
나일론 20~30호

세발 회전도래
또는 T형도래

목줄
나일론 4~5호
30~50 cm

기둥줄
나일론 5~8호
50~80 cm

세발 회전도래
또는 T형도래

나일론 5~6호
50~80 cm

버림줄
3~4호

봉돌
80~100호

우럭 바늘
15~18호

원줄 8~10호
합사 5~6호

구슬

중·대형 핀도래

볼락 카드 채비

30~80 봉돌

우럭(광어) 가짓줄 채비는 침선 등 수심이 깊은 지역을 공략할 때 주로 사용한다.

일명 카드채비라 불리는 볼락카드채비는 열기, 고등어 등을 공략할 때도 사용한다. 초보자는 10개가 달린 비늘을 1/2로 나누어서 사용하면 채비 다루기가 쉽다.

루어낚시 (lure)

　루어(lure)라는 말의 뜻은 '가짜미끼' 이다. 루어는 작은 물고기나 곤충 등의 모양을 하고 있으며, 금속·플라스틱·고무·비닐 등으로 만들어져 있다. 루어낚시는 루어를 던졌다가 감아 들이는 동작을 반복하여 물고기의 식욕을 자극하여 물고기를 낚는 낚시이다. 포인트의 선정, 루어의 선택, 릴을 감는 조작 등이 조과를 좌우한다. 루어는 어분을 손에 묻히지 않아도 되므로 여성들에게도 인기가 있다.

　루어낚시의 대상어로는 민물낚시의 경우 무지개송어, 산천어, 곤들메기, 쏘가리, 끄리 등, 바다낚시의 경우 농어, 마래미, 넙치, 다랑어, 만새기, 전갱이, 고등어 등이 있다.

　루어에 사용되는 가짜미끼 웜(worm)은 지렁이나 벌레 등을 모방하여 실리콘이나 합성수지, 금속으로 제작되며, 대표적인 웜은 그럽, 튜브, 이미테이션, 미노우(저크 베이트) 등이다.

웜은 이외에도 여러 가지 종류와 색깔이 있다.

　개구리 모양을 한 프로그(frog), 수면에서 물보라와 물소리를 발생하는 스크루가 장치된 스위셔(swisher), 수면에서 물의 저항을 받아 강한 음파와 기포를 발생하도록 고안된 포퍼(popper)와 같은 기능이나 몸체가 길쭉한 처거(chugger), 피라미와 같은 조그만 물고기 모양인 미노우(minnow), 미노우에 비해 몸체의 폭이 넓은 섀드(Shad), 펜슬 베이트(pencil bait), 바이브레이션(vibration), 스피너 베이트, 크랭크 베이트(crank bait), 러브 지그 등이 있다. 루어낚시는 공략하는 대상어종의 기호에 맞는 루어를 선택하는 것이 첫 번째 기술이라 말할 수 있다.

지깅낚시

　바다에서 하는 일종의 루어낚시로 노리는 수심에 따라 포퍼(주로 표층용), 메탈지그(보통 60g~300g)를 사용한다. 무게에 따라 중층에서 심층까지 사용 가능하며, 노리는 어종은 방어, 부시리, 대구, 우럭, 농어, 능성어, 상어 등이다. 지깅은 루어에 주는 액션이나 미끼 자체이므로 사람의 역할이 크다.

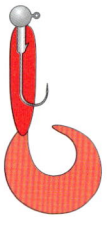

지그 헤드

메탈지거는 낚시에 납이나 금속을 덧붙여 물에 가라앉도록 고안되어 있으며 종류도 다양하다.

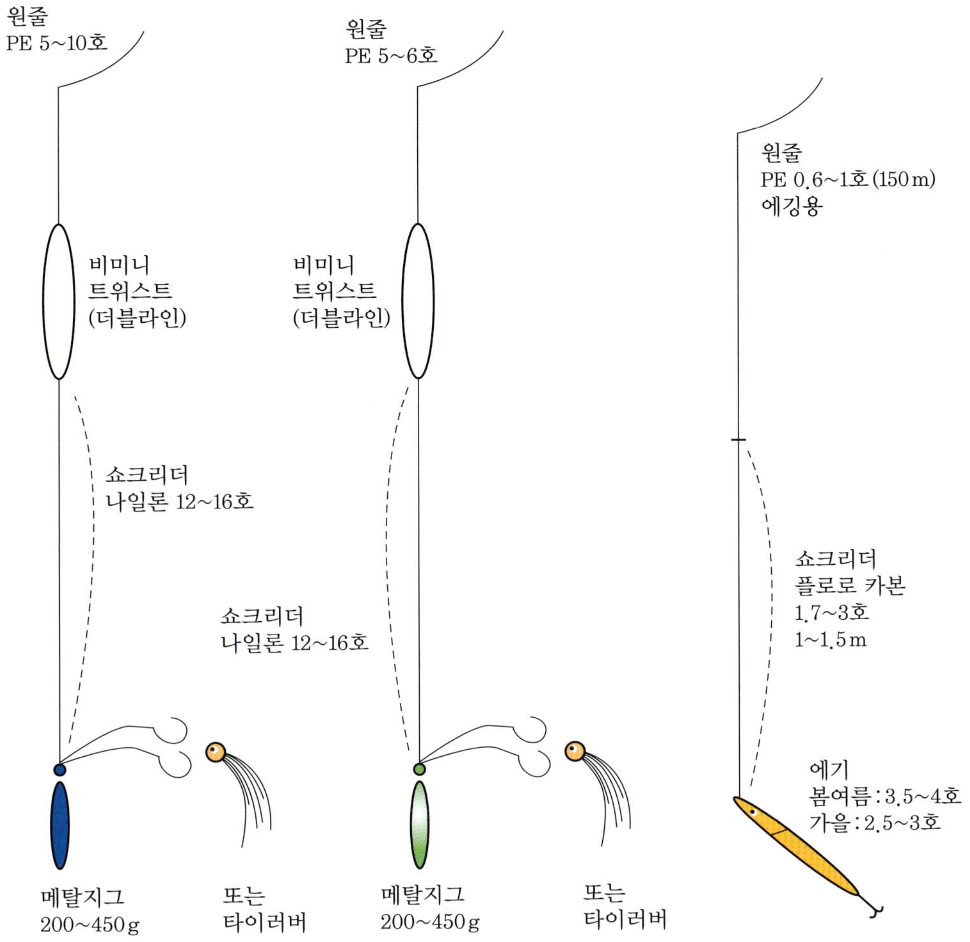

원줄
PE 5~10호

원줄
PE 5~6호

원줄
PE 0.6~1호(150m)
에깅용

비미니
트위스트
(더블라인)

비미니
트위스트
(더블라인)

쇼크리더
나일론 12~16호

쇼크리더
나일론 12~16호

쇼크리더
플로로 카본
1.7~3호
1~1.5m

에기
봄여름 : 3.5~4호
가을 : 2.5~3호

메탈지그
200~450g

또는
타이러버

메탈지그
200~450g

또는
타이러버

부사리, 대구 지깅 채비

농어 지깅 채비

오징어 에깅낚시 채비

에깅낚시

에깅낚시 역시 에기 또는 에자라는 가짜미끼를 사용하는 루어낚시의 한 형태이다. 오징어와 같은 연체동물 두족류는 자기의 활동구역에 들어온 침입자를 공격하는 습성이 있는데 이를 이용한 낚시방법이며, 갑오징어, 오징어, 쭈꾸미 등을 공략한다.

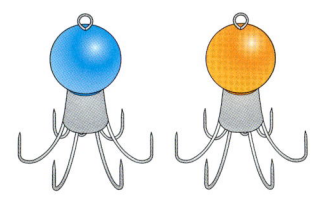

쭈꾸미 낚시에 사용되는 에자는 최근에는 여러 가지 색상이 나와 있다.

트롤링(trolling) 낚시

견지낚시라고도 하며 낚싯대를 보트의 선미에 거치하고 낚싯줄을 보트 후방으로 늘어뜨려 보트를 저속이나 고속으로 움직이며 하는 낚시이다. 대상어종의 습성, 서식지, 크기 등에 따라 보트의 속도를 조정하며, 미끼는 때로 루어를 사용하기도 하나 주로 생미끼를 사용한다. 낚시꾼은 선미(船尾)를 바라보고 않으며, 고등어, 가다랭이, 방어, 다랑어, 만새기, 청새치, 돛새치, 참치, 부시리, 방어, 삼치 등을 노린다.

보트낚시의 장비

낚싯대

보트에서의 낚싯대는 2피스의 200cm 내
외의 우럭낚싯대와 지깅낚싯대가 기본이다.
아울러 2~3피스의 루어대를 하
나 더 준비하면, 어종에 따라 별
난 재미를 더할 수 있다.
좀 더 손맛을 느끼고 싶다
면 어종에 따른 전용대가 필요
하다.

맨 위부터 루어대,
루어대, 우럭대,
지깅대

릴

릴은 루어릴과 스피닝릴, 장구통릴, 전동릴이 있
다. 어종에 따라 충분한 견인력을 갖는 릴을 준비한다.
초보자는 우럭용 4~6kg 정도의 견인력을 갖는 장구통릴을
추천한다.
루어용 소형 스피닝릴은 12~16파운드, 150m 정도의 줄이 감기는

릴이 좋으며, 돌돔이나 우럭은 2500~3000번의 중대형 스피닝릴, 또는 장구통릴을 준비하고, 침선 등 수심이 깊은 장소를 공략할 때는 전동릴을 준비한다.

릴은 스피닝릴, 루어릴, 장구통릴, 전동릴이 있으며 어종에 따라 충분한 견인력을 갖는 릴을 준비한다.

채비, 봉돌

채비는 어종에 따라 다르다. 장소와 계절에 따라 민감한 차이를 보이므로 해당 지역 낚시점의 조언을 받아 준비하는 것이 좋다. 초보자의 경우 바다낚시점에서 판매하는 묶음채비를 사용하여도 무방하다.

쇠봉돌

바다낚시에서 봉돌은 환경보호 차원에서 점차 납봉돌에서 쇠봉돌을 사용하는 추세다. 조류의 강도에 따라, 또는 지형에 따라 30호에서 100호 봉돌을 사용한다.

미끼

미끼 역시 어종에 따라 구별되는데. 갯지렁이, 크릴새우 등이 주로 사용되고 우럭낚시를 위하여 미꾸라지나 물오징어를 썰어 사용하기도 한다. 크릴새우는 영양가가 뛰어난 미끼로 특히 감성돔, 볼락, 망상어, 학꽁치 등의 연안 어종에는 최고의 미끼로 활용된다. 미끼 역시 장소와 물때, 계절과 대상어종에 따라 달리하는 것이므로 지역 낚시점의 추천을 받는 것이 좋다.

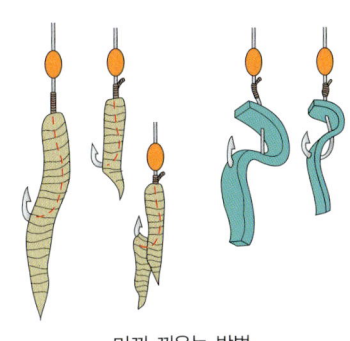

미끼 끼우는 방법

보트낚시의 주의사항

- 동일 보트 내에서는 동일한 채비와 같은 중량의 봉돌을 사용하고, 포인트 이동이 잦으므로 선장의 지시에 따라 낚시를 내리고 거둔다. 이 원칙을 무시하면 조류의 영향으로 수중에서 낚싯줄이 서로 엉키어, 낚시가 불가능하게 된다.
- 선미에서 낚시할 때는 이동, 출발, 시동 등의 보트 운행에 집중하여 PE라인이 프로펠러에 감기지 않도록 각별히 주의한다. PE라인이 프로펠러에 감기면 엔진의 하부기어가 손상된다.
- 보트 내에서 자리를 잡으면 특별한 합의가 없는 한 좌석을 이동하지 않는다. 다른 사람의 낚시를 방해하지 않도록 각별한 배려를 하여야 좁은 선내에서 상호 스트레스를 받지 않는다.
- 흡연은 휴식시간을 이용하고, 인화물질과 다른 사람의 피해를 배려하여 바람의 방향에 따라 자리를 잡는다.
- 루어낚시는 캐스팅을 할 때 후방과 측면의 안전을 확인하고, 무리한 오버헤드 캐스팅을 삼가며 언더 헤드 캐스팅을 구사한다. 무의식적으로 하는 격렬한 라스트 저킹에 메탈지그가 수면 위로 튀어 올라 이마를 다치게 하는 경우도 있으니, 방어낚시를 하여야 한다.
- PE라인에 손가락을 다치지 않도록 반드시 장갑을 착용한다.
- 어종에 따라 지느러미에 독이 있거나(쏠베감펭이, 우럭, 볼락 종류), 이빨이 손가락을 끊을 정도로 강한 종류(곰치, 복어, 갈치 등)도 있고, 전기가오리 등과 같이 고압의 전기를 발생하는 유해한 종류가 있다는 점도 미리 알아야 한다.
- 보트 낚시의 수확물은 별도의 사전 약속이 없는 경우 탑승자 전체의 공동소유물이 된다.

우럭 낚시

우럭낚시의 방법은 고패질이다. 고패질은 바닥을 확인하고 수중 장애물에 채비가 걸리는 것을 방지하며, 미끼를 움직이게 하여 고기를 유인하고, 고기가 입질한 순간을 포착하기 위하여 낚시줄을 천천히 올리고 내리는 것을 반복하는 기술이다. 물의 흐름과 장소에 따라 고패질의 크기와 속도를 조절하는 것이 꾼의 기술이다.

우럭낚시의 준비물

- 180cm 내외의 우럭낚싯대
- 장구통릴, 스피닝릴 또는 전동릴
- 우럭채비(철사편대 채비 또는 가짓줄 채비). 주로 묶음 채비를 구입하여 사용한다.
- 미꾸라지, 오징어, 갯지렁이 등의 미끼
- 원줄은 나일론 5~6호 또는 합사 2.5~3호 를 사용한다.
- 30~100호의 봉돌

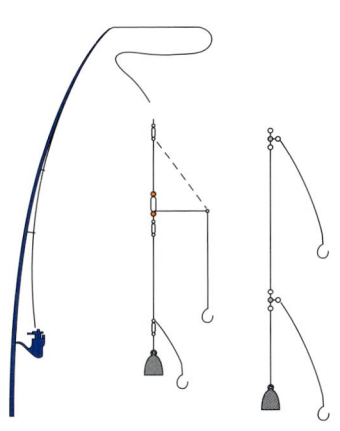

우럭낚시의 철사편대 채비와 가짓줄 채비

우럭루어 낚시의 준비물

- 2~3피스의 루어대, 6~7피트 라이트 또는 미디엄라이트를 사용한다.
- 루어릴(소형 스피닝릴). 나일론줄 2호가 150m 감기는 크기
- 1/16~1oz의 지그헤드
- 원줄은 나일론줄 1~3호를 사용한다.
- 2~2.5인치의 그럽 웜
- 기타 응용채비를 위한 구멍봉돌, 1/2~1/16oz 의 다운싱커(봉돌), 구슬, 도래 등

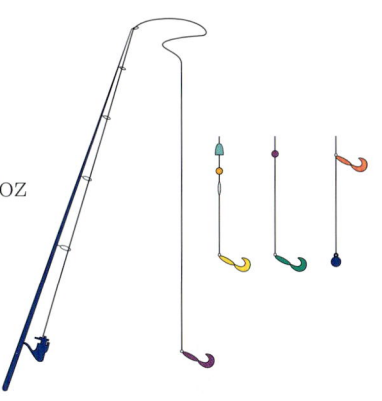

우럭 루어낚시 채비

잡은 물고기의 신선도를 유지하는 법

넓은 바다 속에 살던 바다 물고기를 잡아서 낚시꾼의 살림망에 넣어두는 것은 의미가 없다. 가급적 살아있는 동안에 아가미 부분을 찔러서 피를 빼내고, 가능하면 내장을 제거하도록 한다. 이는 아이스박스에 담을 때도 마찬가지이다.

감성돔이나 농어 등은 꿰미에 꿴 채 피를 빼고, 바닷물에 넣어두면 깨끗이 피가 빠진다. 피를 빼는 것은 감염을 막으며, 생선 비린내와 바다 냄새를 제거하는 동시에 고기의 신선도를 유지하는 중요한 처리절차이다.

루어 용어

action(액션) : ① 낚시대의 강도나 휨새

② 릴을 감는 속도의 증감이나 로드의 움직임으로 루어가 물속에서 움직이는 모습

bait(베이트) : 미끼

feeding(피딩) : 대상어의 먹이 활동. 먹이가 되는 작은 물고기를 잡아먹는 현상

feeding area(피딩에리어) : 대상어의 먹이 활동 지역으로 흔히 말하는 '포인트'를 지칭

grub(그럽) : 꼬리가 달린 애벌래 모양의 웜. 주로 우럭낚시에 사용하며 작은 것은 볼락루어낚시에도 효과가 있다.

hit(히트) : 대상어가 루어를 공격하여 바늘에 걸리는 것

hook keeper(후크 키퍼) : 낚싯대 손잡이 위에 달린 작은 고리로 바늘걸이를 말한다. 채비를 접지 않고 근거리를 이동할 때 유용하게 사용한다.

hook set(후크 세트) : 고기가 바늘에 걸렸을 때 다시 한 번 챔질하여 제물걸림이 되게 하는 것

jerk(저크) : 낚싯대를 옆이나 아래로 챔질하듯 세게 당겨 빠르고 강하게 루어를 움직이게 하는 테크닉

jig(지그) : 모양이나 액션보다는 무게감을 주기 위하여 만들어진 루어를 말한다. 바늘 위에 납을 고정시킨 형태가 일반적이며, 털이나 스커트를 달아서 쓰기도 한다.

jiging(지깅) : 루어의 동작을 수직형태를 만들어 내는 기법으로 고패질과 형태는 유사하나 보다 빠른 속도로 강한 액션을 만들어 내는 것이 특징이다. 대구 지깅에서 많이 사용하는 기법

jighead(지그헤드) : 바늘귀 부분에 납이나 금속을 붙여 만든 것으로 웜을 끼워 사용한다.

landing(랜딩) : 바늘에 걸린 고기를 물 밖으로 끌어내는 동작

lunker(런커) : 큰 고기, 대물

over head casting(오버 헤드 캐스팅) : 가장 많이 사용되는 캐스팅 방법으로 낚싯대를 머리 위로 휘둘러서 루어를 던지는 기술

plug(플러그) : 딱딱한 나무나 플라스틱 등의 소재로 만든 루어

popping(포핑) : 루어를 수면 위로 끌어서 퐁퐁 소리가 나도록 하는 루어 테크닉

prop bait(프롭 베이트) : 프로펠러가 달린 탑 워터(수면 위) 플러그

pumpin(펌핑) : 낚싯대를 위로 들어서 라인을 확보하고, 앉으면서 라인을 회수하는 기법으로 대물을 랜딩할 때 사용하는 기법이다.

limit(리미트) : 제한된 마리 수의 기준

lipping(리핑) : 물고기의 아랫턱을 잡고 들어 올리는 방법

live bait(라이브 베이트) : 생미끼

lure(루어) : 가짜미끼

reeling(릴링) : 릴을 감아 들이는 것

release(릴리즈) : 잡은 고기를 다시 놓아 주는 것

rig(리그) : 낚시채비, 루어, 바늘, 리더라인, 싱커, 도래, 비드 등의 결합방식

rod(로드) : 낚싯대

rod work(로드워크) : 낚싯대로 루어의 움직임을 만들어 내는 것

22 레저보트와 함께하는 레포츠

수상스키

수상스키는 1922년 미국의 꿈 많은 소년 랄프 사무엘슨(Ralph Samuelson)이 스노스키(snow ski)의 매력을 잊지 못하여 여름에 물 위에서 스키를 할 수 있는 방법을 찾다가 결국 비행정에 이끌려서 2.7m의 송판스키를 타고 물 위에 서면서 창안되었다.

단순한 판자에서 로프를 잡고 보트에 이끌리는 것이 전부였던 스키는 점진적으로 발전하였다. 50여 년이 지난 최근에 이르러서 잘 설계되고 강력한 엔진을 장착한 보트가 개발됨으로써 세계적 경기로 보급되기 시작하였다.

2차 세계대전 전까지 수상스키 방법과 기술, 그리고 경기규칙들이 시행착오를 겪으면서 서서히 발전하다가 1946년 세계수상스키연맹(WWSU : World Waterski Union)이 유럽을 중심으로 창설되었다. 이 세계연맹의 창설로 수상스키의 조직 및 규칙은 급속도로 발전되었으며, 마침내는 열대지방뿐만 아니라 여름기간이 짧은 지역에서도 수상스키를 하게 되었다.

우리나라에는 6·25전쟁 후 미군들이 한강에서 시범경기를 하여 소개되었고, 1963년 문교부(지금의 교과부)가 대학생 특수체육 종목으로 채택, 실시함으로써 급격히 보급되었다. 최근에는 한강을 비롯한 진주의 진양호, 해운대 앞바다 등에서 많이 볼 수 있다. 수상스키의 종류는 다목적용 스키로 대회

수상스키는 보트 길이 4.2m 이상, 75~180마력(연습용은 45마력 이상)의 강력한 엔진, 스키 또는 웨이크보드, 수상 전용 견인줄이 필요하며 텐더를 반드시 운용한다.

전에 주로 사용하는 슬랄롬 싱글 스키(slalom single ski), 초보자를 위한 저속도 스키(low speed ski), 어린이를 위한 짧은 스키(short ski), 물 위에서 쉽게 방향을 바꾸어 가며 묘기를 부리는 회전용 스키(turnaround ski, trick ski), 어린이들이 손쉽게 즐길 수 있는 수상 썰매(disk toboggan) 등이 있다.

수상스키의 장비로는 다음과 같은 것이 있다.

스키, 웨이크보드

재료는 히코리, 마호가니, 미송 등의 나무와 합판 또는 알루미늄 등이 있다. 표준형은 길이 약 1.6m, 너비 약 15cm, 무게 2~4kg으로 중앙에 고무로 된 발을 고정시키는 바인더가 부착되어 있다.

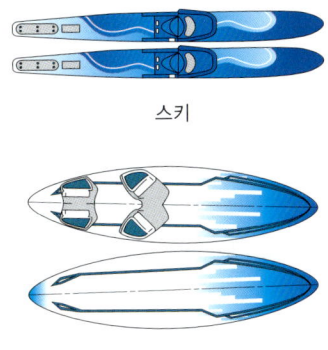

스키

웨이크보드

견인 줄

길이 18~29m 정도의 나일론 소재의 끈으로 뒤쪽 6~9m 부분이 두 갈래로 나뉘어 그 끝에 손잡이가 달려 있다. 전용 견인줄은 물에 뜨며, 견인 중 끊어져도 2차 사고에 안전하다.

스키보트

보트의 길이는 4.2m 이상으로 연습용은 45마력, 경기용은 75~180마력의 강력한 모터로 추진된다. 스키보트는 보트의 크기와 부력에 비하여 고마력의 모터 엔진을 장착하므로 바다낚시에는 적합하지 않으며, 한바다의 활동은 위험할 수 있다.

웨트슈트(wet suit)

물에 빠졌을 때 쉽게 물 위에 뜨게 하며, 물의 온도가 낮을 때 체온을 보존하기 위해 입는 고무(네오플랜)로 만든 옷이다

카이트보딩

바람만 불면 파도가 없어도 서핑을 할 수 있는 수상스포츠로 서핑과 패러글라이딩을 접목한 것이다. 즉 패러글라이딩과 같은 대형 카이트(연)를 공중에 띄우고, 이 카이트의 컨트롤 바를 조종하여 바람의 힘에 따라 서핑보드를 끌면서 물 위를 내

카이트보딩과 윈드서핑을 즐기는 정동진 해수욕장

달릴 수 있도록 고안되었다.

장비는 서핑용 하네스(기구와 몸을 연결하는 장비)와 서핑보드, 조종용 컨트롤 바, 30m 길이의 줄, 카이트로 이루어져 있다.

바나나보트, 땅콩보트, 플라이피시

모터보트에 견인되는 바나나보트, 땅콩보트, 플라이피시 등은 좀 더 박진감 있는 스릴을 즐기기 위하여 개발된 래프팅, 수상스키, 워터슬레이(water sleigh)를 혼합한 레포츠로 튜브형 보트를 사용한다.

바나나보트

바나나보트는 바나나처럼 생긴 튜브형 보트에 3~10명이 탑승할 수 있도록 제작되어 있다. 모터보트가 속도를 올리면 손잡이를 단단히 잡고 엎드린다. 모터보트가 급선회를 하면, 탑승자는 합심하여

바나나보트

무게의 중심을 이동하면서 버티다가 물속으로 떨어지기도 한다. 이 때문에 반드시 구명조끼를 착용하고, 구명조끼의 다리 끈을 묶어야 안전하다. 친구나 가족이 팀이 되어 협동심과 단결력을 즐기기도 하는데, 규격품의 견인줄을 사용하고, 선

회 시 모터보터의 동선과 바나나보트의 동선이 일치하지 않는다는 점을 염두에 두어야 한다.

땅콩보트

땅콩보트는 1인용 또는 2인용이 있으며, 좌우로 회전폭이 넓고, 물결에 따라 물 위를 통통 튀어 바나나보트에 비하면 좀 더 스릴감을 즐길 수 있다.

땅콩보트

플라이피시

플라이피시는 일명 가오리보트라고 불리기도 하는데 속도가 올라가면 바람에 의하여 공중으로 부양하여 즐거움을 배가하여 준다.

플라이피시

레저보트 스킨스쿠버다이빙

한바다에서 레저보트 활동 중 즐기는 스킨스쿠버다이빙은 또 다른 즐거움의 세계로 보터를 안내한다.

스킨다이빙은 스킨다이빙용 수경과 호흡빨대, 그리고 오리발이 있으면 시야가 좋은 바다에서 수중경관을 즐기며, 수중생물의 채집과 물고기의 수중사냥이 가능하다. 그러나 스쿠버 장비를 착용하고 압축공기를 사용하는 스쿠버다이빙의 경우 수중사냥은 허가된 지역 이외에는 불법행위이다.

스쿠버다이빙은 위급한 상황에 처할 경우 다이버의 자신감이 부족하면 상황을 더 악화시킬 수 있으므로 공인된 기관에서 충분한 사전교육을 이수하고, 자격을 취득해야 한다. 스쿠버 초보단계인 오픈워터급에서는 경험 많은 다이버와 함께 활동하면서 그들의 경험담과 조언을 많이 듣는 것도 책에서는 배울 수 없는, 상급다이버에 이르는 교육의 연장선상이다.

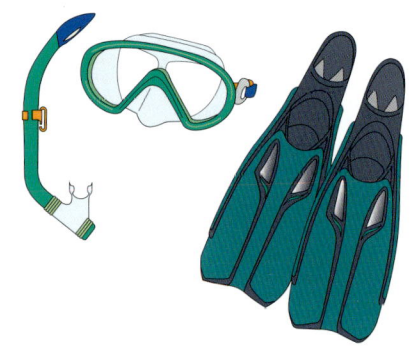

수경, 빨대, 오리발로 하는 스킨다이빙

스킨스쿠버다이빙은 장소 선정 시 조류와 해류의 영향을 고려해야 하고, 반드시 국제신호기의 알파기를 게양하여 다른 선박으로부터 안전을 확보하여야 한다.

우리나라의 바다는 동해와 서해, 그리고 남해와 제주 인근지역이 각기 다른 수중환경을 보여주어 다양한 스킨스쿠버의 즐거움을 안겨주고 있다. 다양하고 급변하는 수중환경에서 안전한 스킨스쿠버 다이빙을 즐기려면, 가급적 수중환경에 익숙하도록 마이포인트를 개발하여 한정된 포인트에서 활동하는 것이 좋다.

스쿠버다이빙을 할 때는 다른 선박의 접근을 감시하고, 자신의 보트에 의하여 다이버가 부상당하지 않도록 주의하며, 레저보트와 스킨스쿠버에 경험이 많은 텐더와 함께하는 것이 필요하다.

23 레저보트의 안전사고

안전사고의 발생과 예방

안전사고의 발생

1920년대 미국의 한 보험회사 직원이던 허버트 하인리히(Herbert W. Heinrich)는 수많은 통계를 다루던 중 그 통계 속에 하나의 법칙이 있다는 사실을 발견했다.

약 5천 건에 달하는 노동재해를 분석하면서 그는 '대형사고 한 건이 발생하기 이전에 이와 관련 있는 작은 사고가 29회 발생하고, 작은 사고 이전에는 같은 원인에서 비롯된 사소한 징후들이 300회 나타난다.'는 것을 알아내었다. 이것을 대

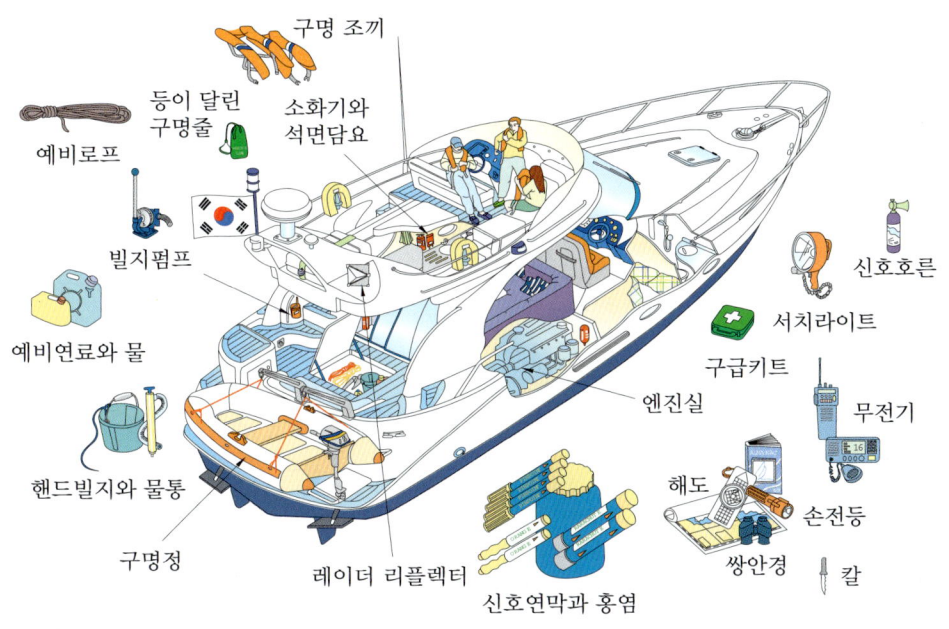

보트의 안전장비

형사고 : 작은 사고 : 사소한 징후 = 1 : 29 : 300의 법칙으로 만들었다. 이는 '하인리히 법칙'으로 불리게 되었고, 오늘날 사고예방을 위한 교과서가 되었다.

하인리히 법칙은 사소한 사고의 징후들을 무시하면 결국 사고로 이어지는데, 반대로 말하면 사소한 일에 좀 더 관심을 기울이면 사고를 막을 수 있다는 의미도 된다.

안전사고와 관련된 머피의 법칙은 어떤 일을 할 때에 누군가는 나쁜 결과를 가져오는 방법을 사용한다는 것이다. 세상에는 되는 일보다는 안 되는 일이 많고, 세상에 존재하는 모든 것은 내버려두면 점점 더 나빠진다. 즉 사고예방을 위하여 노력하지 않으면 결국 사고에 연결된다는 의미와도 상통한다.

또 사고와 관련한 3의 법칙으로는 세 명이 모이면 집단이라는 개념이 발생되고, 이 집단은 사회적 규범이 된다는 것이다. 불안전한 상황이 3번이 반복되어도 사고가 일어나지 않으면, 이 집단은 불안전한 상태를 안전한 상태로 인식하여 버린다.

안전사고는 운수가 나빠서 우연히 발생되는 것이 아니라, 사고에 대해 무관심하고 예방 노력을 하지 않으면 발생된다. 즉 그 노력을 지금 내가 하지 않으면 지금 나에게도 발생한다는 것이다.

최근 레저보트 인구가 급증하면서 "사고가 날 수밖에 없는 상황을 억지로 만들어서 사고가 났다."는 말을 하고 싶을 정도로 안타까운 사고들이 반복적으로 발생하고 있다. 레저보트 활동인구 증가에 비하여, 레저보트 사고 발생률이 너무 높다는 사실에 우리들의 사회적 안전 불감증과 사고에 대한 무지가 원인으로 지목되고 있다.

침수사고가 일어난 레저보트

수상레저안전법에는 탑승자의 구명조끼 착용의무, 운항규칙 준수, 원거리 수상레저 활동신고, 야간수상레저 활동신고, 주취조종금지, 정원초과 금지, 수상레저활동 금지구역, 수상레저활동 허가구역 등에 대한 법률적 강제조항이 규정되어있다. 안전문제는 자신을 위하는 조치이므로 이러한 규정을 준수하는 것은 물론, 스스로 추가적인 조치를 이행하여야 한다.

자동차의 경우 차량의 상태(정비상태)와 운전자의 안전운행(숙련도와 안전운전 규정준수)과 도로의 상태(비, 눈, 결빙, 안개,노면상태)가 사고에 관련된 3요소로, 도로의 상태는 기상여건에 대한 변화가 극히 제한적이다.

반면에 레저보트의 안전운항은 보트의 상태(정비와 고장유무, 능파성 등 보트의 능력), 조종자의 안전운항(안전규정 준수와 숙련도), 바다의 상태가 3요소이다. 여기에서 바다의 상태란 파랑, 조류와 해류, 바람, 안개 등의 기상조건과 심지어 바다 속의 간출여, 수중장애물 등 다양한 바다 상황이 포함된다.

동승자의 안전관리 의무

교통신호와 체증에 시달리는 자동차 운전과는 달리 보팅은 거칠 것 없는 바다에서 360도 어느 방향으로든 파도를 가르며 쾌속으로 항진할 수 있다. 100% 스트레스를 날려버리는 즐거움에 더하여 낚시에 걸려 간간히 올라오는 퍼덕거리는 싱싱한 생선, 지인, 가족끼리 어울려 마음껏 즐겨보는 바나나 보트 등 레저보트와 함께하는 복합레저는 어느 취미생활의 즐거운 순간과도 비교할 수 없는 추억을 무더기로 안겨준다.

이러한 즐거움에 들떠 안전운항의 기본을 소홀히 하고 무시해버리기 쉽다. 그러나 방심하는 순간 언제든지 뉴스에나 나오는 사고에서 나는 예외이며, 해당되지 않는다는 막연한 믿음은 송두리째 날아가고, 나와 나의 사랑하는 사람들을 위험과 슬픔에 던져버린다.

자동차는 운전을 하는 운전자만이 위험을 몰고 올 수도 있고 위험으로부터 회피 방어운전을 할 수 있으므로, 레저보트 탑승자도 조종간을 잡은 보트 조종수만이 안전을 책임진다는 착각을 하게 된다. 그러나 레저보트 탑승자 모두는 자동차 탑승자와는 달리 사고발생에서 피동적 존재가 아닌, 사고를 유발하는 주동적 존재가 된다는 사실을 인식해야 한다.

보트를 론칭할 때 트레일러 운전자는 트레일러의 진행방향과 정지 순간에만 집중할 수 있으므로 보조지기 배수밸브를 낳는지를 알 수가 없다. 보트에 탑승한 조종수는 그 순간 엔진을 조작하여 트레일러에서 보트를 이탈하는 데에 집중하므로 탑승대기자가 구명조끼를 착용하는지를 챙겨주기는 무리다. 그리고 달리는 보트에서 가연성 높은 예비연료통의 누유를 탑승자 전원이 동시에 알아채기란 어려운 일이다. 히물며 그 순간, 그 장소에서 흡연을 위하여 라이트를 켜지 못하도록 감시하기란 불가능하다.

각자의 위치에서 전원이 안전운항의 주동적 임무를 수행해야 사고를 막을 수 있으므로 안전 운항을 소홀히 하거나 무시할 것이 아니라 안전규정을 독려해야 한다. 소위 '한배를 탔다.'는 말의 의미는 보트에서는 하선할 때까지 공동운명체임을 말하는 것이며, 안전운항의 공동책임자라는 의식을 가져야 한다.

페어보팅

27피트의 FRP 보트가 직경 3cm 정도의 배수구를 통하여 유입된 바닷물에 가라앉는데 걸리는 시간은 필자가 직접 목격한 시간으로 침수를 확인한 후 3분을 채우지 못했다.

만약 보트의 후미에서 파도가 보트를 덮친 상황이나 보트가 수중암초에 부딪혔을 경우 침몰은 더 짧은 시간일 것이고, 구조대에 연락도 하기 전에 이미 상황은 끝나버릴 수도 있다. 구조 요청을 받은 구조대가 수색대를 편성하고 대원을 싣고 출항 준비를 하고, 지휘계통의 보고를 하고, 출항하여 현장까지 와서 수색하여 나를 구조하기까지 기다려야 할 시간은 악천후라면 더 오래 걸릴 것이다.

보트의 엔진고장은 예고가 없다. 2m의 파고가 있는 바다에서 엔진고장은 근처의 갯바위로 보트를 밀고 가 단번에 보트를 박살낼 수 있을 뿐만 아니라, 언제든지 보트를 그 자리에서 침몰시킬 수 있는 위험한 상황이다. 이때를 대비하여 여분의 엔진을 하나 더 싣고 출항할 수도 없으며, 미리 구조대를 요청하여 대기시켜 놓고 보팅을 할 수도 없다. 이런 현실에서, 페어보팅은 여분의 보트 엔진일 뿐만 아니라 예비보트를 달고 다니는 것과 같으며, 구조요청을 하지 않아도 즉각 구조에 나서주는 구조대를 보팅 중 항시 내 보트의 곁에 대기하여 놓은 것과 같다.

보팅 페어는 비상시 구조대가 되어 줄 것이며, 미처 준비하지 못한 준비물을 나눠주기도 하고, 보팅의 지식을 전수하여 주기도 하며, 무엇보다 즐거움을 함께 나눌 수 있다.

스쿠버다이빙에서 페어다이빙은 실효성과 동반 위험에 봉착될 수 있다는 논란에도 불구하고, 세계 모든 레크리에이션 스쿠버다이버가 다이빙 시 지키는 스쿠버다이빙의 준칙이다. 그러므로 위험성에 대한 논란이 있기는 커녕 구조대와 협조자가 되어 줄 페어보팅을 마다할 이유는 없다.

안전한 보팅을 하겠다는 보터라면 페어보팅은 선택이 아닌 기본이다.

레저보트 사고의 사례

레저보트 활동금지구역의 사고

최근 보도된 레저보트 활동금지구역의 사고는 시화방조제 바다 측 도류재에서 보트 낚시 중 50대 정모씨가 배수갑문의 빠른 물살에 휩쓸려 약 2분 30여초 만에 사망한 사고(2007년 11월 14일 16시 57분경)가 있다. 그리고 하절기 해수욕장은 레저보트에 의한 수영객의 피해를 막기 위하여 레저보트 활동금지구역으로 지정되나, 이를 위반하는 레저보트와 수상오토바이, 그리고 레저보트사업장에 의한 수영객의 사상 사고는 거의 매년 발생하고 있다.

수상레저 활동금지구역과 수상레저 활동허가구역은 해양경찰청 홈페이지에 게시되어 있으며, 이를 위반 시 범칙금을 물어야 할 뿐 아니라 사고와 직결되는 위험한 활동이다.

레저보트 화재 사고

레저보트는 좁은 선내에 인화성이 강한 다량의 연료를 탑재하고, 복잡한 전기장치와 조리기구가 설치되어 있다. 담뱃불과 배터리, 전기배선의 접점 불량 등으로 인해 화재의 위험은 상존한다.

수년 전 야간항해 중 엔진고장으로 표류하던 낚싯배 선실에서 구조요청을 위하여 조명신호탄의 사용법을 가지고 논쟁하다, 선실 내에서 조명신호탄이 발사되어 화재로 낚싯배는 침몰하고 다수의 사상자가 발생된 어처구니없는 사고도 있었다. 또한 여수 거문도에서는 다이빙선 선실 내에서 LPG로 라면을 끓이려다 점화하는 순간 누설된 가스가 폭발하여 화재로 다이빙선이 전소되고 다수의 사상자가 발생된 안타까운 사고도 있었다.

미국의 마린 보험협회 조사에 의하면 보트에서 발생하는 화재의 가장 큰 원인은 DC 와 AC의 전기합선(55%), 엔진과 트랜스미션의 과열(24%), 연료누출의 순으로 밝혀졌다(8%). 마린 보험협회는 전기화재에 대해,

"전선피복이 까지는 것이 가장 큰 문제였습니다. 전기에 의한 화재는 소화기를 다 사용하고 난 후에도 다시 발화할 수 있습니다. 따라서 배터리의 메인 스위치를 반드시 설치하는 것과 AC 전기는 회로차단기를 설치해 두는 것이 매우 중요합니다." 라고 말하였다.

보팅이 종료되어 보트를 보관할 때에는 배터리의 메인스위치를 차단하여, 계류나 육상 보관 중의 화재사고에도 대비해야 한다.

엔진과열은 냉각수의 흡입구나 배출회로가 막혀서 냉각수 호스나 임펠러가 먼저 녹아버리고 이것이 곧바로 엔진의 과열로 연결되어 일어나며, 냉각수의 순환, 특히 배기 매니홀드와 배기 라이저(인보드 엔진에서 해수역류를 방지하기 위해 배기통을 높인 관)에 막힘이 없어야 한다. 냉각수 펌프의 고무 임펠러를 정기적으로 교환해 주면 이런 화재는 예방될 수 있다.

인화성이 높은 연료를 탑재한 레저보트는 항상 화재의 위험에 노출되어 있다.

연료 누출이 일어나는 가장 흔한 지점은 연료 호스, 엔진에 있는 연료계통의 연결부위, 그리고

연료탱크의 순이라고 동 협회는 밝혔다.

최근의 레저보트 화재사고로 2009년 12월 부산 오륙도 등대 앞 1마일 해상에서 부산 모 전문대학 소속 파워보트(10톤, 승선원 7명)가 기관고장으로 표류하다 불이 난 사고가 있었다.

보트에 타고 있던 7명은 불이 나자 바다에 뛰어들었으며 모두 안전하게 구조되었다. 보트는 강한 화염에 휩싸여 검은 연기를 내며 불타다 2시간여 만에 침몰했으며, 화재원인은 엔진과열로 추정되었다.

배터리 메인 스위치

레저보트 수중 장애물 사고

수중 장애물에 의한 레저보트 사고는 화성시 궁평리 앞 해상 입파도 부근에서 일가족 4명이 고무보트를 타고 이동 중 수중말목에 고무보트가 부딪히며 전복되어 전원이 익사(2004년 6월 25일)한 사고가 있었다.

그리고 화성시 제부도 앞 해상에서는 일가족 8명이 탄 보트가 양식장 그물에 걸려 침몰(2006년 5월 15일 16시)되어 사고 후 14시간 만에 1명만 구조되고 7명이 사망하는 사고가 있었다. 당시 해경의 늑장구조는 매스컴의 많은 질타를 받았으며, 수상레저안전법의 레저보트 안전검사와 수상레저보험, 등록제도 제정에 일조하게 된 사고이기도 하다.

또한 충남 태안군 소원면 모항 앞 200미터 해상에서는 3톤급 레저보트가 안개 속에서 귀항하다가 암초에 부딪혀 전복(2010년 7월 3일)되어 탑승객 13명중 5명의 중사상자가 발생된 사고가 있다.

레저보트는 주행속도가 빨라 수중장애물에 충돌하면 중사상자가 발생하므로 수중장애물 지역을 미리 숙지하고 운항하여야 하며, 이는 지역을 잘 알고 있는 동호인이나 해경의 안내를 받는 것이 좋다. 화성시 제부도 앞 사고 이후 해경은 지역파출소에서 레저보트 출항신고를 하면 지역의 양식장 등 위험지역에 대한 안내를 하고 있다.

수중 장애물에는 간출여 수중말목과 인공장애물, 양식장, 철거된 양식장의 잔재물 등이 있다.

최근 우리나라의 연안과 어항 진출입지역, 섬 인근지역은 항로를 제외한 거의 모든 지역이 양식장이다. 특히 양식장이 철거된 장소에도 미철거된 수중말목과 로프, 철선(와이어) 등이 산재하여 있고, 서해안의 한적한 해변은 수중침투를 방지하기 위해 군사적 목적으로 설치된 수중말목 등이 설치된 곳이 있다. 그러므로 잘 모르는 지역에서의 초기 활동은 지역을 잘 알고 있는 지역 거주 조종자의 보트를 후속하여 해도에도 표시되지 않는 수중장애물을 피해야 한다.

간만조의 차이에 의하여 나타나는 서해안과 서남해안의 많은 간출여는 수중지형을 잘 모르는 레저보터에게는 치명적인 위험을 안겨준다. 잘 모르는 지역이라면 어선이나 여객선 또는 다른 보트의 항로를 관찰하여 후속하는 것이 좋다. 속력이 느린 어선을 후속하는 것은 많은 시간을 낭비하는 것처럼 인식되지만 사고가 발생하여 버려야하는 시간에 비하면 훨씬 현명한 조치라는 것을 알 수 있을 것이다.

수년 전 전남 목포항에서 흑산도로 향하던 FRP 보트가 수중암초에 엔진 스크루가 충돌 파손되는 바람에 항행

수중암석은 수위에 따라 무시될 수도 있기 때문에 더욱 조심하여야 한다.

이 불가하여, 해경의 구조로 흑산도로 견인된 사고가 있었다. 이때 해경의 구조 활동 중 휴대폰의 배터리가 꺼지는 바람에 표류하던 레저보트의 위치 파악에 어려움을 겪었고, 흑산도 현지에서의 수리가 여의치 못하여 육지로 다시 수송하는 등 시간과 경제적인 부담을 감수하지 않을 수 없었다.

보트의 침수, 전복, 파손 사고

레저보트의 침수, 전복, 침몰, 파
손 사고는 생각보다 훨씬 빈번하다.

2011년 2월 2일 우리나라의 설 하
루 전날 호주 퀸즈랜드주 북부지방 케언스 등에 태풍 '야시'가 강풍과 함께 많은 비를 쏟아 부었다. 태풍 '야시'에 의하여 힌친브룩 마리나(Hinchinbrook Marina)에 정박한 많은 보트들이 피해를 입었다. 힌친브룩 섬(Hinchinbrook Island)에 위치한 이 마리나는 케언스 대보초 등에 의하여 천혜의 자연보호를 받는 드문 마리나였으나 한 번의 태풍 피해는 처참하였다.

정박된 보트는 예보되지 않은 야간의 순간 돌풍에도 의외의 피해를 입는 경우가 많으며, 정박시설이 제대로 되어있지 않은 섬 지역에서는 항내 정박이라 하여도 안심할 처지는 아니다.

이론상으로는 절대 안전한 고무보트 또한 2003년 3월 9일 11시경 울산시 동구 방어동 울기등대 앞 돌섬 인근에서 낚시를 하던 중 파도가 높아 철수하려 하는데 순간적으로 들이닥친 큰 파도에 보트가 전복되면서 바다 속으로 휩쓸려 2명의 사망 및 실종자를 발생시키고 4명이 구조되는 사고가 있었다.

2004년 5월 30일 19시경 경북 경주시 강동면 유금리 외팔교 부근 형산강에서는 FRP 보트를

태풍 '야시' 후 힌친브룩 마리나의 모습

타고 강물에 투망을 치다 배가 뒤집히는 바람에 1명이 시망하는 사고가 일어났다.

보트를 띄우기 전에
배수 밸브(드레인 밸브)를 잠근다.

레저보트는 선체가 낮으며, 특히 선미는 뒤에서 밀려오는 높은 파도에 취약하고, 작은 FRP 보트는 무게의 중심이 높이지면 전복의 위험성도 올라간다. 따라서 탑승자가 탑승 후 자리에 앉으면 안정성이 증가된다.

보트는 침수 시 유입된 물에 의하여 부력을 유지하지 못하면 즉시 침수한다. 2006년 5월 경기 화성시 궁평항 선착장에서 출항을 준비 중이던 27피트 FRP 보트가 후미 배수구 밸브를 차단하지 않아 유입된 물로 3분 정도의 짧은 시간에 침몰한 사고가 있었다. 보트의 침수를 발견하는 순간 이미 침몰은 시작되었고, 배수펌프를 찾다가 사람이 튀어나오지 않으면 안 될 정도로 다급하고 위급한, 순간적인 침몰이었다. 다행히 항내에서 작업 중이던 포클레인으로 당일 인양은 하였지만 침수된 전자장비와 엔진의 수리비용 등은 작은 실수가 가져다 준 결과로는 너무 큰 것이었다.

소형보트는 충돌에 의하여 전복되기도 한다.

선착장 슬로프 사고

선착장과 방파제는 본래 관광이나 낚시를 위한 것이 아니라 파도로부터 부두와 선박을 보호하기 위해 설치된 것이다. 그럼에도 불구하고 우리나라의 선착장 슬로프는 외국에서는 볼 수 없는 선박수리, 낚시, 주차, 포장마차의 영업활동이 공공연히 이루어지고 있다. 통계에 의하면 동해안의 경우 방파제 사고가 매년 100여 건이나 발생됨에도 불구하고 관리나 단속기관도 없이 방치되어 빈번하게 발생되는 해일성 파도의 안전사각지대가 되어 있다.

2010년 2월 강릉시 안목항 방파제에서는 방파제를 걷던 관광객들이 너울성 파도에 2명이 숨지고 11명이 중경상을 입는 대형 사고가 났다. 같은 달 삼척시 원덕읍 신남항 방파제에서는 사진 촬영을 하던 관광객이 파도에 휩쓸려서 바다로 추락해 다쳤다.

방파제의 슬로프는 안전지대가 아니다. 슬로프는 하단으로 갈수록 해조류에 의한 미끄러움이 심하여 안전사고 발생 빈도가 높다.

동년 5월 5일 충남 보령 앞바다 죽도 선착장에서 높이 10m 가량의 파도가 쳐 죽도 나루터와 인근 갯바위에서 낚시와 관광을 즐기던 가족들이 파도에 49명이 휩쓸려 15명이 사망하였다.

2003년 9월 4일 23시경 인천 옹진군 영흥면 내리 진두선착장(영흥슬로프)에서는 선착장 경사면에 주차한 승용차의 브레이크가 풀려 선착장 앞 바다로 추락하는 사고가 일어났다. 차안에 타고 있던 조모 씨의 5살, 1살배기 두 아들과 이를 구하기 위해 바다에 뛰어들었던 장애인 아버지 조모 씨(37)가 익사하고, 구조를 위해 뛰어들었던 조씨의 친구는 자신 소유 모터보트 스크루에 배와 팔, 다리 등을 다치는 중상을 입었다.

선착장 슬로프는 하단으로 갈수록 해조류에 의한 미끄러움이 심하여 이곳에서도 사고발생 빈도가 높다. 선착장 슬로프가 위험지역임은 레저보터에게도 예외가 아니다.

간만조 격차에 의한 사고

간만조 격차는 사리 때 레저보트를 타고 서해 앞바다를 나가보면 바다 한가운데 나타나 있는 신기루 같은 모래섬을 보면서 실감할 수 있다. 이곳에서 간조 때 조개를 줍는 재미 또한 레저보트의 즐거움이다.

이때 밀물의 시작시간을 숙지하여, 미리 보트에 탑승하여 밀물을 기다리지 않으면 위험한 상황에 직면할 수 있다.

밀물이 시작되면 조류는 때로는 홍수같이 밀어 닥치며, 달리기를 아무리 잘하는 육상선수라도 밀물의 속도에는 안전할 수 없을 정도로 빠르다.

간조 때는 신기루 같은 넓은 모래섬을 만들어 놓기도 하나, 밀물 때에는 홍수처럼 밀려 삽시간에 바다를 만든다. 미리 철수 준비를 하고 기다렸다가 서둘러 철수하는 지혜가 필요하다.

2009년 9월 22일 해양생태조사를 하던 국립공원 관리공단 해양연구센터 생태계 조사단 연구원 3명이 변산면 하섬에서 간조 시 생태조사를 마치고 철수 중 물골에 빠진 것으로 추정되는 사고로 순직하였다.

고려시대 문장가 이규보(1199년 12월 전주사록에 부임)는 '남행월일기' 에서 밀물의 위험에 대해,

"말에게 채찍질을 하여 달려서 위기를 면하였는데, 뒤돌아보니 물은 거기까지 따라와서 말 있는 곳에서 넘실거렸다. 밀물이 들어올 때는 평탄한 길도 순식간에 바다가 되며 조수가 쿵쾅거리며 휘몰아 들어오는데 그 형세가 사뭇 만군(萬軍)이 달려오는 듯 장하고도 엄청나 심히 두려웠다."고 기록하고 있다.

썰물은 계류된 보트를 뭍으로 올려놓는다. 이 때 보트가 바닥이 기울어진 암석지대이거나 경사진 슬로프의 턱이라면 치명적인 손상을 입을 우려가 있다.

여름철 휴가기간에 서해안의 선착장 슬로프나 간조 시 드러난 공터에 주차한 승용차가 만조 시 차량 지붕만 수면에 나타낸 채 바다 속에 잠수하고 있는 광경은 간만조 격차의 차이를 모르는 무지에서 일어나는 사고이다.

서해안의 경사진 슬로프에 보트를 묶어두면 보트의 닻줄이 짧을 경우 썰물 시 보트가 선착장에 매달리게 되며, 밀물 시는 슬로프 경사면에 올라 파도에 시달려 보트의 하부가 손상되거나 심하면 침수될 수도 있다.

섬 지역의 만조 시 보트를 계류하면 간조 때 보트가 출항하지 못하는 상황이 발생되며, 간조 시 계류하면 만조 시에는 바다 한가운데 보트가 계류되어 있다는 점도 미리 고려하여야 한다.

수상스키, 바나나 보트 등의 견인사고

스릴(thrill)이란 간담을 서늘하게 하거나 마음을 졸이게 하는 느낌을 말한다. 속도감 있는 레저보트에 수상스키나 바나나 보트, 땅콩 보트 등을 견인하면서, 보다 강도 높은 스릴감을 얻기 위하여 보터는 속도를 높이거나 급선회를 하려는 충동에 쉽게 빠져든다.

그러나 속력이 빨라지면 조종자의 시야는 좁아지므로 다가오는 위험을 인지하지 못할 수도 있다. 반드시 경험 많은 텐더가 보트 조종자와 호흡을 맞추고, 선회 시 피견인 수상스키나 바나나 보트, 땅콩 보트 등은 원심력에 의하여 보트의 항로보다 더 큰 원을 그리며 선회한다는 사실을 잊지 말아야 한다.

어느 직장의 한강 야유회에서 땅콩 보트를 견인하여 강변 가까이에서 선회하던 중 피견인 땅콩 보트가 원심력에 의해 보트 항로를 이탈하여, 강변에서 탑승 준비 중이던 수상오토바이와의 충돌로 인해 어린이와 부모가 중상을 입은 돌발사고가 있었다.

한강 수상스키장에서 가끔씩 아마추어에 의한 수상스키 충돌사고로 중사상자가 발생되고 있다. 이러한 사고는 대부분 조종자가 초보 혹은 음주조종자이거나 텐더가 없는 안전무방비 상태에서 발생되었다.

2010년 8월 8일 18시경 부산 광안리 해수욕장의 레저활동구역 20m 해상에서 수상오토바이가 뒤에 매달고 달리던 땅콩 보트와 충돌해 김모⑶ 씨 등 여성 피서객 4명이 부상당한 채 바다에 빠졌다. 해경 조사 결과 이날 사고는 수상오토바이가 땅콩 보트를 매달고 레저활동구역으로 돌아오면서 급회전하는 바람에 발생한 것으로 드러났다. 또한 2008년 대구의 한 놀이공원 저수지에서 20대 여성 A씨는 땅콩보트를 탔다가 다른 보트와 충돌, 골반뼈가 골절되는 중상을 입었다.

레저보트 견인줄은 반드시 수상전용 로프를 사용하여, 견인줄이 끊어져 텐더나 조종자가 부상당하는 2차 사고가 발생되지 않도록 준비하여야 한다.

급정거 급선회에 의한 사고

수년 전 강원도 강릉 해변에서 수상오토바이를 몰던 20대 김모씨가 급선회의 묘기를 보이려고 해변에 밀착하여 선회하였다가 엔진이 정지되어, 조종불능의 수상오토바이가 관성으로 직진하는 바람에 해변에서 일광욕 중이던 여고생 일행을 덮쳐 수명의 중사상자가 발생되었다.

20대의 가해자가 민사적 배상능력이 없고, 가해자와 피해자가 모두 20대 전후의 젊은이라서 매우 안타까운 사고였다.

고무보트에 과속으로 접근하여 급히 후진하며 정지하려던 보트가 조종레버를 조작하는 순간 시동이 꺼지면서 직진, 충돌하여 고무보트의 튜브를 파손시켜 고무보트가 침수된 어처구니 없는 사고도 있었다. 더불어 선착장에 과속으로 접근하여 급정거하려던 보트가 선착장에 충돌하여 대파되는 사고도 발생된다.

다른 선박에 접근할 때는 미리 서행하다가 멈춘다. 급정거를 시도하다가 자주 충돌사고로 이어지기 때문이다.

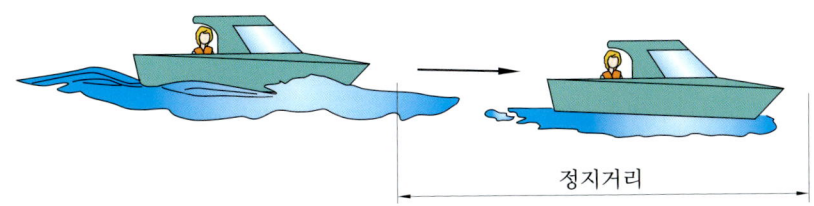

정지거리

고속주행 중인 보트와 수상 오토바이의 급정거는 엔진이 정지하는 경우 매우 위험하다. 불가피한 경우가 아니라면 서행하여 여유를 두고 정지한다.

수상오토바이나 보트는 엔진이 정지되면 급정거하지 않으며, 달려오던 관성에 의하여 상당한 거리를 직진한다. 수면 마찰이 큰 보트는 자동차보다 정지타력이 매우 크다는 사실을 이용하여 보트의 급정거를 선호하는 보터는 보트의 급정거 시 엔진이 정지하는 경우도 있다는 사실을 반드시 함께 기억하여, 후회하는 일이 없도록 충분한 거리를 두고 천천히 접근하고 정지하는 습관을 갖는 것이 좋다.

적색라인의 킬코드는 보트가 출발하면 조종자의 몸에 연결하여, 조종자가 보트를 이탈 시 멈추게 하여 추가 사고를 막는다.

2003년 7월 23일 19시 40분경 안동시 와룡면 요촌도크장 하류 200m 지점에서 운전미숙으로 보트가 전복되어 사상자가 발생되었다. 당시 사고는 조종자가 조종핸들을 잡고 바람에 떨어지는 낚싯대를 잡으려다 보트가 급선회하며 전복된 것으로 알려졌으며, 고속으로 달리는 레저보트의 급선회는 조종자와 보트탑승자가 보트 밖으로 튕겨나가, 2차 사고로 이어지는 경우가 많다.

특히 틸러 핸들엔진(엔진에 조종바가 부착된 소형 아웃모터엔진)을 장착한 소형보트는 큰 물결을 만나면 보트가 급선회하며 조종자를 보트 밖으로 튕겨낸다. 조종자가 없는 보트가 주변을 선회하며 물에 빠진 조종자를 위협하여 실제 자신의 보트 엔진에 중상을 입는 경우도 있었다. 이 경우에 대비하여 조종자는 조종석을 이탈 시 자동적으로 엔진을 멈추게 하는 킬코드를 연결하고 있어야 한다.

레저보트 스쿠버다이빙 사고

수년 전 마산 앞바다에서 스쿠버다이빙을 끝내고 상승하던 스쿠버를 지나가던 보트가 충격하여 사망케 하였고, 선박의 엔진 하부에 걸린 로프를 스쿠버가 제거하는 작업을 진행하던 중 선박이 암초에 접안하자 무의식적으로 시동을 걸어 작업 중이던 스쿠버의 양팔을 절단하고 얼굴에 중상을 입힌 사고가 있었다. 뿐만 아니라 시동을 끄지 않고 전진하면서 스쿠버다이버를 인양하던 보트가 해류에 밀리면서, 엔진 스크루에 스쿠버다이빙을 끝낸 다이버가 발목을 절단당하는 중상을 입은 사고도 있었다.

레저보트 활동은 낚시, 스쿠버다이빙, 수상스키나 바나나보트 등을 견인하는 복합 레저활동이다. 그중 스쿠버 활동은 현재 프로 스쿠버 샵이 운영하는 활동에서도 어선이나 보트와 관련된 사고는 자주 발생되며, 대부분 중사상자가 발생된다는 점에 주목하여야 할 것이다.

레저보트 활동과 스쿠버 활동은 두 분야가 모두 아직 일반화되지 않은 우리의 실정에서 활동인구가 증가하는 이상으로 사고의 빈도가 증가하게 될 것이고, 레저보트 스쿠버다이빙은 레저보트와 스쿠버다이빙의 두 분야를 섭렵한 경험 많고 노련한 텐더와 함께하는 것이 안전한 활동이 될 것이다.

스쿠버다이빙은 수중의 상황에 따라 예정된 시간보다 일찍 다이버가 상승하는 경우도 있고, 해류나 조류, 바람에 의하여 예상을 벗어나는 지점에 다이버가 상승할 수 있으므로 선상이 낮은 레저보트가 파도 속에서 수면에 있는 다이버를 발견하기가 어려울 수도 있다.

무엇보다도 레저보트 스쿠버다이빙은 접근하는 다른 선박(어선과 보트)으로부터 다이버를 보호하는 대책을 실행하여야 한다.

최소한 다이빙 깃발을 게양하고, 텐더는 접근하는 선박을 감시하고, 수중에 다이버가 활동한다는 사실을 접근하는 선박에 알려야 한다.

국제신호조약(International Cord of Signals)에 의한 알파 기(alpha flag)는 하얗고 파란색의 제비꼬리 모양의 깃발)이며 "다이버가 물 밑에 있다. 속도를 줄이고 가까이

오지 마라."라는 의미를 가지고 있다. 해상교통안전법 제46조(조종불능선과 조종제한선)에 1미터 이상의 높이에 설치할 의무가 있다.

알파 기와 다이빙 깃발(가로 세로 각 60cm)

빨간색 바탕에 대각선의 흰줄이 있는 다이빙 깃발(diver down flag)은 아직 어느 국가나 조직에서 공식적으로 인정되지는 않았지만 1948년 덴절 제임스 도커리(Denzel James Dockery)가 보트 운전자들에게 다이버의 위험을 알리기 위하여 만들어 60년 가까이 한결같이 "diver down flag(다이빙 깃발)"라 불리며 사용되고 있다. 통상적으로 다이버가 잠수한 보트는 알파기와 함께 이 깃발을 게양하여, 다른 보트의 위험으로부터 다이버를 보호하고 있다.

미국의 일부 주에서는 바다에서 다이버가 100m 이내에 위치해 있을 때 알파기와 다이빙 깃발을 게양해야 하고, 다른 배는 이 깃발의 100m 이내로 접근해서는 안 된다는 법률이 제정되어 있다. 그러나 아직 우리나라에는 다이빙 깃발(알파기 제외)을 직접적으로 규정하는 법률은 없다.

레저보트는 어떠한 경우에도 알파 기와 다이빙 깃발이 펄럭이는 다이빙 안전구역에 접근하여서는 안 되며, 레저보트 스쿠버는 다이빙 깃발을 인지하지 못하는 선박들이 이를 알 수 있도록 홍보하고, 이 어선이나 선박들이 접근하지 못하도록 감시해야 하는 과제를 안고 있다.

레저보트 동승객의 사고

정기여객선을 놓친 섬 지역 주민의 요청을 거절하지 못하고 보트에 동승을 허락하였다가, 보트의 롤링 등으로 동승자가 부상을 입거나 사고를 당할 수 있다. 레저보트 운항자의 경제적 능력이 상당할 것으로 인지하는 일반인의 의식으로 인해 터무니없는 치료비와 합의금과 함께, 법률적 책임을 추궁당할 수도 있다.

혹시 복잡한 법률적 이해관계는 면책이 되더라도 시간·경제적 손해로 이어진다.

섬 지역을 오가는 레저보트 활동의 특성상 섬 지역 주민의 사정을 무조건 회피해서는 안 되겠지만, 특히 동승자가 연로하여 파도의 충격 등을 견디기에 적절치 않다면 동승을 승낙하기 전에 심사숙고하여 결정할 필요가 있다.

보트 견인 중 고속도로에서 트레일러 바퀴 이탈 사고

보트의 론칭과 인양 시 보트트레일러의 바퀴는 바닷물에 침수된다. 그러므로 트레일러 허브 베어링에 주기적으로 그리스를 주입하고 관리를 하지 않으면 보트 트레일러 견인 중 트레일러 바퀴 이탈 사고가 발생될 수 있으며, 이때 이탈된 바퀴가 굴러가면서 발생하게 될 2차 사고의 위험은 더 크다.

보트트레일러 견인은 통상 휴일 기간 중 이루어지며, 자동차 부속상과 정비점도 휴일이므로 사고나 고장발생 시 정비 및 부품 조달이 불가능하여 사고현장에 근무일까지 보트 트레일러를 방치해야 하는 난감한 상황으로 직결되게 된다.

트레일러 허브베어링의 주기적인 정비와 그리스 주입 관리는 매우 중요하며, 트레일러의 예비타이어와 함께 가능하면 한 쌍의 허브베어링 예비부품을 준비하여 다니는 것이 시간과 비용을 절감하는 지혜다.

레저보트 사고예방 원칙	
① 운항규정의 준수	⑤ 구명조끼 착용
② 악천후 운항금지	⑥ 충분한 준비
③ 탑승자 전원의 안전관리 참여	⑦ 바다에 대한 지식
④ 페어보팅	

장거리 레저보팅 추천코스

강릉 - 울릉도 - 독도 보팅 코스

울릉도와 독도를 왕복하는 이 코스는 국내보터들에게는 최상급의 코스이다. 가급적 전장 8m, 엔진 150마력급 이상의 보트로 도전하기를 권한다. 최단거리 출발항은 삼척지역의 어항이다.

왕복 500km 이상을 항해할 연료를 준비하여야 하며, 중간급유를 위하여, 반드시 출발 전 울릉도에 소재한 주유소에 예약하여 급유량을 확보해두어야 한다.

이 코스는 연중 6월 초순이 파도가 낮고 비교적 항행하기가 좋은 날씨이나, 2006년과 2009년 6월 초순 항해를 해본 경험으로는 해무와 굳은비, 2~3m의 파도에 하루 종일 시달리기도 하였던 난코스이다. 새벽 일찍 출항하고, 오후 이른 시간에 귀항하도록 계획한다.

독도를 향하여 강릉을 출발하는 요트

이효웅 님이 자작하여 독도를 단독으로 탐사한 1인승 FRP보트

울릉도 중간기착항 중 도동항은 고속여객선의 기착이 빈번하며, 저동항은 어선 등의 출입이 빈번하므로 가급적 북쪽에 위치한 천부항을 이용하기를 권한다.

동해안을 출항하여 울릉도에 기착한 후 만약 기상상태가 좋지 않다면, 경관이 수려한 울릉도에서 육상관광과 울릉도 주변 낚시를 즐기고 스쿠버다이빙 포인트를 섭렵하여도 좋은 추억이 될 것이므로 무리한 독도행은 자제할 준비를 하고 떠나는 것이 좋다.

울릉도 도동항과 저동항은 고속여객선과 어선의 입출항이 빈번하여 레저보트의 계류를 피하는 것이 좋다.

울릉도의 북쪽에 위치한 천부항과 현포항은 레저보트 기착지로서 활용하기에 모자람이 없다.(사진은 현포항 전경)

Tips 위치정보

① 강릉항 N37.46.17. E128.57.08   ② 천부항 N37.32.26. E130.52.20
③ 저동항 N37.29.56. E130.54.45   ④ 독도(동도) N37.14.22. E131.52.03
⑤ 포항 N36.02.50. E129.22.53   ⑥ 죽변 N37.03.14. E129.25.15

덕적도, 자월도, 굴업도, 선갑도, 백아도 보팅 코스

수도권 지역에서 접근이 용이하고, 당일 코스 또는 1박 2일 코스의 보팅이 가능한 코스이다.

출발항은 영종도의 잠진선착장, 영흥도의 영흥선착장과 뱃터, 궁평항, 석문슬로프 등을 이용하며, 자월도, 덕적도, 승봉도, 사승봉도, 소야도, 굴업도, 백아도, 선갑도와 당진 인근의 난지도, 풍도, 국화도, 육도 등을 보팅할 수 있다.

이 지역의 유일한 레저전용 슬로프는 전곡항이며, 영종 잠진 슬로프는 서북방향의 레저활동금지구역에 인접하고 있다.

굴업도

영흥선착장은 출항 후 철탑이 있는 곳까지 직진하여 물길을 이용하여 항을 이탈하고, 접근할 때는 얕은 수심지대의 수중 말목을 피해야 한다. 석문슬로프는 서북풍이 불면 보트를 인양하는데 어려움이 있다.

이 코스의 여러 섬들은 풍광이 아름답고, 자월도, 승봉도, 덕적도, 풍도, 국화도 등에는 펜션 등 숙박시설이 잘 갖추어져 있기도 하다. 단 덕적도를 제외하고는 보트를 계류하고 1박을 위하여 상륙한다면, 보트의 계류가 위험할 수도 있다.

Tips 위치정보

① 영종 잠진선착장(N37.25.15 E126.25.33) – 덕적도(N37.13.35 E126.09.22) : 약 32km

② 영흥선착장 – 덕적도 : 약 30km

③ 전곡항(N37.11.15 E126.39.04) – 덕적도 : 약 43km

④ 궁평항(N37.07.01. E126.40.51) – 덕적도 : 약 44km

　궁평항 – 자월도(N37.14.39 E126.19.06) : 약 36km

　궁평항 – 승봉도(N37.10.13 E126.17.28) : 약 45km

⑤ 석문(N36.59.58 E126.41.11) – 덕적도 : 약 32km

⑥ 삼길포(N37.00.13 E126.27.09) – 풍도(N37.06.38 E126.23.40) : 약 15km

⑦ 덕적도 – 굴업도(N37.11.16 E125.58.41) : 약 15km

이순신 장군의 전승지를 따라가는 남해안의 보팅 코스

　남해안의 보팅은 다도해상국립공원 지역의 수많은 섬 사이를 지나면서 즐기는 코스이다. 출발은 통영의 충무마리나와 삼천포시의 삼천포마리나, 그리고 여수 소호요트경기장, 거문도와 최단거리인 나로도, 완도와 땅끝에서 출항하면 좋을 것이다.

　매물도와 소매물도, 욕지도, 국도, 좌사리도, 구을비도 등 수많은 섬과 거문도, 청산도, 보길도와 인접한 많은 유·무인도를 섭렵할 수 있다.

　천혜의 레저보팅 장소인 이 지역은 레저보트 선진국들에서도 찾아보기 드문 보팅 여건을 갖추고 있다.

　서남해안 지역은 조류와 간·만조 차이가 심하며, 양식장이 산재해 있어 주의를 요한다.

소매물도

Tips 위치정보

① 통영 충무마리나 N34.49.47 E128.26.12

② 여수 소호요트경기장 N34.44.14 E127.39.03

③ 삼천포마리나 N34.57.46 E128.02.23

④ 나로도항 N34.27.58 E127.27.09

⑤ 욕지도 N34.37.59 E128.16.27

⑥ 거문도 N34.02.45 E127.17.47

⑦ 소매물도 N34.37. 54 E128.32.49

흑산도, 가거도, 추자도, 제주도 보팅 코스

흑산도, 홍도, 가거도, 추자도, 제주도를 목적지로 하는 서남해의 보팅은 중상급 보팅코스이다. 흑산도, 가거도, 제주도에서는 보트를 안전하게 계류하고 상륙하여 섬을 관광할 수도 있으며, 상태도와 하태도, 만재도, 병풍도, 맹골군도 등, 많은 유·무인도에서는 산재한 낚시, 스쿠버다이빙 포인트를 지나면서 징검다리를 건너는 방식의 보팅을 즐길 수 있다.

출항 장소는 목포 주변의 어항과 진도, 땅끝 등에서 할 수 있으며, 항계를 벗어날 때까지는 얕은 수심을 주의해야 한다. 특히 섬과 섬 사이는 조류의 유속이 빠르므로 엔진의 정지 시 주의가 각별히 요구된다. 가거도에서는 중간급유가 불가능하며, 흑산도의 중간급유도 가급적 예약 후 출발하는 것이 좋다.

목포~흑산도(88km)
목포
영암
장흥
대흑산도
강진
홍도
고흥
상태도
흑산도~가거도
해남
(76km)
진도
진도~가거도
(100km)
완도
땅끝~가거도(132km)
땅끝~추자도(43km)
가거도
거문도
추자도
추자도~제주(54km)
한림
애월
제주
성산

　흑산도는 관광객과 어선, 화물선이 붐비는 지역으로 보터들은 보트에 인접하여 숙박 장소를 선정하는 것을 고려한다면 쾌적한 숙박 장소를 선정하기가 쉽지 않은 섬이다.

　제주항로는 추자도를 지나면 대형 고속페리호도 흔들 만큼의 조류지대를 지난다. 제주항은 붐비므로 동북쪽에 위치한 김녕항에 우선 도착하기로 한다.

Tips 위치정보

① 땅끝항 N34.17.54 E126.31.48　　② 목포북항 N34.48.16 E126.21.51
③ 진도 서망항 N34.21.57 E126.08.12　④ 흑산도 N34.41.14 E125.25.49
⑤ 가거도 N34.03.06 E125.07.60　　⑥ 제주 김녕항 N33.33.31 E126.44.26
⑦ 추자도 N33.56.34 E126.20.31

어청도, 외연도, 격렬비열도 보팅 코스

충남 보령의 오천항에서 출항하고 안면도 하단의 원산도, 삽시도, 외장고도, 고대도, 호도, 녹도와 천수만 내의 죽도 등 유·무인도가 산재한 지역으로 중하급의 보팅 코스이다. 그러나 섬과 섬 사이 조류대의 유속은 상당한 격랑을 일으키며, 간조 시에는 간출여의 위험이 산재한 곳이기도 하다.

옹도

어청도 가진여

이 지역의 장거리 보팅코스는 외연도와 어청도, 격렬비열도이며, 모항, 안흥항, 오천항 등에서 출항할 수 있다.

외연도와 어청도는 외래선박의 대피항으로 계류 시 정박된 어선을 활용하여 보트를 계류하고, 가까운 민박에서 숙박을 하여도 안전한 섬이다. 외연도는 유류취급소가 있으나 중간 급유는 보장할 수 없다. 미리 충분한 연료를 싣고 출항하지 않으면 귀항하는 길은 연료부족으로 자유로울 수 없다.

격렬비열도는 모항 서쪽 55km에 위치한 무인도로 일출과 일몰의 풍광이 수려하나, 보트를 계류하고 1박을 할 수 있는 안전한 장소는 없다. 특히 상륙 시 섬모기의 극성이 대단한 곳이다.

Tips 위치정보

① 오천항 N36.26.21 E126.31.11

② 모항 N36.46.35 E126.07.58

③ 수룡동 N36.30.26 E126.28.58

④ 대천항 N36.19.54 E126.30.18

⑤ 안흥항 N36.40.33 E125.07.36

⑥ 외연도 N36.13.31 E126.04.53

⑦ 어청도 N36.07.05 E125.58.57

⑧ 격렬비열도 N36.36.21 E125.32.09

25 레저보트 항행기

독도수호 순직자 추도를 위한 독도 항행기

출발 하루 전

구리에 위치한 A 마린에 집결한 것은 12시. 간단한 설렁탕으로 점심을 마친 우리는 13시 강릉을 향하여 육상이동을 시작하였다.

이동 간의 주통신은 144.020MHz HAM, 샤라반호와 현대호의 견인마는 겔로퍼와 다코다. 시속 60~70km의 서행 이동으로 첫 번째 휴식은 여주 휴게소였다.

평창을 지날 즈음 후속하던 다코다가 보이지 않더니 이내 무전이 날아왔다. 냉각장치에 이상이 있어 갓길에 정차를 하였다는데, 좀 더 진행하여 안전한 곳에 정

차하기를 통보하였다. 선행하던 우리가 안전한 곳을 물색하였고, 마침 인접한 국도변의 카센터가 있는 곳에 주차를 하였다. 냉각수를 보충하고 다시 이동을 시작한 우리는 강릉휴게소에서 보트의 연료를 급유하기 위하여 가던 길을 멈추었다. 이 사이 16시에 서울 신사동을 출발한 주몽 해신님 일행이 우리를 통과하였다.

우리는 어둠이 짙어가는 19시 30분이 되어서야 강릉항(안목항) 선착장에 도착하였다.

우리를 배웅하기 위하여 선착한 주몽 해신님 일행의 환영을 받으며 보트를 일렬 종대로 세운 우리는 당진을 출발한 제2제대를 도킹하고, 미리 예약한 해변 식당에서 저녁을 마쳤다. 그 후 잠자리를 배정받고 해수욕장 식당가에서 조개구이와 이슬이로 출항 전야제를 열었다.

23시경 내일을 위하여 잠을 청하였고, 길몽과 악몽이 교차하는 강릉의 밤을 보냈다.

첫째 날

04시 기상, 그리고 바로 슬로프에 도착하여 05시에 보트론칭을 끝냈으나 아직 이른 아침이라 식당들이 문을 열지 않았다. 그래서 선창에서 커피카피의 특허품 순두부 한 사발씩을 배정받아 먼 뱃길을 나설 위장을 달래었다. 이 순두부는 잠시 후부터 6시간 롤러코스트를 탈 곱창에서 아무 탈 없이 인수분해되어 피와 살이 되었으니, 이런 상황에서의 최상의 조반이 아니었을까?

06시 전에 탑승을 완료하고, 동해 해경의 점호를 마친 우리는 독도까지 왕복 600km의 긴 항해를 위하여 조용히 항내를 빠져나갔다.

선창에는 사흘간의 간식을 두 박스에 담아 실어 준 주몽 해신님 일행이 잘 다녀오라는 것인지, 죽을 고생도 하고 살아만 오라는 것인지, 아무튼 좋은 의미였을 미소를 실룩이며 손을 흔들어 주어 코끝이 잠시 시큰했었다.

항내를 빠져나온 우리는 잠시 보팅을 멈추고 재정비를 하면서 20여분 정도 지체하던 다른 그룹의 일행을 기다렸으나, 모습을 나타내지 않아 다시 가던 길을 재

강릉항에서 06시 해경의 섬호를 받은 후 독도를 향하여 항해를 시작한다.　　　　　울릉도 천부항

촉하였다.

　날씨는 흐림, 파고는 1~2m, 기온 16도, 바람은 북동풍 3~4m/s. 약간의 추위를 느끼며 평균속도 32노트, 110도의 침로를 유지하면서 울릉도를 향하여 달리고 또 달렸다.

　사방은 바다가 구름 속으로 빨려 들어간 수평선에 갇힌 듯했다. 간간이 시야에 들어오는 백파와 너울파도 그리고 너울파도와 짬뽕이 된 삼각파도는 보트가 속력을 내자 내장을 2단으로 강타하고, 그것도 모자라 공중부양 후 연타를 때리기도 하여 입가로 삐져 흐르는 비명을 막을 힘도 없는 지친 항해가 끝없이 이어졌다.

　정오를 10여 분 남기고 우리는 울릉도 북쪽에 위치한 조용하고 아늑한 천부항에 입항하였다. 닻을 묶고 천부 해양파출소에 입항 신고를 하였는데, 내일은 독도 항로의 파고가 2.5m로 예보되었단다.

　일단은 미림숯불에서 점심을 먹으면서 의견을 나누었다. 그냥 오늘 독도행이 좋겠다는 쪽으로 의견이 모아졌고, 점심 중 독도로 향하기 위한 비상사태에 돌입하였다.

　먼저 독도행 출항신고를 하고, 샤라반호는 저동항으로 가서 연료를 보충했고 현대호는 도동으로 입항하여 독도사무소에 독도상륙허가서를 받으러 갔다. 독도 사무소까지 2~3분이라는 택시기사의 말만 믿고 뛰었더니, 숨통이 비좁을 지경이었다. 그러나 사무소에 도착하자 담당자는 도동항에 내려가서 자리를 비웠고, 한 시간 후에야 입항허가서를 손에 받아 쥘 수 있었다.

독도를 향하여 평균 25노트의 속도로 동
진하다.(왼쪽)
천부항에서 바라본 울릉도(오른쪽)

현대호는 도동항에서 전기장치의 트러블로 30여분을 또 지체하다가 14시를 넘겼다. 현대호가 저동에 다시 입항하여 연료를 보충하려면, 금일 독도행은 포기할 수밖에 없게 시간이 지체되었다.

다시 독도행은 원점으로 돌아갔고 천부항으로 향하는 항행에서 호떡집 앞을 지나칠 수 없듯이 목 좋은 갯바위 앞에 채비를 내렸다.

조과는 놀래미 몇 수를 올리고, 16시에 다시 천부항에 돌아 온 우리는 선창을 기어오르며 우리를 기다리는 성게 떼를 발견했다. 당꾼님의 실력발휘로 한 물통의 성게를 채집할 수 있었고, 선창에 퍼질러 앉아 성게파티를 열었다. 그 동안 낚시꾼은 선창에서 메가리와 고등어를 낚아 올려 성게 파티에 이은 두 번째 고등어회 파티로 독도를 향하는 조급한 마음들을 달랬다.

18시에 저녁을 마치고, 식당에서 제공하는 봉고차편으로 3km 정도 떨어진 추산일가로 이동했다. 추산일가에 준비된 10명 정원에 방이 3개인 독채에 들어 울릉도의 설레는 밤을 맞았다.

미림식당에서 배달된 족발에 수면제(?) 한 컵씩 들이키고……

둘째 날

우리의 마음은 일편단심 독도인가? 예보된 시간보다 한 시간을 앞당겨 04시부터 기상하여 추산일가를 떠났다. 준비된 2식의 도시락을 받아들고 선창에서 1식의 도시락을 처분한 후 05시 독도행 기적을 올렸다.

그러나 2.5m를 웃도는 파고에 안개비까지 찔끔거렸고 북동풍이 초속 5m를 넘었다. 보이는 곳은 물론 보이지 않은 곳까지 좌악 깔린 백파의 날름거리는 헛바닥에 침묵이 흘렀고, 20여 km를 항행하다 무전기의 키를 눌렀다.

"샤라반호, 여기 현대호."

"여기 샤라반호, 보내기 바람."

"현재의 항행여건으로 복귀 시 연료부족이 예상됩니다."

"거의 땡땡 정도면 도착할거 같음."

"악천후 항행에 연료의 땡땡은 무리입니다. 저동으로 돌아가서 연료를 더 실읍시다."

"라저."

그래서 선수를 다시 저동으로 돌렸고, 공포에 질렸던 누구누구의 얼굴에 다시 핏기가 비치었다.

독도를 돌아 강릉까지 항해할 마지막 항행까지 충분한 연료를 실은 우리는 저동항에서 다시 기상체크를 하였다. "오늘은 만약의 사태가 발생하여도 구조함정도 출동하지 않을 것이다."는 상황실의 통보를 전달 받았다. 영국해경은 "아무리 악천후라도 어디서 언제든지 위험상황이 되면 우리가 구조하러 갈 것이니, 마음 놓고 출항하라." 한다는데, 야속한 마음이 앞선다.

우선 저동의 길다방에서 달걀 노른자가 들어있는 모닝커피를 해달라는 떼를 쓰며, 다시 출항을 할 것인지, 기다릴 것인지를 두고 투표도 하고 격론도 나누었다. 결국 포기도 용기 있는 자가 할 수 있다는데 의견을 모아, 날씨가 나아지기를 기다리기로 하였다.

다시 뱃머리를 전진캠프 천부항으로 돌렸다. 무거운 마음만큼 선미의 무게도 무거워졌는데, 좌현에 나타난 선목 선착장(천부방향의 도로가 끝나는 지점)에서 누군가가 입을 떼었다. "저기서 낚시나 담급시다." "그래…… 뭐가 바쁘다고……."

선목 선착장에 보트를 묶고, 낚시도 담그고, 공중화장실에서 오랜만에 우아하게 오수도 처리하고, 도시락도 까먹었다. 또 잠깐 관광오신 분들의 택시를 빌려 천부에 두고 온 무전기를 가지러 간 사이, 바터제로 보트 태워주기 대국민 서비스도 하고 시간을 보냈다. 그리고 현충일이니 만큼 가지 못하는 독도를 향하여, 독도수호 순직자에 대한 거수경례와 묵념을 올리었다.

묵도가 끝나는 순간 잠시 침묵이 흐르고, "갑시다. 가다가 돌아오더라도 갑시다." 배도 부르고, 방광도 비었으니 독도망령이 또 발작을 하나 보다.

일사천리로 우리는 5분 만에 현장을 정리하고 해경과 독도사무소, 독도경비대에 출항을 통보했다. 벌써 리드보트 샤라반호는 독도를 향하여 50m 전방에서 파도를 헤치고 있었다.

울릉도에 도착한지 24시간이 지나 다시 맞은 정오, 결심은 잠깐이었지만 후회는 긴 꼬리를 물었다. 끝없는 백파, 우리의 보트를 감싸 안는 병풍파도, 물 위로 솟구쳐 올렸다 팽개치는 삼각파도의 조롱이 독도항 내에 들어설 때까지 우리의 의지를 담금질해댔다.

그리고 독도의 동도와 서도의 사이로 들어가는 입구에서 묵호를 떠난 썬플라워호의 입항에 잠시 순서를 양보하고 우리는 15시 독도에 닿았다.

감격과 흥분도 잠시, 우리는 우선 회원님들의 정성으로 마련한 티셔츠와 운동화, 120장의 팬티를 조심스럽게 하역하였다. 보물단지처럼 안고 간 박스는 들이친 파도에 찢어졌고, 속 박스까지 젖은 운동화와 몇 개의 싱싱한 계절과일들을 위문품으로 독도경비대에 넘겼다.

10여 분을 머물고 관광객을 태운 썬플라워호가 다시 떠나자 우리 일행은 동도의 정상을 향하였고, 정상에서 독도경비대가 도열

독도의 동도 정상에서 내려다 본 동도 선착장

하는 환영박수를 받았다. 독도에서 받는 환영박수의 감격은 내 생애 두 번은 없을 것이다. 우리 일행은 추모비에 묵념을 올리고, 독도경비대가 나눠주는 커피 한 잔을 마시고 인증샷을 눌렀다. 독도의 동서남북을 눈과 마음에 담고, 우리를 만난 반가움에 자리를 떠나지 않는 괭이갈매기와 잠깐 속삭임을 나누고……

그리고 또 독도를 마음에 담고 또 담으며 하산하였다.

16시 30분 다시 울릉도를 향한 귀항의 시동을 걸었다.

동도를 동으로 돌아 나오는 귀항로의 파도는 예상을 비켜가, 올 때보다도 더 거세게 우리의 보트를 위협하였다. 끝없는 백파가 우리의 피 맛을 노리는 이빨이 아니라, 환영의 박수 같다는 환상에서 깨어나라고 "꿈 깨라! 꿈 깨라!"하고 소리치듯이 그렇게 뱃전을 때리고, 또 때리었다.

15여 분의 항행 동안 독도를 향하던 삼봉호가 멀리서 우리를 비켜갔고, 그 뒤 1km쯤에 일엽편주 이사부탐사대의 진성호가 선수를 곧추세우고 널뛰기를 해대며 우리의 시야에 들어왔다. 반가움에 침로를 바꾸고 서로가 무사항해를 당부하며 "어이~ 어이~!"하고 손을 흔들었다.

이후 파도에 흔들리는 각자의 고통을 참느라 긴 침묵의 시간이 반복되었다. 간간이 휴식시간에 주몽님과 해신님 일행이 마련해준 간식보따리를 끌러, 양갱이며 포도, 비스킷 등 피가 되고 살이 될 그것들을 기계적으로 연료 보충하듯 입으로 처넣었다.

저동항 40여 km 전방에서 빛바랜 흑백사진처럼 흐릿한 울릉도가 드디어 자태를 보여주었다. 안도하던 우리 주위에 바다의 어둠이 싸여왔고, 저동항의 등대불이 돌아간 자리에 보안등이 깜빡일 때쯤, 주변은 어느새 깜깜한 야간항행을 하고 있었다.

저동 앞에서 울릉도를 좌로 돌면 나타나는 천부항이 왜 이리도 먼 뱃길인지? 지쳐가던 우리는 참을 수 없는 짜증들이 폭발했고, 20시 30분이 되어서야 천부항에 귀항 신고를 하였다.

보트를 떠나 정신을 가다듬으니 속옷까지 파도에 젖어 사타구니를 흐르는 동해

물에 추위가 엄습했다. 먹는 것보다 따뜻한 것이 다급하였다. 명이나물에 쌈 싸먹는 삼겹살 맛이 두 접시를 먹은 후에야 혀끝에 닿는다. 비로소 독도항행의 성공을 확신하는 두근거림으로 건배의 잔을 높이 들었다.

오늘은 전진기지까지 봉고차가 통째로 기사도 없이 제공되었다. 전진기지에 도착하자 어른 주먹보다 큰 독도 소라가 삶아져 나왔지만, 피곤에 지친 우리는 맛볼 겨를도 없이 잠에 떨어졌다.

셋째 날

독도를 입도했다는 안도감일까? 약간은 긴장이 풀린 우리는 집으로 돌아갈 마음에 들뜬 기분으로 05시 기상을 하였다.

예정된 출항은 07시였으나 조금 늦추기로 하였다. 식당으로 이동을 독촉하다, 일부 인원이 걸어서 가겠다며 전진기지를 떠났고 6시경 식당에 도착한 우리는 귀가 선물을 구입하기위해 동분서주하였다.

해경함의 호송

명의나물(1kg 한 팩에 15,000원), 울릉도 오징어(한 축 23,000원. 도동에서는 3만원은 받는 것이라고 하였다.) 그리고 울릉도 호박엿 등을 구입하였다.

서두르면 07시 출항이 불가능하지 않았지만, 보트 청소며 연료 주입 등을 하고 울릉도를 떠나기 아쉬워하다 08시에 강릉을 향하여 시동을 걸었다.

잠시 현포항 앞에서 내비게이션을 정리했고, 여기서 오늘 항로에는 해경 ○○○함이 동행할거라는 통보를 받았다.

30km쯤 항행하였을까? 좌현 멀리시 해경 ○○○함이 보였고, ○○○함은 강릉 전방 80km까지 77채널에서 몇 번의 교신을 나누고 우리와 함께하였다.

항로의 파고는 1~2m, 어제의 파도에 비하면 장판(?)이었다. 백파는 보이지 않았고, 절반 정도를 지나지 파도는 1~1.5m로 줄어들어, 마음이 바쁜 현대호가 시속 58km까지 속도를 높이기 시작하였다. 덕분에 선실의 앞유리창에 금이 갔고 이어 한 번의 충격으로 앞창은 송두리째 동해물 깊은 바다 속으로 가라앉아, 조종석의 전면 유리창은 알 없는 안경 신세가 되어 항행을 계속하였다.

간간이 휴식시간엔 독도소라가 혀끝에 달라붙고, 달리는 보트에서 커피를 마실 만큼 여유도 있었다.

강릉항 전방 40km 전방에 이르자 본토가 어렴풋이 모습을 나타내었고, 해경 ○○○함이 사라진 자리에 PT○○함이 나타나 채널 16에서 아이볼하였더니 임무 교대란다.

아무튼 남은 거리를 거의 시속 58km로 질주한 우리는 강릉항 입구에서 잠시 대기하며, PT○○함이 먼저 입항하기를 통보하였고, 후속하여 샤라반호 그리고 50m를 후속하여 현대호가 강릉항에 입항하였다.

13시 40분 우리들의 독도항행은 막을 내렸다. 부두에는 독랑님이 태극기와 샴페인을 가지고 기다리고 있어서, 자축의 샴페인을 터트렸다.

휴일이라 주차장 통로를 막은 차량들을 치우고 보트를 인양했고, 저녁 후 충청팀과 작별하고 17시에 강릉을 출발하여, 23시에 출발지점 A마린에 주차하였다.

물반 고기반의 국토서남단 끝 가거도 보팅기

출발 하루 전 : 오도 전진기지의 최종 작전회의

6월 2일 17시가 되자 충남 당진의 당진천막과 오도기지에 중무장한 11명의 전사들이 하나 둘 도착하기 시작하였다. 먼저 도착한 팀들이 당진천막에서 샤라반호와 현대호의 비미니탑을 제작, 부착하고 견인차량의 최종점검을 하였다.

이미 두 선주님이 수일의 시간을 투자한 덕분에 달리는 카페 견인차량 7인승 카운티의 점등라인에 대한 약간의 수리를 하고 그리고 20시를 넘겨서 비미니탑 제작을 끝냈다.

오도기지로 이동하여 커피카피님의 지휘 하에 조리된 김치찌개를 곁들인 양념갈비 40인분으로 늦은 저녁을 가지면서 출항 전야제를 가졌다. 21시쯤 드메르님이 도착하여 최종 작전회의를 열고, 각자가 수집한 정보를 토대로 출항지를 목포, 영광, 진도, 땅끝을 두고 고심하다 땅끝의 한마음 한뜻 보금자리를 전진기지로 선정하고, 땅끝－맹골군도－흑산도를 경유하는 가거도 코스를 확정하였다.

6월 3일 11시 땅끝 출항, 6월 5일 또는 6월 6일에 땅끝 귀항을 예정하고, 23시 오도기지를 출발하였다.

두 선장은 마라도와 독도를 탐사한 최고 경력의 소유자이며, 샤라반호와 현대호는 엔진과 장비가 그 때보다 업그레이드 되고 최고의 컨디션을 유지한 상태라서인지 마치 소풍이라도 떠나듯 긴장감들이 없었다.

처음으로 장거리 항해에 도전하는 가인짱, 꿈뽀, 칸돌 또한 분위기에 묻힌 듯 겉으로는 출발 전부터 이미 노련한 장거리 탐사대의 전사가 되어 있었다.

지난 두 번의 장거리 항행인 마라도와 독도 항행 때와는 달리 이번에는 오도 전진기지에서 대부분의 항행계획을 결정한 것은 참가한 대원들의 경력이 일천하고, 너무 많은 의견이 제시되어, 즐거움과 안전한 항행을 위한 최선의 방책을 얻기 위함이었다.

23시 달리는 카페 카운티가 견인하는 샤라반호를 앞세우고 오도기지를 출발한 우리 일행은 내일 땅끝항의 만조가 아침 11시이기 때문에 여유롭게 당진-땅끝에 이르는 모든 휴게소를 하나씩 순서대로 접수하면서 교대운전으로 땅끝 전진기지를 향하여 이동하였다.

동이 트는 땅끝 송지호 해수욕장 2km 전방에서 차량과 보트에 연료 충전을 끝냈고, 미황사 선방 4km 이르자 이른 새벽 밤잠을 설친 한마음 한뜻님의 괴롭고도 성대한 환영이 있었다.

순서대로 샤워를 끝내고, 먼저 조반이냐 취침이냐는 논쟁이 있었다. 밤을 새워 한마음님이 정성으로 준비한 고사리 무침을 곁들인 조반을 먼저 먹기로 하여, 맛의 본고장에서 업그레이드된 한마음님의 손맛을 혀끝에 담아 보았다.

한마음 한뜻님은 무슨 질긴 인연으로 레저보트에 인연이 닿아 첫닭이 울어대는 이른 새벽 떼도둑 같은 12명 장정의 곱창을 채워야하는 수고를 해야 하는지. 속마음 깊은 곳에 미안함이 뭉글거렸지만 독한 마음을 다지며 끝내 발설은 자제하였다.

이 사연은 두 분의 진심어린 정성에 누가 될까 하는 염려로 지금도 마음 깊은 곳에 감사하는 마음으로 포장하여 담아두기로 하였다. 이승에서 못 갚으면 저승에서라도 갚을 기회가 주어질지. 레저보트에 입문하여 지는 신세가 한둘이 아니니 흐르는 시간을 덧대 가면 속에 가리는 내 실정을 알아주시길 부탁드려 볼밖에.

아무튼 안정된 전진기지를 활용하는 것은 장거리 보팅에서 대원들의 심리적인 안정감을 유지는 데 큰 도움이 된다. 더불어 대원들 각자의 이질적인 일상으로부터 멀어져 보트라는 좁은 공간에서 장시간을 함께하면서 보내야 한다는 불편을 최소화하기 위하여 호흡을 조율하는 귀중한 기회를 만드는 곳이므로 공간적 시간적으로 매우 중요한 과정이다.

첫째 날 : 땅끝에서 흑산도로, 평균속도는 25노트

아침상이라기엔 너무 거창한 식사를 마친 우리는 11시의 땅끝항 만조를 기다릴 수 없다는 조급함으로 08시 땅끝항을 향하여 출발하였다.

막 하루가 시작되는 아침, 마침 땅 끝항은 만조를 향하여 물이 차오르고 있었고, 우리는 보트를 띄우기가 가능하다고 판단하여 도착하면서 원거리수상레저신고서를 제출하고 일사불란하게 보트를 론칭하였다.

전남 해남 땅끝 슬로프에서 보트론칭(띄우기)

그리고 09시에 출항하여 20분쯤 달리던 우리에게 한통의 전화가 걸려왔다. 트레일러를 주차한 주차장을 지나던 주민이 차량의 창문이 열려있다고 전해주었다. 누구인지도 알지 못하는 주민이 아침 산책을 나왔다가, 우리의 출항을 보고 돌아가던 중 친절하게도 연락을 주신 것이다. "감사하고, 고맙습니다." 지체 없이 한 대의 보트가 주차장으로 복귀하고 나머지 한 대는 양식장이 듬성듬성한 무인도 앞에서 기다리기로 하였다.

기다리는 짬을 허비할 수 없다는 충동에 누구의 제의랄 것도 없이 고패질을 시작하였다. 시속 6km의 조류가 흐르는 와중에서 서너마리의 20cm급 우럭을 낚아 올렸고, 되돌아 온 샤라반호를 완도산 우럭 한 점씩의 안주로 반겨 주었다. 맹골군도를 우회해서 가는 140여 km 흑산도까지의 바닷길에서 중간 중간 우리는 가는 길을 멈추고 이렇게 중간보급(?)을 하였다.

기간 중 항로는 100~500m의 짙은 해무가 무리를 괴롭혔다.

흑산도항에서 어선들 사이를 비집고 계류하였다.

흑산도까지의 바닷길은 하루 종일 가시거리 100~500m의 해무에 감싸인 채 가끔씩 섬 모퉁이의 한 자락이 희미하게 보일 뿐 고깃배도 멀리 지나는 화물선도 보이지를 않았다.

지나는 뱃길의 좌우에는 늘 멋진 여밭이 이어졌으나 탐탁한 손맛을 보여주지 않았고, 14시경 흑산항 외해에 이르러 남는 시간 동안 또 여기저기 무작위로 두 시간 정도를 탐색하였으나, 그 이상의 수확물은 없었다.

16시에 입항을 결정했고, 흑산항에 닻을 내리니 이미 연락받은 ○○수산의 여사장님이 보트 정박할 곳을 일러주고 닻줄을 받아주셨다.

삭힌 홍어와 덜 삭힌 홍어회를 안주삼아 늦은 점심을 하였고, 다시 ○○수산의 사장님이 안내해준 장어 포인트로 향하였다. 포인트를 향하면서 사장님이 입항 전 우리가 고패질을 시도하였던 포인트는 밀물 농어 포인트라 일러주었다. 장어

포인트에 도착한 우리는 한 시간여 장어낚시를 즐겼다.

항해중의 휴식

흑산도의 장어 포인트는 주야 없이 장어가 올라온다고 하였다. 보트를 부이에 결박하고, 80~100호 봉돌에 연결된 두 개의 낚시에 갯지렁이나 오징어 미끼를 사용하여 30여 분을 기다리면, 탐색을 끝낸 장어의 조심스런 입질이 온다는 것이었다.

10여 분이 지나자 팔뚝만한 장어가 매달려 올라오기 시작하였다. 복불복인지 현대호에서는 1인당 3~4마리의 장어를 건진 반면에 샤라반호에서는 겨우 지원병이 두 마리를 건졌을 뿐, 가로림만에서 장어낚시의 달인이 된 단열재, 뉴페이스님의 실력이 전혀 나타나질 않았다.

이후 복귀하여 따끈한 민박에서 커피카피의 주도에 깐돌님과 여러분이 수고하여 취사 준비를 했고, 가인짱이 손질한 장어구이를 곁들여 저녁을 먹은 후, 이틀간의 잠을 몰아 단잠에 들었다.

둘째 날 : 흑산도에서 가거도로

따끈한 방 덕분인지 우리는 05시부터 기상하기 시작하였다. 아침 주유소가 문을 열자마자 400리터 정도의 급유를 하였다. 이후 ○○식당에서 08시에 아침식사를 하였고, 09시 가거도를 향하여 시동을 걸었다.

먼 길을 돌아 '흑산도 아가씨'를 부르며 하루 밤 신세를 진 흑산도는 의외로 도시스런 항구의 정취가 있었고 고속페리로 도착한 관광객이 길을 메워 호젓한 섬의 정치는 아니었다. 흑산도항의 경치에 높은 점수를 주지 못한 것은 아마 해무 탓이었을까.

흑산도에서 가거도를 향하는 바다는 파고 2m에 500m 내외의 시야만 보여주는 짙은 해무가 우리를 가두고 따라왔다.

　40여분을 달려 상태도를 향하던 중 ○○식당 사장이 알려준 똥섬(암석으로 이루어진 섬의 모양대로 이름이 붙여진 듯하다)을 둘러가며 한 시간 남짓의 낚시로 한 끼 꺼리 정도의 우럭과 놀래미를 건졌다. 우리는 상태도 인근에서 다시 낚시를 내렸지만 일행 중 멀미를 하는 대원이 있어서 가거도로 가던 길을 재촉하였다. 나도 레저보트를 타면서 처음 멀미를 느껴서 해무의 갑갑함이 원인이었을까, 하고 생각하여 보았다.

　이윽고 16시경 가거도의 북단에 진입하니 이틀 동안 우리를 가두었던 해수가 사라지고, 바다 가운데 별천지의 가거도가 유월의 햇살에 반짝거리며 우리의 눈 앞에 성큼, 용궁처럼 자태를 나타내었다. 가거도 서측으로 뱃길을 돌리던 우리는 백년등대, 중간여 등에서 3시간 동안 물반 고기반인 가거도 낚시의 진미를 유감 없이 느꼈다.

　조류빨이 거센 돌섬과 갯바위 사이를 흘러 내려가기를 반복하며, 5짜, 6짜의 개

우럭, 참우럭, 열기 등 뜰채를 들이댈 여유도 없이 부산한 낚시질을 하다가 가거도 남쪽에 위치한 가거항에 17시 입항하였다.

이 날은 횟감도 풍부하고 가져온 양식도 많이 남아 두 쿨러의 생선을 정리하고 회를 뜨고, 소금에 절여 직접 취사하였다.

셋째 날 : 다시 땅끝으로 132km의 귀항

일정을 바꾸어 오늘 땅끝으로 복귀하기로 의견을 모았다. 그리하여 06시부터 09시 30분까지 새벽 낚시를 나가, 소문으로 들었던 가거도 동쪽 끝단의 새로운 포인트를 40여 분간 탐색하였다. 그러나 조과가 없어 다시 어제의 포인트로 향하였다.

역시 줄줄이 대물이 올라와 두 시간 정도에 각 한 쿨러 이상씩의 조과를 거두고 가거도항으로 복귀, 10시 때늦은 아침식사를 가졌다. 그리고 예비연료를 추가로 보충하여, 11시 30분, 선수를 동으로 돌렸다.

땅끝 카페리 부두는 노화도와 인근섬을 오가는 카페리로 분주하다.

항행 도중 병풍도 경치에 매료되어 보트를 정지하고 인증샷을 날리던 우리의 시야에 농어떼가 우글거리는 것이 보였다. 몇 번의 캐스팅을 반복하였지만 조과는 제로. 아쉽게 썰물의 시작이라 보트를 양륙하기 위하여 전속 항진 후 17시 땅끝항 카페리부두에서 어렵게 보트를 양륙하였다.

다시 땅끝 흰마음 한뜻 보금자리를 급습하여 갖은 민폐를 다 끼친 후, 02시 30분에 땅끝을 출발, 오도 전진기지를 향하였나.

에필로그

샤라반호와 현대호는 똑같은 SEAGULL이며, 메이커만 다를 뿐 225마력의 선외기를 탑재하였다. 마라도와 독도의 장거리 보팅 뿐만 아니라 근해 보팅에서도 자주 페어를 이루는 보트로서 기간 중 페어보팅의 진수를 보여주는 환상의 페어보팅을 하였다.

페어보팅

대원 또한 2명을 제외하고는 함께 독도 항행을 한 멤버로서 장거리 항행에서 자신이 해야 하는 역할이 무엇인지를 잘 알고 이행하였으로 즐거움이 배가된 보팅이었다.

우리는 이번 보팅에 만족하여 복귀하는 고속도로 상에서 다음 보팅의 코스를 의논할 정도였다. 여행과 보팅은 어디로 가는 것이 중요한 것이 아니라 누구와 함께 떠나는 것이 더 중요하고 즐겁다는 진리를 다시 한 번 확인하였다.

- 기 간 : 2011년 6월 3일 10:00 ~ 6월 5일 17:00시
- 인 원 : 12명
- RIB보트 2대(혼다 4기통 225마력, 에빈루드 이텍 225마력, 2.93톤)
- 출항지 : 땅끝항
- 기항지 : 흑산도, 가거도
- 항해거리 : 왕복 400km(땅끝－맹골군도－흑산도－태도－가거도－병풍도－땅끝)

가거도항의 계류

가거도항의 출입항로

- 연료소모량 : 각 약 500리터 (항해속도 25~34노트, 평균속도 26.5노트)
- 기간 중의 기상 : 출발 시 5, 6일에 비가 올 것으로 예보되었으나, 기간 중 시야 100~1000m의 해무가 있었을 뿐 비는 오지 않았다. 가거도를 2km 정도 남겨놓았을 때부터 우리가 가거도를 떠날 때까지 해무가 자취를 감춘 것은 대단한 행운이었다.

기온은 25도 내외로 쾌적하였으며, 흑산도를 출발하여 태도와 가거도간 약 2m 내외의 파도가 친 것 이외에는 거의 1m 내외의 파도 속에서 쾌속 항진하였다.

부록

부록 1 국제신호기

부록 2 기상청의 기상특보 발령 기준

부록 3 풍속 환산표(보퍼트(Beaufort) 등급)

부록 4 해상무전 비상 통신 주파수

부록 5 유용한 마린 홈페이지

부록 6 국내 마린업체 안내

부록 7 MY LOG PAGE

A	알파		잠수부를 내리고 있습니다. 저속으로 피해 주세요.
B	브라보		위험물을 하역중 또는 운송중입니다.
C	찰리		YES. 긍정 또는 "직전의 신호는 긍정의 의미이다."
D	델타		피해 주세요. 나는 조종이 곤란합니다.
E	에코		진로를 오른쪽으로 바꾸고 있습니다.
F	폭스트롯		조종할 수 없습니다. 본함과 통신해 주세요.
G	골프		수로 안내인(도선사)이 필요합니다. 또는, 어망작업 중입니다.
H	호텔		수로 안내인(도선사)을 태우고 있습니다.
I	인디아		진로를 왼쪽으로 바꾸고 있습니다.
J	줄리엣		화재 중이고, 위험물이 있습니다. 충분히 피해 주세요.
K	킬로		귀선과 통신하고 싶습니다.
L	리마		정선하라.
M	마이크		본선은 정선하고 있습니다.
N	노벰버		No. 부정 또는 "직전의 신호는 부정의 의미이다."
O	오스카		사람이 바다 속에 떨어졌습니다.
P	파파		(항내에서) 본선은 출항 준비중이므로 전원 귀선해 주세요.
			(대양에서) 본선이 어망 장애물에 걸렸습니다.
Q	케백		본선의 건강 상태는 양호합니다. 검역 교통 허가서를 교부해 주세요.
R	로미오		수신했습니다.
S	시에라		본선의 기관은 후진중입니다.

T	탱고		본선을 피해 주세요. 본선은 페어 트롤링 중입니다.
			(2척으로 저인망을 끌고 있습니다.)
U	유니폼		귀선의 진로에 위험이 있습니다.
V	빅터		지원을 바랍니다.
W	위스키		의료지원을 바랍니다.
X	엑스레이		현재의 행위를 중지하고 본선의 신호에 주의해 주세요.
Y	양키		본선은 닻을 조작중입니다.
Z	줄루		예인선을 요구합니다. 또는, 투망중입니다.

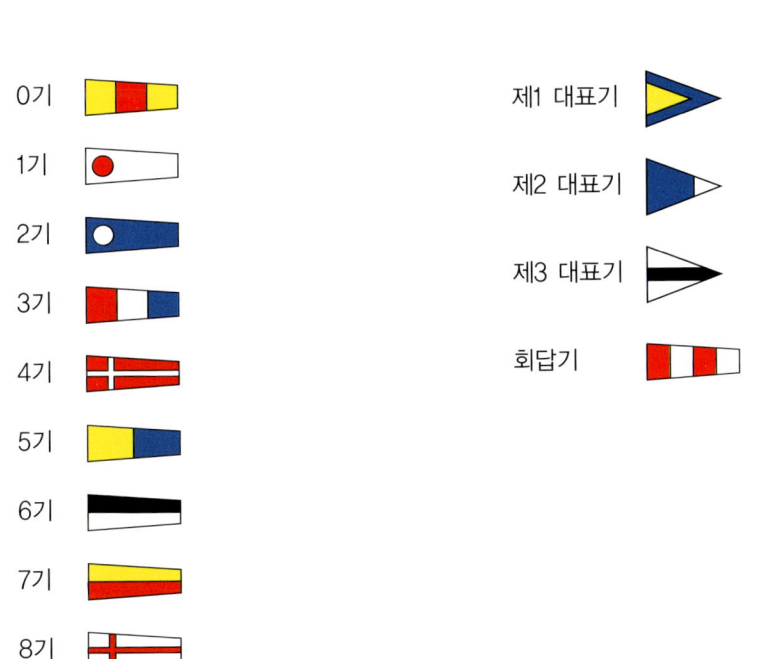

0기 1기 2기 3기 4기 5기 6기 7기 8기 9기

제1 대표기
제2 대표기
제3 대표기
회답기

종류	주 의 보	경 보
강풍	육상에서 풍속 14m/s 이상 또는 순간풍속 20m/s 이상이 예상될 때. 다만, 산지는 풍속 17m/s 이상 또는 순간풍속 25m/s 이상이 예상될 때	육상에서 풍속 21m/s 이상 또는 순간풍속 26m/s 이상이 예상될 때 다만, 산지는 풍속 24m/s 이상 또는 순간풍속 30m/s 이상이 예상될 때
풍랑	해상에서 풍속 14m/s 이상이 3시간 이상 지속되거나 유의파고가 3m 이상이 예상될 때	해상에서 풍속 21m/s 이상이 3시간 이상 지속되거나 유의파고가 5m 이상이 예상될 때
호우	6시간 강우량이 70mm 이상 예상되거나 12시간 강우량이 110mm 이상 예상될 때	6시간 강우량이 110mm 이상 예상되거나 12시간 강우량이 180mm 이상 예상될 때
대설	24시간 신적설이 5cm이상 예상될 때	24시간 신적설이 20cm이상 예상될 때. 다만, 산지는 24시간 신적설이 30cm 이상 예상될 때.
폭풍해일	천문조, 태풍, 폭풍, 저기압 등의 복합적인 영향으로 해수면이 상승하여 발효기준값 이상이 예상될 때. 다만, 발효기준값은 지역별로 별도지정	천문조, 태풍, 폭풍, 저기압 등의 복합적인 영향으로 해수면이 상승하여 발효기준값 이상이 예상될 때. 다만, 발효기준값은 지역별로 별도지정
지진해일	한반도 주변해역(21N~45N, 110E~145E) 등에서 규모 7.0 이상의 해저지진이 발생하여 우리나라 해안가에 해일파고 0.5~1.0m 미만의 지진해일 내습이 예상될 때	한반도 주변해역(21N~45N, 110E~145E) 등에서 규모 7.0 이상의 해저지진이 발생하여 우리나라 해안가에 해일파고 1.0m 이상의 지진해일 내습이 예상될 때
태풍	태풍으로 인하여 강풍, 풍랑, 호우 현상 등이 주의보 기준에 도달할 것으로 예상될 때	태풍으로 인하여 풍속이 17m/s 이상 또는 강우량이 100mm 이상 예상될 때. 다만 예상되는 바람과 비의 정도에 따라 아래와 같이 세분한다.
폭염	6월~9월에 일최고기온이 33℃ 이상이고, 일최고열지수(heat index)가 32℃ 이상인 상태가 2일 이상 지속될 것으로 예상될 때	6월~9월에 일최고기온이 35℃ 이상이고, 일최고열지수(heat index)가 41℃ 이상인 상태가 2일 이상 지속될 것으로 예상될 때

구분	3급	2급	1급
바람(m/s)	17~24	25~32	33 이상
비(mm)	100~249	250~399	4000 이상

등급	knots	m/s	km/h	분류	바다	육지에 미치는 영향
0	1	0~0.2	0~0.2	고요함 (calm)	거울면 같이 평온하다.	연기가 수직으로 상승한다.
1	1~3	0.3~1.5	1~5	실바람 (light air)	비늘 모양의 잔물결이 생성되나 거품은 없다.	연기가 바람에 날린다.
2	4~6	1.6~3.3	6~11	남실바람 (light breeze)	작고 짧은 잔물결이 생기고 부서지지 않는다.	피부로 바람을 느낄 수 있다. 나뭇잎이 흔들거린다.
3	7~10	3.4~5.4	12~19	산들바람(gentle breeze)	잔물결의 끝이 부서지기 시작하고 흰 물결이 보이기 시작한다.	나뭇잎과 잔가지가 움직이고 깃발이 가볍게 날린다.
4	11~15	5.5~7.9	20~28	건들바람 (moderate breeze)	파도가 높지는 않으나, 흰 파도가 상당히 자주 보인다.	먼지와 흩어진 종이들이 날린다.
5	16~21	8.0~10.7	29~38	흔들바람 (fresh breeze)	물방울이 날리며, 바다의 표면이 흰 파도로 된다.	잎이 무성한 작은 나무가 흔들리고 호수에 물결이 인다.
6	22~27	10.8~13.8	39~49	된바람 (strong breeze)	큰 파도가 일어나고, 흰 거품이 바다를 덮으며, 물보라가 조금씩 생긴다.	전선이 울리며 큰 가지들이 움직인다. 우산을 사용하기 어렵다.
7	28~33	13.9~17.1	50~61	센바람 (near gale)	바다는 산처럼 높아지고부서진 파도에서 생긴 흰 거품들이 바람 방향에 따라 날아가기 시작한다.	나무 전체가 흔들리고, 바람을 안고 걷기가 어렵다.
8	34~40	17.2~20.7	62~74	질풍 (gale)	방대한 길이의 상대적으로 높은 파도가 생긴다. 마루(crests)의 가장자리가 물보라 안으로 부서져 내리기 시작하며, 거품이 뚜렷이 보이는 바람 방향을 따라 날아간다.	잔가지들이 부러진다. 자동차 방향이 틀어지며, 바람을 안고 걸을 수 없다.

등급	knots	m/s	km/h	분류	바다	육지에 미치는 영향
9	41~47	20.8~24.4	75~88	아주 강한 실풍 (severe gale)	높은 파도가 치고, 고밀도의 거품 줄무늬가 바람 방향을 따라간다. 파도의 마루(crests)가 떨어지기 시작하고, 산산이 바리케이드가 날아가고 흩어진다. 물보라가 시야에 영향을 미칠 정도이다.	근 가지들이 부러지고 작은 나무들은 날아간다. 건설공사 임시 표지판과 바리케이드가 날아가고 서커스 텐트와 차양에 손상이 살 정도이다.
10	48~55	24.5~28.4	89~102	폭풍(storm)	굉장히 크고 높은 파도가 치며, 해면 전체가 흰빛으로 되어 파도가 충격적으로 부서진다. 시정이 감소된다.	나무가 부러지거나 뿌리채 뽑힌다. 기와가 날아가고, 약한 도로 표지판이 날아간다.
11	56~63	28.5~32.6	103~117	아주 강한 폭풍 (violent storm)	큰 파도 속에서 중소형의 배는 파도 속으로 사라진다. 온 바다는 흰 덩어리 거품에 덮히고, 시야는 더욱 나빠진다.	넓게 퍼져있는 초목이 손상을 입고 대부분의 지붕에 더 큰 피해가 생긴다. 오래되어서 부서지거나 구부러져있는 아스팔트 타일들은 완전히 부서진다.
12	64~71	32.7~36.9	118~133	허리케인 (hurricane)	거품과 물보라로 가득하며, 바다는 완전히 하얀색의 요동치는 물보라로 변한다. 시야에 매우 심각하게 영향을 준다.	창문이 깨지고, 구조가 약한 건물이 손상을 입는다. 파편이 날아다닐 수 있다.

- 우리나라는 7등급 이상이면 태풍이라 한다.
- 5등급(흔들바람)에서는 7.5미터의 RIB 보트도 항행에 어려움이 있으며, 4등급(건들바람) 이내에서 모터 보팅을 즐기는 것이 좋다. 요트(범주)는 이때부터 본격적인 요팅을 즐길 수 있다.

1. 중단파 무선(2091kHz) : 출력 1kW

강릉, 군산, 여수, 울릉, 인천 무선국(호출부호 HLK)

2. 근해무선국(SSB 2182kHz) : 출력 200kW

강릉, 군산, 목포, 부산, 여수, 울릉, 인천, 제주무선국

3. 항만무선통화 취급국 : 마린무전기(VHF 156.8kHz)

마린채널	주파수	용도	비고
6	156.300	포항, 평택, 제주, 광양 등 항만정보 제공	
07A	156.350	Commercial	
8	156.400	Commercial (Intership only)	
9	156.450	Boater Calling. Commercial and Non-Commercial.	
10	156.500	여수, 보령, 평택주, 부산, 울산 보조	
11	156.550	부산 보조	
12	156.600	부산, 대산, 군산, 동해, 포항, 제주, 광양주, 목포도선, 울산 보조	
13	156.650	부산, 울산 도선	
14	156.700	마산, 통영, 울산, 동해, 목포주. 제주 예비, 포항 보조, 인천 항계 외	
15	156.750	Environmental(Receive only). Used by Class C EPIRBs.	
16	156.800	호출과 긴급 조난 신호	
17	156.850	State Control	
18A	156.900	Commercial	
19A	156.950	Commercial	
68	156.425	인천 항계 내	
70	156.525	156.525 광양	

4. HAM (VHF 145.0MHz) 통신

HAM VHF 주파수대 144.000MHz- 146.000 MHz 비상대기주파수 145.0 MHz

5. 유의사항

허위의 조난 통신을 발신하는 경우 일반인은 5년 이하의 징역, 무선종사자는 5년 이하의 징역 또는 2천만원 이하의 벌금형을 받는다.

1. 국가기관

국토해양부	http://www.mltm.go.kr
해양경찰청	http://www.kcg.go.kr
한국해양연구원	http://www.kordi.re.kr
국가해양환경정보 통합시스템	http://www.meis.go.kr
한국해양자료센터	http://kodc.nfrdi.re.kr
국립수산과학원	http://www.nfrdi.re.kr
국립해양조사원	http://www.khoa.go.kr
극지연구소	http://www.kopri.re.kr
해군	http://www.navy.mil.kr
수협중앙회	http://www.suhyup.co.kr
한국해운조합	http://www.haewoon.co.kr
한국관광공사	http://www.visitkorea.or.kr
문화체육관광부	http://www.mcst.go.kr
경정운영본부	http://kboat.or.kr
한국기상청	http://www.kma.go.kr
해양수산개발원	http://www.kmi.re.kr
중앙전파관리소	http://www.crmo.go.kr

2. 협회

(사) 한국수상레저안전연합회	http://www.kwlsf.or.kr
(사) 대한요트협회	http://www.ksaf.org
(사) 한국J24클래스협회	http://www.kj24.org
(사) 한국윈드서핑협회	http://www.kwsa.or.kr
(사) 한국외양요트협회	http://www.kosf.or.kr
(사) 대한수중 · 핀수영협회	http://www.kua.or.kr
(사) 대한잠수협회	http://www.kuda.or.kr

(사) 국민생활체육 윈드서핑연합회	http://www.kwasa.org
(사) 한국해양소년단연맹	http://www.sekh.or.kr
(사) 한국아마추어무선연맹	http://www.karl.or.kr
대한 체육회	http://www.sports.or.kr
(사)대한민국해양연맹	http://www.seapower.or.kr/
(재)해상왕장보고기념사업회	http://www.changpogo.or.kr/
(사) 한국스포츠피싱협회	http://www.sportfishing.co.kr
전남요트협회	http://jnsf.co.kr

3. 기업, 단체

한국보트피싱클럽	http://cafe.daum.net/koreaboat
한국보트클럽	http://www.coboclub.com
파워보트클럽(경기만)	http://cafe.naver.com/bbbc
보트사랑	http://cafe.daum.net/qhxmtkfkd
씨맨클럽	http://boatp.com
해양보트클럽	http://cafe.daum.net/ilikethesea
대양보트클럽	http://cafe.daum.net/daeyangboatclub
코스모스의 해양탐사	http://ww.한국의섬.com
박초풍의 바다이야기	http://www.myseastory.com
코리아 요트스쿨	http://www.yachtschool.co.kr
오천 요트피아	http://cafe.daum.net/yachtpia
김현곤의 대양항해 요트	http://yachtkorea.com.ne.kr
세아페르 클럽	http://cafe.daum.net/seaper
부산시요트협회	http://www.busanyacht.co.kr
무선모형보트클럽	http://www.jollyclub.co.kr
생활체육제주윈드서핑연합회	http://cafe.daum.net/jejuwindsurfing
한국크루저요트협회(경기탄도항)	http://cafe.daum.net/cruisingyacht

접는 보트 협회	http://cafe.naver.com/portabate
보낙동	http://cafe.daum.net/bonakdong
윤태근의 항해 이야기	http://cafe.daum.net/yoontaegeun
한국해양사연구소	http://www.seahistory.or.kr
전국의 섬 매매정보와 둘러보기	http://www.marintopia.com/ga123
강원 크루지요트협회 (강릉, 삼척, 양양)	http://cafe.daum.net/gwyacht

4. 대학

한국해양대학교	http://www.kmaritime.ac.kr
해사, 해양과학기술, 국제, 공과대학	
부경대학교	http://www.pknu.ac.kr
수산과학대학, 환경·해양과학대학	
경상대학교	http://www.gsnu.ac.kr
해양과학대학	
부산대학교	http://www.pusan.ac.kr
해양과학과, 조선·해양공학부	
목포해양대학교	http://www.mmu.ac.kr
해상운송, 기관, 전자·통신, 해양·조선공학부	
군산대학교	http://www.kunsan.ac.kr
해양과학대학	
전남대학교	http://www.jnu.ac.kr
지구환경과학부	
목포대학교	www.mokpo.ac.kr
해양자원학과, 선박해양공학과	
조선대학교	http://www.chosun.ac.kr
선박해양공학과	

서울대학교	http://www.snu.ac.kr
지구환경과학부, 조선해양공학과	
고려대학교	http://www.korea.ac.kr
지구환경과학과	
인하대학교	http://www.inha.ac.kr
지구환경공학부, 선박해양공학과	
충남대학교	http://www.cnu.ac.kr
해양학과, 선박·해양공학과	
강릉원주대학교	http://www.gknu.ac.kr
해양생명공학부	
제주대학교	http://www.cheju.ac.kr
해양과학대학	

5. 기타

한국어류도감	http://www.kunsan.ac.kr/fishes
알맵	http://www.altools.co.kr (알맵 지도)
물때표, 일, 월 출몰	http://www.badatime.com
낚시광장 월간 낚시춘추	http://fish.darakwon.co.kr
송강카누학교	http://paddler.co.kr
연안파랑예보	http://www.imocwx.com/cwm/cwmsjp_00.htm

고무보트닷컴 https://www.gomuboat.com

보트. 보트 용품 등

경기 남양주시 삼패동 379 • 전화 : 031-577-0855

금호마린테크 http://www.kumhomarine.com

보트 · 요트의 전자장비, 레이더 반사기, 리이드, 항해안선용품

부산광역시 사하구 장림동 316-14 2층 • 전하 : 051-293 -8589

네베상사 http://www.garmin.co.kr

휴대용 garmin GPS

서울특별시 중구 저동2가 47-15 1층 • 전화 : 02-515-8848

드림 ENG http://www.dreammotors.net

트레일러, 견인장치, 보트

인천광역시 서구 마전동 440-1 • 전화 : 032-562-6852

대양마린 http://www.dymarine.co.kr

머큐리엔진 국내총판. 보트, 요트

부산광역시 해운대구 우1동 1393번지 수영요트경기장 내 • 전화 : 051-743-3770

동남보트레저산업 http://114boat.com/

탱크보트 제작사. 선외기 등 판매

부산광역시 부산진구 초읍동 219-3 동남빌딩1층 • 전화 : 051-817-7075-7

도하츠 http://www.tohatsu.co.kr/korean

도하츠 엔진 , RIB 보트 판매

부산광역시 해운대구 우1동 1393번지(수영 요트 경기장 내)

전화 : 051-741-4221~2

마스타마린 http://mastermarine.co.kr

레저보트 건조

전남 영암군 삼호읍 나불리 608-8 대불 국가산업 단지 내 • 전화 : 061-464-4496

DK마린 http://www.dkexpo.com

알루미늄/콤비보트, 트레일러, 견인장치 등

인천 부평구 십정1동 226-2 • 전화 : 032-584-5600-2

마린랜드 http://www.marineland.kr

　　보트 및 부품, 용품, 선외기 판매

　　충남 천안시 업성동 360-60 • 전화 : 041-564-5221

마린코리아 http://www.marinekorea.co.kr

　　보트, 요트, 보트 용품 등

　　경남 마산시 구산면 구복리 230-6 • 전화 : 011-831-2016, 055-222-4561

모터보트 코리아 http://www.motorboatkorea.com

　　보트, 보트용품

　　서울특별시 영등포구 영등포동 7가 29-114 • 전화 : 02-2672-1588

발해 http://www.mygps.co.kr

　　각종 휴대용 GPS

　　경기 의왕시 오전동 124-4 제이콤빌딩 4층 • 전화 : 031-455-5185

보이즈모터보트 http://www.voyageboat.com

　　RIB 보트, 고무보트, 용품

　　서울특별시 금천구 시흥3동 949-5 • 전화 : 02-804-5045

보트로닷컴 http://boatro.com

　　접는 보트 외 보트, 선외기, GPS 등

　　서울특별시 은평구 수색동 37-7 디지털미디어시티역 1층 • 전화 : 080-017-5000

보트프라자 http://www.boatplaza.co.kr

　　접는 보트, 보트, 보트 용품 등

　　경기 시흥시 계수동 220-1 • 전화 : 031-318-9406

보트코리아 http://www.boat-korea.com

　　고무보트, 선외기, 보트 용품 등

　　경기 남양주시 수석동 254 • 전화 : 031-555-0124

삼영이엔씨 http://www.samyungenc.com

　　레이더, 항해, 통신 전자장비

　　부산광역시 영도구 동삼3동 1123-17 • 전화 : 051-601-5573

신신마린 http://seaking.co.kr

　　　　보트 제조, 판매, 선외기 엔진, 수상 레저 상품

　　　　광수광역시 동구 동명로 65(지산동) • 전화 : 062-225-7388, 010-6701-7388

HONDA MARINE http://www.sdn-i.com/default.asp

　　　　선외기, 마린 부품 제조

　　　　서울특별시 광진구 구의동 5116-4 테크노마트 3110 • 전하 : 02-446-6691

에스텍마린 http://www.estecmarine.com

　　　　선외기 및 부품, 보트, 트레일러 일체

　　　　경기 남양주시 가운동 234 • 전화 : 031-564-6300

우성보트 http://www.wslepo.co.kr

　　　　고무보트, 보트 부품 및 액세서리 등

　　　　서울특별시 마포구 성산동 108-11 KIS 빌딩 1층 • 전화 : 02-325-0130

우성아이비 http://www.zebec.co.kr

　　　　ZEBEC 등 고무보트생산

　　　　인천광역시 계양구 효성2동 331-10 • 전화 : 032-555-8001

이젠마린 http://www.ezenmarine.com

　　　　이젠 고무보트 생산, 보트 용품 판매 등

　　　　경기도 군포시 당정동 231-38 • 전화 : 031-453-1067

인프라 콤비 http://www.infla.co.kr/

　　　　콤비보트 생산, 보트, 보트용품 판매

　　　　서울특별시 성동구 성수2가 3동 19-2 썬빌딩 4층 • 전화 : 02-574-5851

진 마린 http://jinmarine.com

　　　　요트, 보트 수입판매

　　　　서울특별시 강남구 역삼동 707-34 한신인터밸리 빌딩 914 • 전화 : 02-568-5709

창성레저 http://csleisure.co.kr

　　　　보트, 레저용품 등 판매

　　　　경기 부천시 소사구 소사본동 55-3 • 전화 : 031-404-2344

태양마린 http://www.sunmarine.co.kr

보트 및 용품

대구광역시 수성구 만촌동 408-13 • 전화 : 053-752-3331

툴레코리아 http://www.thulekorea.com

랙, 견인장치

경기 구리시 토평동 988번지 • 전화 : 031-568-4051

K보트 http://www.kboat.com

보트 및 보트용품

충북 충주시 동량면 용교리 521 • 전화 : 080-5115-112, 043-848-3866

코마린 http://www.komarine.kr

요트보트 판매, 마리나운영 및 장비 판매

인천광역시 부평구 일신동 109-46 • 전화 : 1661-4609

코오롱 글로텍 http://www.kolonmarine.com

보트 수입

서울 강남구 신사동 630-7 코오롱모터스 강남지점 3층 • 전화 : 02-2105-8445

코리아마린레저 http://www.yamahamarine.co.kr

야마하 선외기, 보트 총판

파쏘 http://www.passo.co.kr

보트, 제트스키 인터넷 전문쇼핑몰

대전광역시 유성구 지족동 901-3 도원빌딩 5층 (주)파쏘커뮤니케이션즈

전화 : 1588-8892

화창 http://www.hwachang.com

SUZUKI 선외기 외 보트 수입업체

서울특별시 용산구 한남동 726-420 • 전화 : 02-794-6111

해양오릭스 http://www.haiyang.co.kr

플로타, 어군탐지기, AIS시스템

경기 부천시 오정구 삼정동 364 부천테크노파크 103동 903호

전화 : 032-327-4712

안흥전자 http://blog.daum.net/anheung6751131

무전기, 레이더, 선박전자장비 일체 판매

충남 태안군 근흥면 신진도리 526-16 • 전화 : 041-675-1131, 011-431-1619

에이스보트 http://aceyacht.com

보트, 요트 판매

서울 서초구 양재동 217 SAG 은관 B 202호 • 전화 : 02-3283-3099

누리레져 http://cate.daum.net/lesbus

보트수입판매, 수입대행 및 보빙용품

경기 시흥시 정왕동 2211 시화철강단지 6동 305-1호 • 전화 : 070-4407-8333

동연카리나보트 http://www.carinaboat.com

보트, 보트부품 제조 및 판매

충북 청주시 산척면 영덕리 738 • 전화 : 043-855-4116

신화마린 http://www.yacht21.com

요트 수입 판매 • 전화 : 070-7443-5120

아주마린 http://www.aju-marine.co.kr

요트, 보트 수입 판매

서울 강남구 역삼동 831-44 대세B/D 11층 • 전화 : 02-6240-0190

파워마린 http://powermarine.co.kr

요트 수입 판매, 유지관리

부산 해운대구 우1동 1393 요트경기장내 부대 4-4 • 전화 : 051-731-4000

베스트마린 http://www.bestmarine.org

보트 수입 판매, 관리

서울 강남구 역삼동 637-2 3F • 전화 : 02-562-4929

엠보트 http://www.m-boat.biz

보트, 카약 수입 판매

경기 화성시 전곡항 대하그룹사옥 1층 • 전화 : 031-355-3661

1. 동력수상레저기구 조종면허

급수	면허번호	갱신기간		
		1차	2차	3차

2. 레저기구 등록사항

등록번호	종류	선명	톤 수

엔진마력	선질	정원	무전기 콜사인

3. 레저기구 정보

구분	제작사	모델	제작년도	시리얼 번호	비고
선체					
엔진					

구분	구입처	구입일시	구입가격	연 락 처	
				판매	A/S
선체					
엔진					

4. 기타 장비

장비명	제작사	모델	제품번호	구입일	구입가격	A/S	비고
G P S							
레이더							
어탐기							
무전기1							
무전기2							

5. 연락처

이 름	전화번호	이 름	콜사인

5. 연락처

이 름	전화번호	이 름	콜사인

5. 연락처

이 름	전화번호	이 름	콜사인

6. 메모 (장비수리내역 & 일정별 중요사항 메모)

일 시	내 용

6. 메모 (장비수리내역 & 일정별 중요사항 메모)

일 시	내 용

6. 메모 (장비수리내역 & 일정별 중요사항 메모)

일 시	내 용

6. 메모 (장비수리내역 & 일정별 중요사항 메모)

일 시	내 용

7. 항해일지

일 시	출 발		귀 항		복 항		기 상
	장 소	시 간	장 소	시 간	장 소	시 간	

탑승인원	항해거리	소모연료량	특이사항

7. 항해일지

일 시	출 발		귀 항		복 항		기 상
	장 소	시 간	장 소	시 간	장 소	시 간	

탑승인원	항해거리		소모연료량		특이사항	

7. 항해일지

일 시	출 발		귀 항		복 항		기 상
	장 소	시 간	장 소	시 간	장 소	시 간	

탑승인원	항해거리	소모연료량	특이사항	

7. 항해일지

일 시	출 발		귀 항		복 항		기 상
	장 소	시 간	장 소	시 간	장 소	시 간	

탑승인원	항해거리	소모연료량	특이사항

7. 항해일지

일 시	출 발		귀 항		복 항		기 상
	장 소	시 간	장 소	시 간	장 소	시 간	

탑승인원	항해거리	소모연료량	특이사항

찾아보기

[ㄱ]

가거도 ······································201
가속과 선회 ·······························96
가짓줄 채비 ······························163
간만조 격차에 의한 사고 ···············187
간조(干潮)································34
강릉항 ····································197
개인수상레저보험(의무보험) ···········145
거문도 ····································200
젤코트 ····································124
젤코트 경화제 ····························124
격렬비열도································203
견인 자동차보험 ·························148
견인(boat trailing) ·······················80
견인사고 ·································189
견인장치(tow vehicle) ····················81
견지낚시 ·································166
결선 ······································149
경음신호 ·································155
경화제 ····································124
계류 ·······································92
계절풍(monsoon)·························30
고속단정(RIB:Rigid Inflatable Boat) ······26
고조 ·······································36
고패낚시 ·································162
고패질 ····································162
공기부양선(air cushion vehicle) ··········23

구글어스 ·································114
구명조끼(life jacket) ·······················58
구조요청신호 ····························155
국제신호기 ·······························155
굴업도 ····································198
궁평항 ····································198
근해구역 ···································56
급정거 급선회에 의한 사고 ···············190

[ㄴ]

나로도항·································200
노트(knot) ·······························111

[ㄷ]

다이빙 깃발(diver down flag) ············193
대조차(大潮差)·····························35
대천항 ····································203
덕적도 ····································198
도로교통법 ································41
도북 ······································108
도자각 ····································109
도편각 ····································109
독도(동도) ·······························197
동승객의 사고 ····························193
두바이 ·····································17
드레인 밸브(배수 밸브) ····················13
딩기(dingey) ·······························15
땅끝항 ····································201
땅콩보트 ·································175

[ㄹ]

라운드턴(roundturn) ·····················152
라이징 선 ·································17
러너바우트(runabout) ······················15
러브 지그 ·································164
레이더 ····································116

레이더 반사기 ·······················118

레이스 보트(race boat) ···············15

레저보트 ····························10

레저보트 화재 사고 ··················181

로우 보트(row boat) ·················15

로프의 보관 ·························154

루어 용어 ··························170

루어(lure) ··························163

루어낚시(lure) ······················163

르 그랑 블뢰(113m) ·················18

리드 보트 ··························71

리미틀리스 ··························17

리프트 ·····························90

[ㅁ]

마일(nautical mile) ·················111

만조(滿潮) ··························34

말뚝매기(anchor) ···················150

매듭 ·······························149

매트(유리섬유) ······················124

머피의 법칙 ·························178

메가요트 ····························17

메탈지그 ···························164

모기 기피제 ·························64

모터 세일러(motor sailer) ···········15

모터 크루저(motor cruiser) ··········14

모터보트(motorboat) ················19

모항 ·······························203

목포북항 ···························201

몰티즈 팰컨 ·························18

묶음채비 ···························162

물때 주기표 ·························36

물때(조석) ··························33

미노우(minnow) ····················164

[ㅂ]

바나나보트 ·························174

바이브레이션(vibration) ·············164

백중사리 ····························35

범주요트 ····························14

보관 ·······························122

보라인(bowline) ····················149

보트후크 ····························78

보팅 장르 ···························49

부표 ·······························79

북극점 ·····························108

빌지 펌프 ···························76

[ㅅ]

사리 ·······························35

사이클론(cyclone) ···················31

삭망(朔望) ··························36

삼길포 ·····························198

삼동선(trimaran) ···················28

삼색등(三色燈) ······················104

삼천포마리나 ························200

섀드(Shad) ·························164

석문 ·······························198

선내기(inboard engines) ············21

선미등(船尾燈) ······················104

선박법 ·····························40

선외기(outboard engines) ···········20

선외기의 정비 ······················138

선착장 슬로프 사고 ··················186

선체(hull) ··························27

선크림(자외선 차단크림) ·············65

섬유 강화 플라스틱(FRP:Fiber Reinforced
　　Plastic) 보트 ····················24

세일 딩기(sail dinghy) ···············14

세일 크루저(sail cruiser) ·················14
세척 ···121
소매물도 ······································200
소조차(小潮差) ·······························35
소형 플레저 보트 ···························10
수룡동 ··203
수리공구 ·······································73
수상레저기구 손해보험 ··················146
수상레저안전법 ·····························40
수상스키 ·····································172
수상안전교육 ································45
수중 장애물 사고 ·························183
슈퍼요트 ·······································17
스위셔(swisher) ···························164
스쿠버다이빙 보험 ·······················147
스쿠버다이빙 사고 ·······················192
스퀘어 매듭 ·································153
스키 보트(ski boat) ·······················15
스킨스쿠버다이빙 ·························175
스태프 보트 ···································71
스팟 위성 ····································157
스포츠보트(sport boat) ···················15
스피너 베이트 ·····························164
스피드 보트(speed boat) ··················15
신호기 ··79
신호탄 ··78
쌍동선(catamaran) ·························28

[ㅇ]

안흥항 ··203
알루미늄 합금 보트 ·······················25
알파 기(alpha flag) ·······················192
애노드 ··141
앵커링(닻 내리기) ···························97

야간항행 ·······································99
양륙(landing) ·································87
양색등(兩色燈) ·····························104
어군 탐지기 ································118
어청도 ··203
에기 ···165
에깅낚시 ·····································165
에반스 매듭 ·································154
에자 ···165
엑스터시(86m) ································18
엔진 틸트 ·····································83
여수 소호요트경기장 ·····················200
연막통 ··78
연해구역 ·······································56
영종 잠진선착장 ··························198
예비 스크루(screw) ·························75
예비 퓨즈 ·····································76
예비 플러그 ···································75
예비부품 ·······································75
오션 크루저(ocean cruiser) ··············14
오천항 ··203
옥토퍼스 ·······································17
옭매듭(감치기) ·····························149
외연도 ··203
요트(yacht) ····································20
욕지도 ··200
용오름(tornado) ·····························31
우럭 낚시 ····································168
우럭루어 낚시 ·····························169
운전자 상해보험 ··························146
운항규칙 ·····································101
원양구역 ·······································56
월령(月齡) ······································35
웜(worm) ····································164

웨이크 보트(wake boat) ·················15
웨이크보드 ······························173
위급신호 ·······························158
윈치맨 ·································160
육리(statute mile) ·····················111
음향신호 ·······························105
응급처치 세트 ···························63
의약품 ·································63
이클립스(Eclipse) ·······················18
이퍼브 ·································156
익상편 ·································60
일조부등(日潮不等) ·····················35
임펠러 ·································142

[ㅈ]
자동차관리법 ···························41
자북 ···································108
자편각 ·································109
저동항 ·································197
저조 ···································36
적정공기압 ·····························120
전곡항 ·································198
전파관리법 ·····························41
점등신호 ·······························103
제주 김녕항 ···························201
제트보트(jetboat) ·······················22
조금 ···································35
조난신호 ·······························158
조류 ·······························33, 35
조석 ···································33
조석표 ·································38
조종 면허 ·····························42
조차(潮差) ·····························35
좌표 표현 ·····························110

주유 ···································85
죽변 ···································197
지깅낚시 ·······························164
진도 서망항 ···························201
진북 ···································108
진수(launch) ···························87

[ㅊ]
처거(chugger) ···························164
천부항 ·································197
천정호 ·································15
철사편대 ·······························162
첨저형(V형) 보트 ·······················28
추자도 ·································201
출항 ···································93
충무마리나 ·····························200
침수, 전복, 파손 사고 ···················185

[ㅋ]
카드채비 ·······························163
카이트보딩 ·····························174
커플러(coupler) ·························82
크랭크 베이트(crank bait) ·················164
크루저(cruiser) ·························14
클리트(밧줄걸이) ·······················14
클리트(cleat) ···························151
태풍(typhoon) ···························31
텐더(tender) ·······················15, 176
통항규칙 ·······························100
튜브 수리 ·····························122
트랜 솜(선미판) ·······················13
트레일러 바퀴 이탈 사고 ·················194
트롤링(trolling) 낚시 ·····················166
트리밍(triming) ·························95

[ㅍ]

파고 ·······················38
파도타기 ·······················96
파랑(wave) ·······················38
파워 보트(power boat) ·······················15
파워트림 ·······················143
파워트림 핸들링 플러그 ·······················144
팽창식 보트(IB:inflatable boat)·······················23
페어 보트 ·······················70
페어다이빙 ·······················181
페어보팅 ·······················180
펜슬 베이트(pencil bait)·······················164
펠로러스(115m) ·······················18
편서풍(westerlies)·······················30
평균수면 ·······················36
평수구역 ·······················56
평저형(-형) 보트·······················27
포퍼(popper) ·······················164
포항 ·······················197
풍랑경보 ·······················39
풍랑주의보 ·······················39
풍파 ·······················38
프라이머 밸브 ·······················76
프로그(frog) ·······················164
플라이피시 ·······················175
플레저 보트(pleasure boat) ·······················10
피셔맨 매듭(1중) ·······················151

[ㅎ]

하강 로프 ·······················160
하이팔론 원단 ·······················123
하인리히 법칙 ·······················178
한정연해구역 ·······················56

항해등(삼색등) ·······················14
항해등(현등) ·······················13
항해술(navigation) ·······················106
항행구역 ·······················56
해류 ·······················32
해리 ·······················111
허리케인(hurricane) ·······················31
허브 베어링 ·······················77
헬리콥터에 의한 구조 ·······················159
현등(舷燈) ·······················104
협수로 ·······················102
호버크래프트(hovercraft) ·······················23
환저형(U형) 보트 ·······················27
활동금지구역의 사고·······················181
활주(浮上) ·······················95
흑산도 ·······················201
흘림낚시 ·······················162

[기타]

3의 법칙 ·······················178
8자 매듭 ·······················153
AIS(automatic identification system) ···117
EPIRB(비상위치 지시용 무선표지) ·······················156
FRP 수지 ·······················124
GO TO ·······················113
GPS 플로터와 핸디 GPS·······················108
GPS(Global Positioning System) ·······················107
OVM(on vehicle materials : 탑재공구) ···73
sail boat ·······················14
sailing yacht ·······················14
WGS84 ·······················110

모터보트 핸드북

2012년 6월 10일 인쇄
2012년 6월 15일 발행

저   자 : 한상구
펴낸이 : 이정일

펴낸곳 : 도서출판 **일진사**
www.iljinsa.com

140-896 서울시 용산구 효창원로 64길 6
전화 : 704-1616 / 팩스 : 715-3536
등록 : 제3-40호(1979. 4. 2)

값 26,000원

ISBN : 978-89-429-1308-4